高麗後期 士大夫의 經世論 研究

高麗後期 士大夫의 經世論 研究

金仁昊 著

혜안

머리말

이 책은 필자의 박사학위논문을 펴낸 것이다. 원래 자신의 글을 책으로 낸다는 것은 개인의 견해를 사회적인 것으로 변화시킴을 뜻한다. 이에 필자는 자신의 생각에 대한 사회적 책임감과 함께 주변의 따가운 시선을 느끼게 된다.

그럼에도 책을 내려 한 것은 이러한 생각 때문이었다. 책이란 그 시대의 사회적 인식의 반영이며, 그 속에 담긴 글 역시 필자만의 생각이 아니고 같은 공간과 시간 속에 사는 인간들의 견해를 담고 있다고 생각된다. 비록 부끄럽고 오류가 많지만 이 글도 그와 같은 소산일 것이라고 믿는다. 그렇다고 이 책의 잘못된 견해나 오류가 다른 동학들에 의한 것이라고 주장하려는 것은 아니다. 다만 출판에 의해 공론화되고 비판받아 다음 연구의 디딤돌이 되길 바랄 뿐이다.

필자는 80년대에 대학을 다녔고 이 때는 대학가의 사회운동이 폭발적으로 분출하던 시기였다. 사상적으로도 종속이론부터 시작하여 맑시즘에 이르기까지 다양한 이론이 수용되고 있었으며, 한국사회를 비판적으로 규정하려는 견해들이 대학가를 휩쓸고 있었다. 그야말로 사회문제에 대해 고민하지 않으면 대학가에서 지식인 취급을 받지 못하던 그런 시절이었다.

아마도 이런 가운데 필자를 포함한 많은 사람들이 이 시기를 휩쓸고 지나가던 여러 이론들이 미치는 사회적 영향력에 주목하지 않을 수 없었을 것이다. 아울러 사회운동과 대립하던 '국가'라는 것의 모습과 그 기능에 대한 고민도 함께 이루어졌을 것이다. 그런 가운데 필자는 어렴풋하게 인간의 사상과 사회와의 유기성에 대한 문제에 매력을 느끼게 되었고, 점차적으로 한 개인의 사유가 그 사회는 물론이고 국가정책과 어떤 관련성을 갖게 되는가를 이해해 보려고 하였다. 특히 미국사회의 경우처럼 지식인들이 학계에서 일하다가 국가정책에 참여하고 다시 이를 이론화하는 과정을 보면서 한국사회에서도 그러한 양상이 역사적으로 어떻게 전개되었는가에 보다 큰 관심을 지니게 되었다. 특히 필자가 주목한 것은 고려후기에 살았던 지식인들인 사대부가 자신의 사유를 국가정책에 어떤 방식으로 반영하고 있는가였다. 이 책의 제목을 '고려후기 사대부의 경세론 연구'라고 붙인 것도 이 때문이다. 더구나 이 시기에는 새로운 사상조류로서 성리학 내지 주자학이 지식인들 사이에서 풍미하기 시작하였다.

　사실 성리학 수용이란 주제에 관해서는 일찍부터 많은 학자들의 주목을 받아왔으며, 그 성과가 필자의 연구에 토대가 되었다. 그럼에도 필자는 이에 대한 연구가 고려사회의 '주체적인 性理學 수용'보다는 고려의 내적인 儒學 발전과 국가정책론으로의 반영이란 각도에서 재검토되어야 할 것이라고 생각하였다. 물론 필자의 능력부족으로 이는 부족하고 잘못된 곳이 많은 연구가 되어 버리고 말았다. 예컨대 經世論의 기초가 되는 高麗 經學에 대한 설명은 반드시 필요한 부분이었지만 이번 연구에서는 빠지고 말았다. 이는 추후의 과제로 보완하려고 한다. 그런 면에서도 이 책은 필자에게 무거운 책임감과 부끄러움을 느끼게 하는 계기가 되었다.

　다른 책의 머리말을 볼 때마다 뒤에 붙는 감사의 글에 대해 사족이라고 느낄 때도 있었다. 그러나 필자의 현 존재가 혼자만의 힘으로 불가능했다는 생각이 요즘 들어 더욱 크게 느껴지고, 이 책이 나오기까지도 마찬가지였다고 본다. 먼저 학문적으로 우둔한 필자를 학부시절부터 이끌어 주신 하현강 선생님의 학은은 크나큰 것이었다. 그럼에도 제자인 필자는 그 분의 업적과 학덕에 보답하지 못하고 있다는 자괴감에 시달리고 있다. 또한 김용섭, 이희덕, 김준석 선생님은 학문의 방법론에서 필자에게 많은 계발을 주신 분들이다. 이 분들에게 학문의 엄격함과 사상사 방법론에 이르기까지 많은 것들을 배울 수 있었다. 아울러 학위논문 심사과정에서 황원구, 주용립 선생님은 필자가 미처 생각 못한 부분을 많이 일깨워 주셨다. 여기서 이분들에게 다시 한 번 감사를 드려야 할 것 같다.

그리고 필자가 대학원에 들어온 이후 벌써 10여 년 간이나 같은 주제로 공부해 온 經濟六典 硏究班에게도 커다란 은혜를 입었다. 윤훈표, 이인재, 임용한, 박진훈 등의 선후배들과 함께 지금은 없어진 조선 최초의 법전을 복원하고 분석하는 과정에서 필자는 국가운영의 메커니즘을 어렴풋하게나마 이해할 수 있는 단서를 얻었다. 올해부터는 이 법전연구의 성과를 본격적으로 낼 수 있을 것이라 본다. 그 밖에도 박경안, 도현철 님 등은 고려시대를 같이 전공하는 선배라는 이유만으로도 필자에게 많은 격려와 도움을 주었다.

아울러 현재의 필자를 있게 한 부모님께 정말 크게 감사를 올린다. 경제적으로 도움이 안 되는 공부를 하는 필자를 지금까지 이해하고 지주가 되어 주셨다. 그런 점에는 장인·장모님의 이해와 지원에도 감사를 드린다. 학위논문을 쓴다고 가족으로서 가장 피해를 입은 아내와 딸에게는 미안한 마음을 가눌 길 없다. 이 책으로 대신하고자 한다.

끝으로 경제성이 전혀 없는 이 책을 출판해 주신 오일주 사장님과 형편 없는 문장을 교열, 교정하느라 고생한 김현숙 님, 그리고 혜안 출판사 식구들에 감사의 뜻을 전하고 싶다.

1999년 3월 필자 씀

차 례

제1장 서론

武人執權을 계기로 시작된 高麗後期[1]는 이전의 국가운영체계가 변질되면서 조선왕조의 성립으로 귀결되는 새로운 사회의 기반을 마련해 가는 시기이다. 이 시기의 변화는 단순히 高麗前期的인 국가운영방식의 동요라는 차원만이 아니라 중세사회의 재편을 가져온 것이다. 따라서 그 변화는 정치·경제·사회·사상 등 모든 분야에 걸쳐 있었다.

고려후기 사회는 전기적인 국가운영원리였던 收租地 分給에 기반한 土地制와 田丁制에 입각한 조세수취 방식이 변질되는 가운데,[2] 신분제와 권력구조의 변화를 초래하고 있었다. 그러한 변화의 기저에는 농업생산력의 발전과 이를 바탕으로 한 地主佃戶關係의 성숙이 뒷받침되고 있었다.[3] 여기에 사회적 변화의 다른 요인으로는 몽고와의 장기적 전쟁과 이후에 전개되는 元을 중심으로 한 세계질서로의 편입을 꼽을 수 있다. 이러한 고려후기의 변화는 이제까지 주로 토지겸병에 따른 농장의 발달이나 사회신분제의 동요, 정치체제의 문란 등과 같이 부정적 요인으로 비추어졌다. 하지만 이것들은 고려전기의 국가 및 사회운영원리가 변질되고 새로운 국가운영체제를 만들어 나가는 과정에

---

1) 무인정변을 계기로 고려시대를 前期와 後期로 나누어 보는 시각은 일반적인 것으로 생각된다(朴龍雲, 『高麗時代史』 下, 1987, 407쪽 참조). 이런 인식은 『고려사』 찬자들 이래 계속되어 온 것으로 여겨진다.

2) 朴京安, 『高麗後期 土地制度研究』, 혜안, 1996.

3) 魏恩淑, 『高麗後期 農業經濟研究』, 혜안, 1998.

서 발생된 필연적인 현상이었다.

이러한 사회적 변화는 지식인 내지 지배층 내부의 새로운 현실인식과 그에 걸맞는 국가운영론의 제기를 불러일으켰다. 이제 고려의 국가운영 담당층들은 변화된 사회현실에 맞는 운영체제를 구상하고, 이를 정책에 반영시키고자 노력했던 것이다. 조선왕조의 성립은 고려후기 이래 이와 같은 고민과 개혁시도의 정치적 귀결이라고 볼 수 있다.

經世論이란 이 과정에서 표출된 국가운영 개혁론에 대한 모색의 틀이라 할 수 있다. 원래 이는 어느 시기 儒者들에게나 나타나는 것이지만, 고려후기의 그것은 국가운영체제의 모색 과정에서 새롭게 수용되는 朱子學과 관련해 주목되는 것이다.

고려후기에 이를 담당한 주체는 흔히 '士大夫'로 불리는 정치세력이었다. 사대부는 명칭상의 논란에도 불구하고 고려후기, 특히 말기에 정치권력을 장악하여 새로운 왕조를 건설한 존재라고 알려져 있다.4) 그

---

4) 사대부의 존재에 대해서는 다양한 시각이 존재한다. 이는 대개 고려말기 신진세력의 존재는 인정하면서도 이들의 실체와 그 명칭에 대한 논란 때문에 생긴 현상이다. 예컨대 '사대부'란 용어의 문제를 지적하고, 이를 '新進士類', '新興儒臣' '新興士族' 등으로 부르는 것이 그것이다. 또한 사대부를 사회계층, 즉 鄕吏層이며 科擧에 급제한 '能文能吏'의 새로운 관인층을 모태로 출발하여 권문세족과 대결하면서 성리학을 익힌 존재라고 본 견해에 대해서도 반론이 제기되었다. 특히 사대부로 여겨진 존재의 사회경제적 기반이 중앙의 권문세가층과 크게 다르지 않았다는 실증적 연구들이 이를 대표하고 있다(金光哲, 『高麗後期世族層硏究』, 東亞大출판부, 1991). 한편 사대부의 존재 자체는 인정하면서도, 이들이 지닌 사회계층적 성격을 부정하고 정치세력으로서의 성격에 유의하는 시각도 존재한다. 이것은 고려후기 새로운 세력의 존재를 인정하면서도 이들이 원간섭기 정치세력으로 어떻게 존재하며, 어느 시기에 전면에 등장하는가에 보다 주목한 연구이다(李益柱, 『高麗·元關係의 構造와 高麗後期 政治體制』, 서울대 박사학위논문, 1996). 그러나 본고는 사대부의 사회계층적 문제나 용어 문제를 통해 이들의 성격을 밝히는 데 초점을 두지 않았다. 필자의 생각은 하나의 사회계층과 정치세력 간의 관계는 항상 일치하는 것이 아니며, 무인집권기 이래 사대부들이 시기적으로 다른 존재 양태를 가져왔다는 점에 유의하려 한다(高惠玲, 『14世紀 高麗 士大夫의

에 따라 이들은 일찍부터 조선건국의 주체로서 학계의 주목을 받아왔다. 이들에 관해서는 사대부의 존재양태, 형성시기, 정치세력으로서의 역할과 사상 등에 대해 많은 연구가 이루어졌다.[5] 특히 그 중에서도 고려말기 사대부에 대해서는 집중적으로 검토되었다.

지금까지의 연구는 고려말기 사대부의 祖型을 무인집권기 이후 형성된 새로운 유형의 관인층으로 보았다.[6] 즉 사대부는 지방 향리층을 중심으로 과거를 통해 入仕한 '能文能吏'의 관료를 시발로 하며, 사회적으로는 주로 중소지주적 기반을 지닌 존재로 고찰되었다. 또한 이들의 사상적 기반은 性理學이었다. 아울러 이들은 원간섭기에 들어와 충선왕대에 詞林院을 통한 개혁정치의 주체로 등장하여,[7] 충목왕대 이후에는 整治都監을 통해 反權門世家的이고 反元的인 개혁을 추진한 것으로 이해되었다.[8]

그 결과 고려말기 사대부들은 공민왕의 成均館 重營을 계기로 뚜렷한 하나의 정치세력을 이루었으며, 성리학을 사상적 무기로 권문세가들과 대결하면서 성장하였다.[9] 또한 외교적으로 反元정책을 취하면서 이후 조선건국을 둘러싸고 개혁파와 온건파로 분화·발전되는 것으로 정리되었다.[10] 그리고 최근에는 개혁파와 온건파 사대부의 정치사상적

性理學 受容과 稼亭 李穀』, 이화여대 박사학위논문, 1992). 요컨대 이들이 각 시기에 행한 활동을 경세론적 측면에서 접근해 보려는 것이다.

5) 사대부에 대한 연구사적 검토는 高惠玲, 『14世紀 高麗 士大夫의 性理學 受容과 稼亭 李穀』, 이화여대 박사학위논문, 1992 ; 李益柱, 「권문세족과 사대부」, 『한국역사입문』 2, 풀빛, 1995 참조.

6) 李佑成, 「高麗朝의 '吏'에 對하여」, 『歷史學報』 23, 1964/『韓國中世社會研究』, 一潮閣, 1991.

7) 李起男, 「忠宣王의 改革과 詞林院의 設置」, 『歷史學報』 52, 1971.

8) 閔賢九, 「整治都監의 設置經緯」, 『國民大論文集』 11, 1977 ; 「整治都監의 性格」, 『東方學志』 23·24, 1980.

9) 閔賢九, 「辛旽의 執權과 그 政治的 性格」(上·下), 『歷史學報』 38·40, 1968 ; 홍영의, 「고려말 신흥유신의 추이와 분기」, 『역사와 현실』 15, 1995.

차이와 정책적 지향에 이르기까지11) 많은 부분이 밝혀지게 되었다.

그러나 이러한 사대부의 존재양태와 역사적 성격에 대해서는 현재 학계의 논란이 되고 있다. 특히 무인집권기 이후 원간섭기까지 사대부의 형성과정과 이들의 정치적 역할에 대한 부분이 논란의 초점이다.

우선 사대부란 용어 사용의 부적절함을 지적하는 것에서부터 시작하여,12) 고려후기를 사회변동의 단위시기로 보기에는 부적절하다고 보아 '能文能吏'의 文士와 신흥사대부와의 동질성에 대해서까지 의문을 제기하고 있다.13)

아울러 원간섭기 개혁들이 반원적 성격이 아니라는 논거도 제시되고 있어, 이를 추진한 사대부의 존재와 성격에 대한 새로운 이해가 요구되고 있다.14) 따라서 무인집권기 이래 사대부의 존재를 인정한다면, 이들과 고려말기 사대부들 간의 관계와 성격에 대한 검토는 중요한 과제가 아닐 수 없다.

이와 관련해 고려후기 사대부의 성격을 세 시기로 구분하여 보려는 시도가 있었다.15) 그럼에도 문제는 사대부의 형성과 관련하여 이들이

---

10) 韓永愚, 『朝鮮前期社會經濟研究』, 乙酉文化社, 1983.

11) 都賢喆, 『麗末鮮初 新·舊法派 士大夫의 政治 改革思想 研究』, 연세대 박사학위논문, 1996.

12) 朴龍雲, 「高麗時代의 文散階」, 『震檀學報』 52, 1981/『高麗時代史』 下, 一志社, 1981, 540~541쪽.

13) 李泰鎭, 「高麗末·朝鮮初의 社會變化」, 『震檀學報』 55, 1983/『韓國社會史研究』, 지식산업사, 1986.

14) 李益柱, 『高麗·元關係의 構造와 高麗後期 政治體制』, 서울대 박사학위논문, 1996.

15) 高惠玲, 『14世紀 高麗 士大夫의 性理學 受容과 稼亭 李穀』, 이화여대 박사학위논문, 1992, 28~34쪽. 여기서 제1기 사대부는 '能文能吏'의 관료로 여말 개혁파 사대부의 원류이며, 제2기는 원간섭기 하에 과거로 진출한 관료를 중심으로 성리학 수용에 앞장선 부류로 보았다. 그리고 제3기 사대부는 제2기 사대부의 후손이나 새로이 官人으로 등장한 과거 출신의 儒臣들로 전제개혁을 요구하면서 온건파와 급진개혁파로 나누어진다고 하였다.

고려전기 관료들과는 성격적으로 어떤 차이가 있는지 분명치 않다는
사실이다. 지금까지 고려전기적 관료들은 귀족적이고 문벌적인 성격을
지녔다는 점 이외에는 별로 지적된 바 없다. 그러한 성격의 관료가 사
대부로 전화될 때의 차이를 성리학이나 과거 출신이란 점 등에서 찾을
수 있을지는 의문이다.

따라서 본고에서는 고려전기적 官僚像이 후기에 어떻게 변화하는가
를 살필 것이다. 이는 관료의 역할과 그에 대한 職分論이 변화해 가는
과정에 대한 고찰이다. 전근대시대의 관료에 대한 역할이 시대에 따라
근본적으로 변하는 것은 아니지만, 사회변화의 결과로 새롭게 강조되
거나 요구되는 역할이 있게 마련이다.16) 요컨대 이러한 점에 대한 간
과는 고려후기에 새로운 관료상으로 등장하는 '사대부'에 대한 성격 파
악을 어렵게 하는 요인이 된다는 것이다.

특히 '能文能吏'라는 새로운 유형의 관료가 어떻게 고려후기 사대부
로 변화해 가는지, 또한 어떤 요소가 그 특징으로 나타나는지를 밝힐
필요가 있겠다.

둘째로 고려후기 사대부의 성격 파악을 위해서는 그들의 經世意識
에 주목해야 한다. 주지하듯이 '經世'란 '經國濟世'에서 유래된 것으로,
그에 대한 의식은 儒者로서 현실에 대한 책임의식을 바탕으로 성립한
다.

대개 고려후기 사대부의 일반적 특징의 한 가지로는 성리학 수용을
꼽아 왔었다. 그리고 이들의 관심이 경세제민의 실현에 있음도 이미
지적되었다.17) 따라서 사대부가 지닌 사회에 대한 책임의식은 현실인

---

16) 예컨대 守令이 행해야 할 역할이 고려 전기와 후기에 많은 차이를 보이고 있
음도 그러한 사례이다. 田柴科體制의 동요와 중앙집권체제의 강화는 使臣的
성격의 수령제에 대해 많은 변화를 가져왔으며, 그에 따른 수령의 역할도 강
화되었다. 그러한 수령제 개혁안에 대한 논고로는 林容漢, 『朝鮮初期 守令制
연구』, 경희대 박사학위논문, 1998 등이 참고된다.
17) 邊東明, 『高麗後期性理學受容研究』, 一潮閣, 1995, 74쪽.

식의 기초가 되고 있음을 알 수 있다. 그리고 이것은 스스로 관료가 되어 이상적 현실사회를 구현하려는 노력으로 나타나게 마련이다. 따라서 이들의 경세의식이란 현실을 인식하는 기초이며, 그 연장은 현실을 변화시키려는 경세론으로 이어지게 될 것이다. 결국 경세의식에 대한 파악은 사대부의 특성을 고찰하는 중요한 지표라고 생각된다.

셋째로는 경세론 자체에 대한 고찰이다. 경세론이란 현실인식을 바탕으로 현실을 변화시키려는 일종의 정책론이다. 그러므로 실제 내용은 국가운영에 대한 문제제기와 이를 개선·개혁하려는 정책방향의 제시로 이루어진다.

고려후기 사대부들은 원간섭기라는 변화된 현실에 입각해 국가운영에 대한 정책론을 제기하였다. 그러한 논의를 경세론으로 묶을 수 있다면, 이에 대한 고찰은 중요한 의미를 지닌다. 왜냐하면 우선 이들의 경세론이 이후 조선건국의 주체인 고려말기 사대부들의 그것과의 계승성과 차이성을 밝힐 수 있는 단서가 될 것이기 때문이다. 특히 지금까지 원간섭기 사대부의 경세론과 국가운영 방향에 대해서는 부분적으로 언급은 되어 왔지만, 구체적으로 다루어지지 못한 편이다. 그 원인은 이 시기 사대부의 존재와 성격을 규정하는 문제에 관심이 치중된 데 있다고 여겨진다. 예를 들어 사대부 성격에 대한 논란은 李齊賢 등의 인물이 후일 世家와 같은 존재로 사회적 처지가 변화한다거나 그들의 反元的 성향이 부족하다는 점 등에 대한 고찰에서 온 것이기 때문이다.[18)

그러나 중요한 것은 그들이 지닌 국가운영론의 내용과 방향을 파악하는 일이라고 생각된다. 이것은 새로운 사회변화에 대해 당시 지배층의 대응양태와 후일 새로운 왕조의 건설로 이어지는 개혁론의 전단계를 설정할 수 있는 작업이기 때문이다.

---

18) 이에 관한 대표적 논고는 金哲埈, 「益齋 李齊賢의 史學에 대하여」, 『東方學志』 8, 1967/『韓國史學史硏究』, 서울대출판부, 1990을 들 수 있다.

이상과 같은 시각을 바탕으로 본서에서는 무인집권기 이후의 대표적 관료인 李奎報, 李齊賢, 白文寶 등을 중심으로 분석하려 한다. 이규보는 무인집권기에 활동한 대표적 문신관료이며,『東國李相國集』으로 보듯이 많은 저술을 남긴 인물이다. 그는 지금까지 '能文能吏'에 입각한 사대부의 祖型으로 인정받은 인물이면서도 정권과의 밀착성으로 인해 부정적인 평가를 받기도 하였다. 이러한 점에서 그는 이후 성리학을 수용한 사대부와는 다른 과도기적 인물이라고 하겠다. 따라서 그에 대한 고찰을 통해 고려전기적 유형의 관료에서 후기의 사대부로 이행해 가는 모습을 살필 수 있는 것이다.

이제현의 경우에는 원간섭기의 대표적 관료이며, 고려말기 사대부의 원류로 평가할 수 있는 인물이다.[19] 특히 그는 주자학에 바탕한 경세의식과 경세론을 집약적으로 제시하여 중요성을 더하고 있다.

백문보는 주로 공민왕대에 활약한 사대부이다. 그러한 점에서 그는 주로 원간섭기에 활약한 이제현과는 차이가 있다. 뿐만 아니라 백문보는 이제현과는 여러 가지 측면에서 다른 특징을 지니고 있다. 그는 이제현처럼 世家로도 성장하지 못했으며, 경세론의 방향에서도 상호 차이를 지녔다. 그가 崔瀣에 이어 斥佛論을 주장한 대표적 논자라는 점도 그를 분석대상으로 선택한 이유 중 하나이다. 아울러 여기서는 이들 세 사람을 중심으로 하였지만, 그 밖의 고려후기 여러 사대부의 논리나 의식 등도 비교의 대상으로 하였다.

이상에 입각해 제2장에서는 경세론이 어떻게 형성되는가를 살펴볼 것이다. 여기서는 형성 배경으로 무인집권기 이후 사회변화의 제 양상을 검토하고, 이에 따라 경세의식이 어떤 형태로 발현되는가를 검토하게 될 것이다. 그 결과 당시 국가운영체제의 모순으로 인한 지방사회

---

19) 그의 門生은 대체로 성리학자들로서 대표적인 인물로 李穀을 들 수 있다. 이후 이곡의 아들인 李穡은 고려말 儒宗으로 평가받으며 정도전과는 다른, 온건파사대부의 중심인물로 성장하였다. 따라서 이제현은 고려말기 사대부의 원류로서 볼 수 있다.

와 중앙정치체제의 변화, 그리고 對民支配의 구현인 조세체계의 문제에 대응한 정부의 개혁방안을 살펴보려 한다. 아울러 이러한 문제에 대한 사대부의 현실인식과 함께 개혁방안의 추진에서 수행한 이들의 역할에 주목해 보았다.

다음 제3장에서는 경세론의 바탕이 되는 경세의식과 정통론이 형성되는 것을 추구하려 한다. 특히 이 시기 사대부들이 지닌 자신의 정체성과 주체의식이 어떤 것인가에 초점을 맞추어 보았다. 사대부들은 주자학을 자신의 이념적 바탕으로 삼게 되면서, '修身 齊家 治國 平天下'로 이어지는 『大學』의 명제를 실현하려 하였다. 그리고 이것은 자신의 수양이 실제 '經世'로 이어지는 바탕이라는 인식으로 성립되었다.

또한 이들은 修身의 목적을 학문을 기초로 한 도덕 내지 윤리규범의 함양에 두었다. 이 점이 사대부의 특징 중 하나이며, 그에 따라 이들은 경세의 최종적 목표로 유교윤리에 기초한 사회를 건설하려 했던 것이다. 여기서는 당시 사대부들이 주로 君臣關係를 중심으로 당시 사회윤리를 재확립하려 한 역사적 이유와 그 모습을 살펴보려 한다.

한편 정통론은 이들이 자신의 정체성을 확립할 수 있는 사상적 수단이기도 하다. 원래 정통론은 자신의 학파나 정치세력을 중심으로 하려는 배타적 속성을 지니면서, 이 시기에는 특히 역사인식과 불교비판으로 부각되었다. 송대 성리학의 발전이 理氣論이라는 세계관을 축으로 하여 이상의 두 가지 문제를 중심으로 이루어졌듯이, 고려의 경우에도 비슷한 양상을 보인 것이다.

따라서 이 문제의 고찰은 지금까지 元나라 성리학의 수용이라는 외래적 관점이란 차원을 벗어나 고려 유학의 내적 발전이라는 측면을 밝히는 작업도 될 것이라 생각된다.

제4장에서는 고려후기 사대부들이 도달한 경세론을 국가운영론의 차원에서 살피고자 하였다. 본서에서는 주로 공민왕대까지를 중심으로 하여 이제현과 백문보의 그것을 대상으로 하였다. 이들은 '古制'라는

원칙, 즉 유교의 三代社會와 고려전기의 국가운영원칙을 기준으로 현실사회의 변화를 수용하려 했다는 점에서 공통되지만 각기 지향하는 바에는 차이가 있었다. 그에 따라 국가운영론의 모습도 차이가 있을 수밖에 없었다. 그럼에도 이 시기에 이르면 성리학을 기반으로 한 새로운 국가 및 사회 운영원리가 점차 확립되어 감을 두 사람을 통해 확인하게 될 것이다. 그리고 이를 통해 이후 본격적으로 등장하는 고려말기 사대부의 경세론과의 관계도 보다 분명해질 것으로 기대된다.

이들의 경세론은 다각도로 접근할 수 있겠지만, 여기서는 주로 국가운영과 관련해 제2장에서 문제시되었던 인사운영 문제와 조세수취 문제를 어떤 방식으로 해결하려 했는가에 초점을 맞추었다. 그리고 이제현의 경우에는 당시 관료체제만이 아니라 변화된 군주의 역할과 위상에 대한 고민을 君主修身論이란 차원에서 다루어 보려 하였다.

아울러 백문보의 경우에는 당시 성장하던 재지지주층의 이해관계를 대변하는 논자로 파악해 보려 한다. 이는 당시 지주전호관계의 발전에 따른 재지사회의 성장계층을 어떤 방식으로 지배체제 속에 포섭하고 국가가 이들을 어떻게 지원하고자 했는가 하는 문제로 접근해 보려는 것이다.

이상과 같은 검토로 이 시기 사대부의 경세론을 모두 살펴볼 수 있다고 여기지 않는다. 특히 여기서 대상으로 삼은 인물들은 이 시기 대표적 논자들뿐이며, 나머지 사대부를 모두 다루지 못한 한계가 있다. 아울러 이들과 대립되는 정치세력의 검증과 정치적 지향의 검토도 필요할 것이다. 이는 추후의 과제로 남기고자 한다.

제2장 經世論의 형성 배경

1. 고려후기 사회변화와 經世意識의 제기

1) 지방사회문제의 대두와 그 인식

1170년(毅宗 24) 무인정변이 고려시대를 前·後期로 가르는 사건임은 주지의 사실이다. 정치적으로 이것은 왕실 권위의 실추에 따른 의종의 反文臣的·反儒敎的 분위기 속에서 가능하였다.[1] 그렇지만 그 배경에는 12세기 이래 고려사회의 변화가 내재해 있었다. 무인집권은 당시의 사회적 변화를 보다 확고하게 드러내는 역할을 한 것이다.

12세기 이래 사회변화는 山田開墾 등을 통한 농지의 양적 확대, 농업기술의 발달을 바탕으로 한 지주제의 발전 및 이러한 성과를 둘러싼 지배층 내의 갈등과 수취강화 등으로 이루어지고 있었다.[2] 그것은 곧 고려전기의 국가운영원리인 수조권 분급에 입각한 田柴科制와 '田丁連立'의 원칙을 붕괴시키는 한편, 토지 분급을 바탕으로 한 관료 및 조세운영체제의 기반마저 위협하였다.

무인정권의 출현은 이러한 변화 속에서 일어난 지배층 내부의 정치

---

1) 河炫綱, 「高麗 毅宗代의 性格」, 『韓國中世史硏究』, 一潮閣, 1988.
2) 金容燮, 「高麗時期의 量田制」, 『東方學志』 15, 1975 ; 蔡雄錫, 『高麗期 '本貫制'의 施行과 地方支配秩序』, 서울대 박사학위논문, 1995 ; 朴京安, 『高麗後期 土地制度硏究』, 혜안, 1996.

적 갈등의 귀결점이었다. 이미 李資謙부터 妙淸의 亂에 이르기까지의
정치적 갈등은 고려의 귀족층은 물론 지방사회 사이의 갈등이 심화되
고 있음을 보여주는 반증이었다. 무인계층은 이러한 정치적 갈등과 사
회신분제의 동요 속에서 자신의 지위를 상승시킬 수 있었던 것이다.[3]

무인정권은 이러한 사회모순을 해결하기 위한 차원에서 국가운영을
추진하기보다도 사적 기반의 확대를 통해 자신의 위치를 유지하려 하
였다.[4] 집권층은 권력에 기반하여 토지와 노비 확보에 경쟁적으로 노
력하게 된 것이다.[5] 이는 중앙정계 내부에 정치적 갈등을 불러왔다.

더구나 이러한 갈등은 지배층 내부에만 한정되지 않았다. 이는 亡伊
・亡所伊와 같은 所民이나 萬積의 노비반란처럼 하부계층은 물론 지
역적으로 확산되면서 국가체제를 부정하는 삼국부흥운동으로까지 증
폭되었다.[6] 이러한 가운데 지방사회는 종전과 다른 변화를 겪게 된다.

이러한 사회적 변화에 대한 위기의식은 당시 대표적 문신관료였던
李奎報[7]의 현실인식에서도 엿보인다. 그는 江華遷都 2년 후인 67세

---

3) 그 대표적 인물로 무인집정자 중 한 사람인 李義旼을 들 수 있다. 이의민은
   慶州人으로 부친이 소금과 채를 파는 사람이었고, 모친은 延日縣 玉靈寺의
   婢였다. 그는 자신의 능력으로 의종에게 발탁되어 隊正別將까지 승진했다
   (『高麗史』 권128, 列傳41 叛逆 李義旼). 그 같은 경우는 이 시기에 많았을 것
   으로 생각된다.

4) 김인호, 「무인집권기 문신관료의 정치이념과 정책」, 『역사와 현실』 17, 1995.

5) 대표적 사례로는 峯城縣에 위치한 口業田을 둘러싸고 벌어진 무인집정자 鄭
   仲夫와 判大府寺 廉信若 간의 갈등을 들 수 있다(『高麗史節要』 권12, 明宗
   7년 7월).

6) 이런 과정에 대해서는 다음의 논저가 대표적으로 참고된다. 김석형, 『봉건지
   배계급을 반대한 농민들의 투쟁 - 고려편 - 』, 과학원출판사, 1960/열사람,
   1989 ; 蔡雄錫, 「12, 13세기 향촌사회의 변동과 '민'의 대응」, 『역사와 현실』 3,
   1990 ; 李貞信, 『高麗 武臣政權期 農民・賤民抗爭 硏究』, 고려대출판부,
   1991 ; 金晧東, 「12, 13세기 농민항쟁의 전개와 성격」, 『한국사』 6, 한길사,
   1994 ; 申安湜, 『高麗 武人執權期 地方社會의 動向에 關한 硏究』, 건국대 박
   사학위논문, 1996.

7) 생몰년 1168년(毅宗 22)~1241년(高宗 18). 그의 문집 『東國李相國集』은 全

(고종 21) 때에 知貢擧가 되어 策問을 출제하였다. 여기에는 당시 지
배층의 위기의식이 잘 반영되어 있다.

① 우리 국가는 오랑캐의 난으로 인하여 백성을 거느리고 도읍을 옮
겨서 社稷을 보전하게 되었으니, 이는 비록 성스러운 천자와 어진 재
상의 묘책으로 말미암은 것이나 또한 하늘이 도운 것이다. 과연 하늘
이 도운 바라면 반드시 興復할 기회가 있을 것인데, 가만히 앉아서 그
것을 기다리는 것이 옳겠는가? 부지런히 人事를 닦아서 天心에 응해
야 옳겠는가?
② 이른바 人事란 것은 德化를 베풀어 人民을 편안하게 하고, 稼穡
에 힘써 水旱에 방비하는 종류가 그것이다. 그러나 지금의 형편으로
보면 列郡의 殘民들이 떠돌아다니며 토착하지 못하고 있는데, 이들을
安集시키려면 어떠한 방법을 써야 할 것이며, 토지가 황폐하여 묵은
땅이 많은데 興農을 하려면 또한 어떤 술책을 써야 할 것이며, 水旱에
대비하는 것과 德化를 베푸는 것 중 어느 것이 으뜸이 되는가? 諸生들
은 고금의 理體에 밝으리니, 숨김없이 다 진술하라.8)

①에서 이규보는 현재 몽고의 침입으로 인한 위기상황을 遷都를 통
해 극복하고 국가를 다시 부흥시켜야 한다고 하였다. 그것이 가능한
요인은 人事와 天命이지만, 질문의 의도는 인위적 노력인 전자의 강조

────────
集과 後集으로 나뉘어 있어 본고에서는 이에 따라 표기한다. 그는 黃驪(驪
州)의 鄕吏家 출신이다. 부친이 戶部郎中이 되어 비로소 중앙정계에 진출했
다. 모친은 金氏이며 金壤郡人으로 外祖父가 급제해 蔚珍縣尉까지 올랐다
는 점에서 양 집안은 비슷한 배경을 지녔다. 또한 그는 黃驪에 대대로 내려
오던 토지와 개경 근방에 약간의 토지가 있어 중소지주적 기반을 지녔다.
8) 『後集』권11, 甲午年禮部試策問, "① 問我國家因狼子之難 率民遷都 得完社
稷 則此雖聖天子賢宰相之妙算長策也 亦莫非天之所佑然也 果必爲天之所
佑 則必有興復之期矣 必勤修人事以應天心 然後可乎 ② 所謂人事者 施德
化 安人民 務稼穡 備水旱之類是已 然以今之勢觀之 列郡殘民之流移 不得
土着者 皆是 安集之要 當在何道 田疇蕪廢 而地閑曠者 多矣 興農之計 亦在
何術 其水旱所備 德化所施 何者爲最 諸生明於古今理體 宜悉陳之無隱也".

에 있다고 짐작된다.

그의 논지는 기본적으로 천도에 대한 옹호이다. 주지하듯이 崔忠獻에 뒤이은 崔瑀는 집정자로서 고종 19년 6월 강화 천도를 결정하고 이를 결행했다.9) 그런데 천도에 대해서는 많은 반대가 뒤따랐다. 예컨대당시 모두가 최우를 두려워해 발언하지 못했으나, 儒者인 兪升旦은'以小事大'論으로 반대 입장을 대변했다.10) 반면 이규보는 天命을 위한 人事, 즉 인간의 노력을 강조하여 최우의 천도 조치를 옹호했던 것이다. 이러한 점에서 그는 무인정권의 이념가라고 할 수 있겠다.11)

그러나 주목할 점은 '興復'할 기회에 인사에 힘써야 한다는 주장이다. 그 구체적 내용이 ②에서 제시되고 있으며, 그 시행 주체는 국가이다. 다시 말해서 이규보는 현재 상황에서 국가운영에 대한 방안을 책문에서 물었던 것이다.

그가 지적한 '人事'의 내용은 '安人民'과 '務稼穡'으로 요약되므로, 국가정책으로의 체현은 安集과 勸農이 될 것이다. 이 점은 ②에서 이규보가 적시한 현실문제인 農民流離와 陳田(閑曠地) 증가에 따른 해결책을 묻고 있는 데서 알 수 있다.

원래 농민 유리는 이 시기에만 국한된 현상이 아니며, 농업을 근간으로 하는 전근대사회에서는 언제나 존재했던 문제였다. 특히 열악한생산조건을 기반으로 하고 있는 자영농 등은 심각한 자연재해나 전쟁, 또는 고리대 등과 같은 요인으로 流亡하였다.

---

9) 천도 과정과 천도론에 대해서는 金潤坤, 「江華遷都의 背景에 關해서」, 『大邱史學』15·16, 1978 ; 尹龍爀, 「高麗의 對蒙抗爭과 江都 - 江華遷都(1232)와江都 경영을 중심으로 - 」, 『高麗史의 諸問題』, 三英社, 1986 참조.

10) 『高麗史』 권102, 列傳15 兪升旦.

11) 그가 천도에 대해 적극적인 찬성을 표했음은 「望海因追慶遷都」라는 詩(『全集』권18)에서 확인된다. 여기서 그는 "遷都란 예로부터 하늘 오르기 만큼 어려운 건데, 공굴리듯 하루아침에 옮겨왔네. 晉陽公의 계획 그토록 서둘지 않았다면, 우리나라는 벌써 오랑캐 땅 되었으리"라고 찬양하였다.

그런데 이 시기 농민 유리의 배경에는 12세기 이래 증가해 온 토지 탈점 내지 수취증가 등과 같은 사회·경제적 요인이 하나의 遠因으로 작용하였다. 토지탈점 등의 현상은 귀족들이 자신의 세력을 유지하기 위해 경제적 기반을 확보하려 함으로써 발생한 것이었다. 당시 수조지 를 보유한 귀족들은 자신의 권력을 이용하여 수취 과정에서 갖가지 부 정을 저질렀다.12) 또한 국가의 수취 역시도 常貢 이외의 徭役 증가, 別 貢의 납부, 橫斂이나 관영창고의 고리대적 운영 등의 형태로 가중되고 있었다.13) 그럼에도 이 무렵 민들의 재생산기반을 담당한 義倉制 등은 본래의 기능을 상실하고 있었다.14) 그에 따라 농민들은 몰락하면서 유 망하고 役을 피해 사원에 투탁하거나 심한 경우에는 도적이 되기도 하 였다.15) 이와 같은 사회적 구조는 무인집권기 이후에 과거 귀족들의 행태를 이어받은 집권층에 의해 증폭되었다.

여기에 몽고와의 전쟁은 이러한 구조를 더욱 악화시키는 요인이 되 었다. 우선 그 영향은 국토의 상당 부분에 피해를 주었다는 점에서 찾 을 수 있다.16) 특히 고종 19년 제2차 침입 때는 몽고군의 일부가 경상 도까지 내려가 符仁寺의 初雕大藏經을 불사르는 등 본토를 철저히 유 린함으로써 피해가 속출하였다. 이 과정에서 고려정부는 淸野戰術에 따라 민들을 山城과 海島로 入保시켰다. 자연히 많은 민들이 유망하게 되었다.

---

12) 朴京安, 『高麗後期 土地制度研究』, 혜안, 1996, 115쪽.
13) 蔡雄錫, 「12, 13세기 향촌사회의 변동과 '민'의 대응」, 『역사와 현실』 3, 1990, 51쪽.
14) 朴鍾進, 「高麗前期 義倉制度의 構造와 性格」, 『高麗史의 諸問題』, 三英社, 1986, 421쪽. 의창은 賑貸制의 하나로 민에게 식량과 종자를 분급하는 역할 을 맡았다. 그 재원인 義倉穀은 田柴科의 토지를 기준으로 차등징수하여 확 보했으나, 이 시기 전시과 운영의 혼란으로 그 확보가 어렵게 되었다.
15) 朴京安, 『高麗後期 土地制度研究』, 혜안, 1996, 115쪽.
16) 이하의 서술은 尹龍爀, 『高麗 對蒙抗爭史 研究』, 一志社, 1991에 의존하였 다.

아울러 전쟁과 천도를 겪으면서 집권층은 이전보다 가혹한 수취를 감행했을 것이다. 민들은 전쟁에 요구되던 물자의 징발이나 城의 보수 등에 필요한 노역 등에 시달리게 되었다. 이를 피하기 위한 수단 중 하나가 유망이었다. 그 결과로 많은 陳田이 발생하게 되었을 것이다.

이규보가 지적한 ②의 閑曠地 문제는 이러한 배경 속에서 나온 것으로, 이 시기 가장 시급한 과제 중 하나였다. 즉 流亡과 陳田의 증가는 같은 차원의 문제였으며, 安集은 興農을 위한 선행작업이었다. 이규보는 그에 대한 방안을 국가정책으로 어떻게 시행해야 할 것인지를 물었던 것이다.

그러나 이와 같은 인식은 일시적으로 형성되지 않았을 것이며, 그의 오랜 현실 경험을 토대로 이루어졌다고 생각된다. 우선 農民流亡의 문제는 이규보 자신이 젊은 시절에 돌아본 尙州지역의 견문과 全州司錄의 지방관 생활을 통해 느꼈던 것이다.

그는 29세(1196, 명종 26) 때에 모친이 尙州 수령으로 나간 둘째 사위에게 가 있자, 6월에 驪州를 출발하여 10월까지 상주와 그 근방을 돌아보았다.[17] 당시 그는 상주 근처의 鳳頭寺, 花開寺, 龍潭寺, 元興寺를 거쳐 靈山部曲, 龍巖寺, 大谷寺, 龍宮郡, 長安寺, 東方寺, 資福寺 등을 돌아보았다.[18] 이 과정에서 그는 지방사회의 현실을 목도할 수 있었다.

당시 그가 본 것은 主・屬縣體制 하에서 심화되고 있던 部曲地域의 조폐 현상이었다. 고려정부는 부곡을 군현제를 매개로 한 主・屬縣體制로 운영하였으며, 부곡은 屬縣, 鄕, 所 등과 함께 위계질서상 하부지역이었다. 따라서 부곡이나 속현 지역은 각 군현 단위로 이루어지는 조세 수취에서 일반 군현보다 더 불리하였다. 그 이유는 특정한 役이

---

17) 『東國李相國集』 年譜.
18) 그가 거쳐간 곳은 『全集』 권6의 古律詩로 남아 있다. 여기서 보면 그는 5월 개경에서 黃驪로 출발해 상주에 갔다가 10월 2일에 다시 돌아왔다고 한다.

더 부과되었기 때문이다.19) 아울러 수취부담의 불균형으로 인해 이 지
역의 재생산기반도 그만큼 취약했을 것이다.

이규보는 이러한 부곡지역의 취약성을 눈여겨 보았다. 洛東江을 타
고 내려가 도착한 靈山部曲에 대한 그의 소감은 다음과 같았다.

靈山은 가장 궁벽한 고을이라
오가는 길이 아직도 황무하네
흉년 들어 도망하는 家戶가 있으나
백성은 순박하고 노인이 많네
누런 닭은 소리쳐 울고
푸른 쥐는 찍찍거리네
몇 명의 緇衣 입은 吏는
놀라 달리기를 손님 맞듯이 하네20)

그는 영산부곡이 궁벽한 곳에 위치해 흉년이 들면 도망가는 戶가 있
다고 하였다. 이 지역에서 이처럼 流亡이 발생하는 이유는 흉년이라는
재해와 수취 가중에 의해 이 곳 백성들이 자신을 유지할 수 있는 능력
이 한계에 도달했기 때문일 것이다. 이 지역에 老人이 많은 이유도 장
년들이 집단적으로 勞役에 자주 동원되어 마을에 남아 있지 않기 때문
일 수 있었다.21) 그러한 점은 이규보가 방문했을 때, 緇衣 입은 吏들이
놀라 달렸다는 묘사를 통해 짐작된다.22) 吏들은 이규보를 조세나 역징

---

19) 朴宗基, 「高麗의 收取體制와 部曲制」, 『高麗時代部曲制硏究』, 서울대출판
   부, 1990 참조.
20) 『全集』 권6, 古律詩 十一日朝發元興到靈山部曲, "靈山最僻邑 客路尙荒榛
   歲儉有逋戶 民淳多老人 黃雞啼呢喔 蒼鼠出嚬呻 數箇緇衣吏 驚馳似迓賓".
21) 부곡민들은 鄕村에서 工役부대와 같은 성격을 지니고 노역에 자주 동원되었
   다(吳一純, 「高麗前期 部曲民에 관한 一試論」, 『學林』 7, 연세대, 1985, 29
   쪽).
22) 이들이 승려의 緇衣를 입고 있음은 在家和尙(『高麗圖經』 권18)이란 표현에

발 등을 담당한 관리로 착각했기에 그러한 모습을 보였을지도 모른
다.[23]

그가 본 부곡지역은 이 곳만이 아니었다. 이보다 앞서 그는 龍潭寺
에 머물렀는데, 이 절은 尙州牧 長川部曲에 위치하였다.[24] 용담사에서
묘사한 그 곳의 모습은 더욱 심각한 양상을 나타내고 있었다.

① 群盜가 고슴도치 털처럼 모여
　生民이 비린 피를 뿌리누나
　郡守는 괜히 戎衣만 입고서
　적을 바라보곤 氣가 먼저 꺾이네
　……
　슬프다 이런 때에 사람이 없으니
　누가 대신 와서 쇠를 씹을까.
　적의 팔은 원숭이보다 빨라
　활쏘기를 별이 반짝이듯 하고
　적의 정강이는 사슴보다 빨라
　산넘기를 번갯불 사라지듯 하는구려
　士卒들이 추격해도 미치지 못하여
　모여서 공연히 입 벌리고 탄식하네
　어쩌다가 그 칼날에 부닥치면
　열에 칠팔은 죽게 되니
　부녀자가 죽은 남편을 곡하며
　머리에 삼베 두르고 마른 뼈를 조상하네

서 확인된다. 花開·薩川部曲의 우두머리인 僧首(『高麗史』 권52, 志11 地理
2 晉州牧)와 일정한 연관이 있을지도 모른다.

23) 이 시기에는 관인이 지방에 무질서하게 파견되었고, 지방민은 이들을 좋지
않게 보았다(河炫綱, 『韓國中世史硏究』, 一潮閣, 1988, 282쪽). 이규보는 나
중에 全州司錄으로 나가서도 이와 비슷한 경험을 하였다. 그 때는 村民들이
놀란 노루처럼 달아나 피했다고 한다(『全集』 권9, 古律詩 郞山監後有作).

24) 『新增東國輿地勝覽』 권6, 尙州牧 佛宇.

② 荒村에 일찍 문을 닫으니
　대낮에도 行旅가 끊겼구나
　금년에는 하물며 다시 가물어
　비 기다림이 목마름보다 심하네
　田野는 모두 赤土가 되어
　곡식 싹이 무성한 것을 볼 수 없어
　富屋도 벌써 굶주림을 걱정하는데
　貧者는 어떻게 살 수 있으랴
　朱門에는 날마다 자리에 술을 토하고
　백 잔을 마시니 귀가 절로 더워지네
　……
　門戶의 융성한 것만 알고
　국가가 불안한 것을 근심하지 않으니
　腐儒가 비록 무지하나
　눈물을 흘리며 매번 오열하네
　슬프다 고기 먹는 무리가 아니라
　直言하는 혀 내두르지 못하네
　……25)

　장천부곡은 현재 두 가지 어려움에 봉착해 있었다. 첫번째로는 주변
지역에서 발생한 群盜들이었으며, 다른 한 가지는 가뭄으로 인한 농업
의 황폐화와 이로 인해 일어날 사회적 문제였다. 두 가지 문제는 별개
로 보이지만 사실 밀접한 관련을 지니고 있었다. 우선 그가 ②에서 보
았듯이 현재 부곡의 실정은 '荒村'이어서 靈山部曲과 별로 다를 바 없
었다. 여기 詩에는 대개의 장정들이 群盜 토벌에 동원되어 사망자도
많았던 점에서 그 이유를 찾고 있다.
　그러나 부곡의 조폐 원인이 도적 때문만은 아니었다. 그가 주목한
것은 자연재해에 대처하기 어려운 열악한 농업조건과 이들의 재생산

25) 『全集』 권6, 古律詩 八月五日聞群盜漸熾.

을 도와야 할 국가의 노력이 부족하다는 점이었다. 朱門으로 상징된 관리들은 이러한 상황에 대처하지 않고 자신의 私慾만을 추구하는 존재로 묘사되고 있다. 그 결과 富屋이라 칭해지는 자영농 내지 중소지주층까지도 스스로의 유지가 어려워진 형편이 되었다. 이것이 이규보가 본 부곡의 사회적 상황이었다.

따라서 이 곳의 빈민들은 유망하는 길밖에 없으며, 그들 중 일부는 도적이 되었을 것이다. 이들 도적에 대한 기록은 『고려사』등에서는 확인되지 않는다. 그러나 3년 전인 명종 23년(1193)에 金沙彌와 孝心이 같은 경상도 지역에서 대대적으로 봉기했었다.

> 이 때 南賊이 봉기하니 그 큰 도적인 金沙彌는 雲門에 웅거하고 孝心은 草田에 웅거하여 亡命한 무리를 불러모아 州縣을 노략질하였다.[26]

이들 중 '亡命한 무리'란 대개 농민층에서 유망한 자들이었을 것이다. 그런데 이들은 정부군에 대해 강력하게 저항하였으며, 그에 따라 李義旼이 이들과 내통하여 신라를 부흥시키려 했다는 의심까지 받았다.[27] 이규보가 보았던 '群盜'가 이들과 관련이 있는지는 정확하지 않다. 그러나 이들이 정부군에 대항할 만한 전투력까지 갖고 있음은 이규보의 서술에서 간파할 수 있다(①). 이 사실은 부곡지역 등에서 유망한 일부 농민이 도적이 되어 정부군에 대항할 정도의 위력까지 지니게 되었음을 의미한다.

이규보가 생각한 대책은 도적을 토벌할 수 있는 능력자를 파견하는 일과 부곡의 조폐에 대한 건의였다. 그의 건의는 현 상황에 대처할 능력이 없이 자신의 사익만을 추구하는 봉건지배층의 문제로 환언시키

---

26) 『高麗史』 권20, 世家20 明宗 23년 12월 丁巳.
27) 『高麗史』 권128, 列傳41 叛逆2 李義旼. 이로 인해 당시 토벌군의 장군 全存傑은 울분으로 자살하기까지 하였다.

는 태도에서 나온 것이었다. 그러므로 이는 올바른 통치담당자의 선발과 이들의 임무 수행을 통해 문제가 해결될 수 있다는 전통적인 자세이며, 그의 이러한 인식 태도는 올바른 관료 양성과 선발의 문제로 귀착될 것이다. 결국 그에 따른 개선방안은 學校 및 科擧制 재정비라는 방향으로 전개될 수밖에 없게 된다.

한편 이 시기 屬郡縣도 부곡과 동일한 상황이었다. 그는 尙州南行에서 돌아온 후 3년 만에 최충헌에게 발탁되어 처음으로 관직에 진출하였다. 그가 처음 나간 곳은 全州牧인데 司錄兼掌書記로 파견되었다.28) 그가 전주에 파견되어 수행한 업무는 각 屬郡의 순찰과 力役徵發, 監獄의 冤獄者 감독 및 爭訟 처리 등이었다.29) 이러한 가운데 그는 속군을 순찰하면서, 그 지역들의 조폐된 모습 및 일반 군현과의 불균등성을 보게 되었다.

① 11월 己巳日에 비로소 屬郡들을 두루 다녀 보았더니, 馬靈・鎭安은 山谷間의 옛고을이라, 그 백성들이 질박하고 미개하여 얼굴은 원숭이와 같고, 杯盤이나 음식에는 오랑캐의 풍속이 있으며, 꾸짖거나 나무라면 형상이 마치 놀란 사슴과 같아서 달아날 것만 같았다.30)
② 다음 날 伊城에 들어가니, 民戶가 凋殘하고 籬落이 蕭條하여 客館도 草家이며, 吏라고 와 뵙는 자는 4~5인에 불과하였으니, 보기에 측은하고 서글펐다.31)

---

28) 그의 나이 32세 때의 일이며, 이 때의 경험은 「南行月日記」(『全集』 권23)와 『全集』 권9에 실린 古律詩에 자세히 나와 있다. 고율시에는 들렀던 장소와 날짜까지 기록하고 있다.

29) 金晧東, 「高麗武臣執權時代 地方統治의 一斷面 - 李奎報의 全州牧 '司錄兼掌書記'의 活動을 중심으로 - 」, 『嶠南史學』 3, 1987 참조.

30) 『全集』 권23, 記 南行月日記, "十一月己巳 始歷行屬郡 則馬靈鎭安 山谷間古縣也 其民質野 面如獼猴 杯盤飲食 腥膻有蠻貊風 有所詞詰 則狀若駭鹿 然似將奔遁也".

31) 『全集』 권23, 記 南行月日記, "明日入伊城 民戶凋耗 籬落蕭條 客館亦草覆之 吏之來者 不過纍纍 四五人而已 見之惻然可傷".

이처럼 그 대체적인 모습은 앞서의 靈山部曲 등과 별로 다를 바가 없었다. ①과 같이 산곡간의 위치로 인한 불균등성과 ②와 같은 조폐함이 그것이었다. 특히 지방관을 대하는 태도는 영산부곡의 그것을 방불케 하였다.

이 시기 주·속현체제의 문제는 수취의 불균형과 함께 지역적 불균등을 심화시키는 데 있었다. 그 점은 이규보가 돌아본 속군현과 달리 전주의 모습에서 확인된다. 전주에 대해 그는

전주는 完山이라고 일컫는데 옛날 백제국이다. 인물이 번창하고 가옥이 즐비하여 故國風이 있었다. 그러므로 그 백성들은 질박하지 않고 吏들은 모두 점잖은 士人과 같아, 행동거지의 신중함이 볼 만하였다.[32]

라고 서술하였다. 여기에 나타난 전주는 屬郡인 馬靈이나 鎭安과는 대조적인 모습이다. 그 지역의 중심으로서 경제적인 면에서만이 아니라 문화적인 차이까지 드러내고 있어, 양 지역의 불균등성을 잘 보여주고 있다. 이러한 차이에 대한 이규보의 인식 태도는 "대저 京師를 몸으로 보고 사방을 支體로 보면, 내가 노닌 곳은 南道의 한 쪽, 한 支體 중에도 한 손가락일 뿐이다"[33]라는 서술에서 알 수 있듯이, 京師를 중심으로 한 등차적 관계를 전제로 한 데서 연유하였다. 그러므로 이는 중앙 중심의 서열관계에 입각한 태도이며, 그에 따라 영속관계에 따른 불평등성을 당연하게 여긴 것이다.

이와 같은 문제는 사회적 요인으로 인해 지방사회에서는 主縣보다는 먼저 속군현과 부곡 등을 조폐케 하였다. 그러나 각 지역단위로 할당

---

32) 『全集』 권23, 記 南行月日記, "全州者 或稱完山 故百濟國也 人物繁浩 屋相櫛比 有故國之風 故其民不椎朴 吏皆若衣冠士人 進止詳審可觀".

33) 『全集』 권23, 記 南行月日記, "夫以京師爲身 以四方爲支 則予所遊者 南道之一偏 而特一支之一指耳".

되는 조세수취 방식은 속군현뿐 아니라 점차적으로 領縣지역까지 동일한 상태로 만들어 가고 있었다. 특히 원간섭기 이후 조세수취체계의 문란은 이러한 현상을 가속화시켰다. 앞서 이규보는 尙州 長川部曲의 조폐를 서술했던 것과는 달리 尙州牧에 대해서는 별다른 문제를 지적하지 않았다.[34] 이로써 볼 때 당시에는 전주처럼 주현은 부곡과는 다른 양태를 지녔다고 생각된다.

그러나 원간섭기 이후에는 상주목과 같은 主縣들도 조폐되는 현상을 겪었다. 이규보보다 약 150년 뒤에 이 곳에 부임한 安軸은 尙州에 대해 다음과 같이 서술하였다.

至正 3년 癸未에 나는 尙州의 命을 받아 이 해 여름 4월 고을에 도착하여 일을 보았다. 고을은 근년 이래 가혹한 정치로 인하여 民과 物이 흩어지고 里巷은 쓸쓸하였다. 무릇 과거의 廨宇와 學校, 神祠, 佛寺 등이 모두 무너졌으며, 오직 客館만이 완전히 갖추어져 크고 훌륭해 南方의 으뜸이었다.[35]

그는 현재 상주의 중요 건물이 무너지고 거리 역시 쓸쓸하다고 서술하고 있다. 그 원인으로 '가혹한 정치'[苛政]를 들고 있어, 지방관 등에 의한 수탈이나 수취 심화가 주현지역에서도 예외가 없음을 알 수 있다. 이처럼 수취체계의 모순으로 인한 속군현의 조폐는 고려후기로 갈수록 尙州와 같은 주현지역으로까지 확대되고 있었다. 이 점은 개경과 가까운 경기도 지역일수록 더욱 심각하였다.

수령된 자는 앉아서 보고 감히 말도 하지 아니하며, 백성을 호령하여

---

34) 『全集』 권6, 古律詩 九月二日書記開筵公舍見邀醉贈 ; 十五日旅舍書懷.

35) 『謹齋集』 권2, 尙州客館重營記, "至正三年癸未 余受尙州之命 是年夏四月 到州視事 州近年來 困於苛政 民物流散 里巷蕭然 凡古之廨宇州學神祠佛寺 皆已頹圮 惟客館完具 輪焉奐焉 甲於南方".

자기 배를 부르게 할 따름이니 백성의 피곤하고 무료함이 이보다 더
심한 적이 없었다. 경기도 수백 리가 더욱 그 해를 입었으니, 이른바
남경이란 곳은 쇠잔하고 피폐함이 갈수록 더하여 蕭條한 가시덤불 사
이에 遺氓의 집이 8~9호쯤 남은 정도이니, 그 나머지 郡縣은 족히 상
상할 수 있다.36)

이는 李穀이 南京에 파견되는 鄭永世에게 준 글이다. 이처럼 원간
섭기에는 경기도 지역까지도 수취체계의 모순으로 피해를 받고 있었
다. 따라서 기타 군현의 조폐는 더 말할 것도 없었을 것이다.
  그런데 이규보나 이곡 등을 위시한 인물들은 지방지배체제의 문제
에 대한 구조적 인식보다는 행정을 담당한 향리나 지방관의 수탈에 주
목하였다. 이 중에서 이규보는 개경에 돌아간 뒤에 전주의 屬郡인 雲
梯가 홍수로 떠내려갔다는 말을 듣고 다음과 같이 詩를 지었다.

그 중에 교활한 아전들은
비록 죽더라도 이치에 당연하지
평생에 얼마나 침탈해
백성을 벗겨서 자신을 살찌웠던가
愚民은 본래 무슨 허물인가
天意를 참으로 모르겠네37)

또한 郡守 몇 명이 장물죄를 범했다는 말을 듣고 지은 詩에서도

흉년들어 거의 죽게 된 백성

36)『稼亭集』권8, 序 送鄭參軍序, "爲守令者 坐視莫敢言 厲民自奉而已 民之困
  且無聊 未有甚於此時也 環畿數百里 尤被其害 所謂南京者 凋弊滋甚 蕭條
  荊棘間遺氓八九戶耳 其它郡縣 可以槪見矣".
37)『全集』권11, 古律詩 七月三日聞雲梯縣爲大水所漂, "其間猾吏輩 雖斃固其
  理 平生幾侵漁 瘠民以肥己 瘠民以肥己 愚民本何辜 未識皇天意".

> 오직 뼈와 가죽만 남았는데
> 몸 속에 남은 살이 얼마라고
> 남김없이 죄다 긁어내려 하는가
> 그대는 강물 먹는 두더지를 보았는가
> 그 배를 채우는 데 불과할 뿐
> 묻노니 너는 입이 얼마라서
> 蒼生들의 고기를 탐욕스레 먹는가[38]

라고 했다. 그는 雲梯縣의 경우에 그 지역의 조세수취를 담당한 향리 층의 침탈과 흉년의 상황에서도 수탈하는 지방관을 문제로 삼았던 것이다. 이처럼 이들은 관리의 직분 수행자라기보다는 민의 수탈자로 인식되었다. 그로 인해 이규보는 奸猾한 향리들은 죽어야 마땅한 존재로까지 생각하였다.

이러한 인식은 당시 이규보만의 인식은 아니었다. 이규보·兪升旦과 함께 『명종실록』을 편찬한 權敬中[39]은 무인정변 이후의 수령들에 대한 史論에서 다음과 같이 비판하였다.

> 庚寅·癸丑年에 정변이 있은 이후로, 市井에서 짐승 잡고 술 팔던 무리와 활을 당기던 군사들 중에 부당하게 外職의 守令에 참여한 자가 많았다. 저 (金)光允의 무리들은 평일에 송곳 끝만한 이익과 한 되한 홉의 이익을 다투어 약탈하는 것과 속여서 매매하는 것으로 좋은 계책을 삼았으니, 이러한 때에 어찌 廉恥가 나라의 紀綱이 되고 民이 나라의 근본임을 알겠는가. 하루 아침에 한 고을의 守令이 되어 주고 빼앗는 권한을 가지게 되면, 그들이 재물을 몹시 탐내고 이익을 취하는 것은 당연한 일이다.[40]

---

38) 『後集』권10, 古律詩 聞郡守數人以臟被罪二首, "歲儉民幾死 唯殘骨與皮 身中餘幾肉 屠割欲無遺 君看飮河鼴 不過備其腹 問汝將幾口 貪喫蒼生肉".
39) 『高麗史』권101, 列傳14 權敬中.
40) 『高麗史節要』권13, 明宗 16년 8월, "自庚癸政亂以來 市井屠沽蹠張之伍 濫

권경중은 정변 이후 신분적으로 낮고 사익만 꾀하는 인물들이 수령
직에 참여함으로써 관료로서 요구되는 '염치' 같은 덕목이 없어졌다고
하였다. 그 결과 이들에게 국가기강과 민본의식을 요구할 수 없게 되
었다는 것이다.

이 사론은, 같은 해 7월 수령들이 백성을 수탈해 流離하는 백성이
날로 늘어가고 있으니 탐욕한 관리를 징벌하라는 교서41)에 따라 晉州
守 金光允과 安東守 李光實을 고발한 조치42)에 대한 평가이다. 교서
와 그에 따른 조처는 당시 정부지배층이 守令 문제에 대해 비슷한 인
식을 갖고 있었으며 개별적인 비리에 대한 법적 적용이라는 차원에서
만 문제를 해결하려 했음을 보여준다. 따라서 권경중의 사론처럼 문제
의 근원을 수령 임용과 민본의 차원으로까지 파고들어 살핀 경우는 이
규보나 일부 문신관료 정도였을 것이다.

이러한 인식은 새삼스러운 것은 아니지만, 무인집권이라는 현실 속
에서 관료제 운영의 비판론과 연결될 수 있었다. 明宗 18년 3월에 발
표된 개혁적 성격의 조서는 이 같은 문신관료의 인식이 반영된 것으로
생각된다.43) 거기에는 현재 수령들이 公事를 이유로 백성을 침해해 流
移逃散하게 한다며 兩界兵馬使와 五道按察使에게 이들에 대한 嚴實
을 지시하는 내용이 들어 있어 위와 동일한 차원에서 지방관 문제를
논하고 있음을 알 수 있다.44)

그러나 문제는 탐학한 지방관의 교체만으로 이러한 상황들이 해결
될 수 없다는 점에 있었다. 여기에는 수령과 중앙정계의 권세가와의

側外寄多矣 彼光允輩 平日競錐刀之末 爭升合之贏 功勵爲得計 欺賣爲良謀
當此之時 烏之廉恥 爲國維 生民爲邦本哉 一朝宰百里之地 操與奪之權 其
爲貪婪漁利 固其所也".

41) 『高麗史節要』 권13, 明宗 16년 閏7월.
42) 『高麗史節要』 권13, 明宗 16년 8월.
43) 김인호, 「무인집권기 문신관료의 정치이념과 정책」, 『역사와 현실』 17, 1995.
44) 『高麗史』 권75-18, 志29 選擧3 銓注 凡選用監司.

사적 연계라는 요인이 자리잡고 있었기 때문이다. 이렇게 된 근원적인
원인은 고려의 수취방식에 있었다. 고려왕조에서는 왕실, 中央各司, 개
인 등과 같은 田主가 각 지역에 흩어져 있는 수조지에 대해 직접 수취
를 하고 있었다.45) 따라서 무인집권기 이후 지배층은 격화되는 수조지
쟁탈 속에서 자신의 수조지 관리를 위해서 사적 인맥을 지방관으로 임
명하려 했다.46) 앞서 권경중이 지적한 '市井에서 짐승 잡고 술 팔던 무
리와 활을 당기던 군사들 중에 부당하게 外職의 守令에 참여한 자'들
이란 이러한 무인집권층의 사적 인맥을 지칭하는 것이라고 본다. 이들
은 중앙권세가의 私人으로서 그들 세력의 私益 추구를 우선시하였다.
이러한 존재에 대한 감찰이 올바로 될 수 없음은 물론이다. 명종 20년
9월 교서에서 수령들의 장물죄가 드러났는데도 오히려 권세가에게 부
탁해 이를 모면하려 한다47)는 지적은 이러한 사례가 될 것이다.

그런데 중앙집권층이 재지기반을 유지하는 방법은 지방관을 이용하
는 것에만 한정되지 않았다. 이들은 지방사회의 재지세력이나 향리들
과 연계되어 있었다. 이에 대해 명종 18년 조서에서는

모든 州縣에는 각기 京外兩班·軍人의 家田·永業田이 있는데, 姦
黠한 吏民이 권세가에게 의탁하려고 거짓으로 閑地라고 하여 그 집에
붙여 기록하고, 권세있는 자는 또한 자신의 家田이라고 하면서 公牒을
얻기 위해 使喚을 보내 편지를 통해 해당 州의 員僚에게 부탁하니 간
청을 피하지 못하고 사람을 보내 (田租를) 징수하니 한 토지의 징수가
이내 두세 번에 이르게 되었다.48)

45) 李景植, 「高麗末期의 私田問題」, 『朝鮮前期土地制度硏究』, 一潮閣, 1986.
46) 鄭仲夫는 李義方을 내쫓고 새로운 집정자가 되어 명종 8년에 宋有仁, 李光
挺 등을 10道察訪使로 파견하여 贓罪를 이유로 990명의 관직을 삭탈하였다.
이들은 權貴에게 뇌물을 주고 관료신분의 복귀를 꾀하여 성공하였다(『高麗
史』권20-9, 世家20 明宗 11년 9월 丙子). 이와 같은 조치는 지방관료와 중앙
집권층과의 사적 연관성은 보여주는 사례이다.
47) 『高麗史』권20-27, 世家20 明宗 20년 9월 丙辰.

라고 하였다. 여기에는 중앙권세가와 각 주현의 토지를 吏民과 연결하
여 閑地라고 속여 점탈하는 과정이 잘 나타나 있다. 아울러 한 토지에
여러 명의 田主가 생기는 이유도 해당 州의 員僚와 권세가 간의 결탁
으로 인한 것임을 알 수 있게 해 준다.

지방사회의 '吏民'들의 입장에서는 중앙정계의 변동으로 인해 이전
의 결합관계가 붕괴되면서 새로운 권세가와 결합하여 자신의 지위를
유지하려 했던 것이다. 그들이 권세가에게 협조한 이유는 여기에 있었
다. 특히 무인집권기 이후 중앙정계의 변동은 지방사회 내부에서 여러
세력 간의 갈등을 야기시켰다.[49] 이 때 향리나 재지세력 중 일부가 향
촌사회의 주도권 장악이나 경제적 기반의 확대를 위해 중앙정계의 사
적 요구에 응하거나, 중앙집권층의 族人들이 구래의 향촌지배층을 대
체하면서 이들의 私人的 역할을 담당했을 것이다.

이규보는 '强豪者'를 이러한 재지세력으로 보았을지도 모른다. 이에
대해 그는 전주사록 시절에 다음과 같이 술회하였다.

江南의 벼슬살이 쓸데없이 수고롭고
……
任棠이 와서 부추 둠을 기다리지 않고
용기 내어 직접 强豪者를 쫓아내리라.[50]

---

48) 『高麗史』 권78-14, 志32 食貨1 田制 田柴科, 明宗 18년 3월, "凡州縣 各有京
外兩班軍人家田永業田 乃有姦黠吏民 欲托權要 妄稱閑地 記付其家 有權勢
者 又稱爲我家田 要取公牒 卽遣使喚通書 屬托其州員僚 不避干請 差人徵
取 一田之徵 乃至二三".
49) 그러한 사례로는 淸州의 토착인이 開京에 籍을 두었던 사람들을 모두 죽였
던 사건을 들 수 있다(『高麗史節要』 권12, 明宗 8년 3월). 또한 慶州의 李義
旼 族人들이 放還되자 州吏와 틈이 벌어져 서로 싸워 죽였던 사건도 또 다
른 예가 되겠다(『高麗史』 권21, 世家21-11 神宗 3년 8월 癸巳). 이런 사건의
발생은 또한 지방색에 의한 심한 알력의 결과이다(河炫綱, 『韓國中世史硏究』,
1988, 289쪽).

任棠이란 後漢代 사람으로 太守가 새롭게 부임해 오자 부추를 뽑아
와 그에게 豪族을 억제해야 한다고 암시했다는 故事의 주인공이다.[51]
이규보는 그의 예를 들어 자신도 지방관의 입장에서 호강자를 억제해
야 한다고 주장한 것이다. 물론 이들 호강자는 土姓吏民으로[52] 그 지
역의 재지세력들이다. 이들을 억제해야 함은 중앙의 행정력을 관철시
켜야 한다고 생각하는 이규보의 입장에서는 당연한 것이었다.

그러나 그 근간에는 이 시기 在地豪强者와 중앙권세가와의 결합 등
에 의한 民의 침탈이 이루어지는 상태를 염두에 둔 것으로 이해된다.
원래 이들은 지방관들과 상호 협조적 관계를 통해 邑司를 중심으로 향
촌사회의 통치를 수행하는 존재였으나 무인집권기 이후 수탈자적인
측면이 부각되었던 것이다.[53]

金州의 雜族人이 무리를 지어 난을 모의하고 豪族人을 살해하였다.
豪族들이 성 밖으로 奔避하자 병기를 들고 副使의 관아를 포위하였다.
副使 李迪儒가 지붕에 올라가 首謀者를 활로 쏘니 화살을 맞고 쓰러
졌다. 그 무리가 사방으로 흩어졌다가 돌아와 말하기를, "우리는 强暴
貪汚한 자들을 제거하고 우리 邑을 맑게 하려고 하는데 어찌 우리를
활로 쏘느냐"라고 하였다.[54]

---

50) 『全集』 권9, 古律詩 詠懷, "江南從宦愧徒勞 …… 不待任棠來置薤 奮髥直欲
拔强豪".

51) 『국역 동국이상국집』 2, 민족문화추진회, 1979, 87쪽.

52) 金晧東, 「高麗武臣執權時代 地方統治의 一斷面-李奎報의 全州牧'司錄兼
掌書記'의 活動을 中心으로-」, 『嶠南史學』 3, 1987, 106쪽.

53) 蔡雄錫, 『高麗時期 '本貫制'의 施行과 地方支配秩序』, 서울대 박사학위논문,
1995, 162쪽.

54) 『高麗史』 권21-11, 世家21 神宗 3년 8월 癸巳, "金州雜族人 群聚謀亂 殺豪
族人 豪族奔避城外 乃以兵圍副使衙 副使李迪儒 登屋射首謀者 應絃而倒
其黨四散 已而還告曰 我等欲除强暴貪汚者 以淸我邑 何哉射我".

이 자료의 '호족'들은 土姓吏民이라 할 수 있다. 그런데 雜族人들이 이들을 공격한 이유로 強暴貪汚를 들고 있어 주목된다. 당시 지방사회 내의 계층 간의 갈등 원인이 호족의 수탈에도 있었음을 보여주고 있기 때문이다.

이규보는 향촌사회 내의 갈등으로 인해 지방통치의 어려움이 증폭되고 있음을 실감하고 있었다.

> 고을살이 즐겁다 마오
> 고을살이 오히려 걱정뿐이네
> 公庭은 시끄럽기 시장 같고
> 산더미처럼 쌓인 송사의 문서
> 가난한 마을에 세금 차마 부과하겠나
> 안타깝게 감옥에 가득한 죄수들 바라보네[55]

이 시는 자신의 전주사록으로서의 업무 수행에 대한 어려움을 토로한 것이다. 여기서 그는 크게 증가한 소송과 부세부담 능력이 별로 없는 殘村에까지 세금을 부과하는 등의 문제를 지적하였다. 이는 개인적 체험이지만, 우선 소송이 많아진 것에는 범죄의 증가보다는 당시 토지탈점과 課稅를 둘러싼 향촌사회 내부의 갈등과 문제가 증폭된 데 원인이 있다고 본다. 그 중 토지탈점 문제는 명종 18년 3월 조서에서 보았듯이 田主 간의 수조지 쟁탈이 진행되면서 공문서 위조를 통해 이루어지는 경우가 많았으므로, 이를 둘러싼 쟁송이 크게 증가하였다.[56] 조금 후대의 경우이지만 1349년(忠定王 1) 淸州牧官의 吏讀文書의 내용[57]

---

55) 『全集』 권9, 古律詩 莫謂爲州樂 四首, "莫謂爲州樂 爲州乃反憂 公庭喧似市 訟牒委如丘 認課殘村稅 愁看滿獄囚".
56) 李仁在, 「高麗 中·後期 收租地奪占의 類型과 性格」, 『東方學志』 93, 1996, 19~22쪽.
57) 문서의 내용과 해석은 許興植, 「1349년 淸州牧官의 吏讀文書」, 『高麗佛敎史 硏究』, 一潮閣, 1986에 실려 있다.

은 당시 사찰 간의 토지분쟁에 대해 德寧公主가 이를 확정해 보낸 공
문으로 알려져 있다. 청주목에 공첩을 보낸 이유는 그 곳에서 토지관
계의 문서를 관리하고 있었기 때문이다. 당시 토지쟁송에서 일차적인
처리기관은 지방관이었다.

또한 토지쟁탈을 둘러싼 소송은 물론, 그 밖에 조세수취 과정에서도
범법자가 크게 증가했을 것임을 예측할 수 있다. 이규보가 죄수들을
측은하게 본 이유는 이들이 도둑과 같은 사회적 범죄자가 아니었기 때
문으로 여겨진다. 그보다는 경제적 이유로 조세부담을 못하거나, 또는
토지쟁탈 과정 등에서 연루된 사람들일 가능성이 높다. 그가 위의 詩
처럼 가난한 마을[殘村]에 세금을 차마 부과하지 못했던 이유도 여기
에 있지 않을까 한다.

그래서 그는 자신을 감독하러 온 廉察使 尹威에게 "죄수를 불쌍히
여기는 심정에 자주 측은해지고, 强豪를 꺾자니 힘이 부족하네"[58]라고
말했던 것이다. 결국 이규보는 자신의 힘으로는 해결할 수 없음을 고
백해야 했다. 이후 그는 참소를 받아 전주사록에서 물러나게 된다.[59]

이처럼 이규보는 尙州南行과 全州司錄을 거치면서 지방사회의 현
실을 지켜볼 수 있었다. 그의 눈에 비친 지방사회는 주·속현체제의
수취구조에 따른 모순과 지역적 불균성의 심화로 인해 民의 유망이 가
속화되면서 농민항쟁으로까지 이어지고 있었다. 또한 지역사회 내부의
계층적 갈등이 심화하는 가운데, 토지탈점 등으로 인한 쟁송이 증가하
는 불안한 상태를 보여주었다. 그런데도 이를 해결해야 할 주체인 지
방관들은 무능력하거나, 중앙권세가들의 私人的 역할로 전락하고 있
었다. 여기에 지역사회의 통치주체 중 하나인 향리들의 賤役化 과정이

---

58) 『全集』 권9, 古律詩 次韻高先生抗中獻廉察尹司業威 幷序, "恤獄情頻惻 摧
強力不任".
59) 『全集』 권10, 古律詩 十二月十九日被讒見善發州日有作. 이 詩에서 그는 자
신을 탄핵한 疏章이 없어졌다고 하여 그 이유를 모르고 있다.

결부되면서 사회적 불안은 고조될 수밖에 없었다. 비록 이규보는 이러한 문제들을 구조적으로 인식하지는 못했지만, 단편적 현실인식을 통해서라도 이후 문제를 제기할 바탕을 마련하게 되었던 것이다. 따라서 이러한 인식이 策問에서 물어본 民의 '安集' 방안으로 이어질 수 있었다.

2) 私的政治運營의 확산과 人事運營의 변질

(1) 무인집권기 정치운영

무인집권기 이후 계속적인 정앙정계의 변화는 私的인 기반에 바탕한 정치운영을 확산시키는 요인이 되었다. 이에 무인집권기 정치운영의 주체가 된 것은 집정자 및 그와 사적으로 연계된 주변 정치세력이었다.

물론 고려전기의 정치운영에서도 문벌귀족들이 사적인 인적 관계를 바탕으로 각각의 세력을 구성했을 것이다.[60] 여기에는 개인의 친족, 혼인관계, 학맥, 과거 등과 같은 사적 관계가 작용했음은 주지의 사실이다. 이들 간의 정치운영방식은 각 세력 간의 일정한 상호 균형과 견제에 의해 하나의 정치세력이 권력을 독점하지 못하도록 하는 것이었다.

그러나 이러한 운영방식은 12세기 李資義 및 李資謙의 난 이후에 변화를 겪어야 했다. 특히 무인정권의 성립은 기존 정치세력에 많은 타격을 준 반면 무인층을 위시한 새로운 세력을 중앙정계에 끌어들였다. 그 중에서도 무인정권을 공고히 한 崔忠獻은 기존 문벌세력과 함께 이규보와 같은 신진세력을 정권에 포섭하려 하였으며, 그의 아들인

---

60) 고려전기 귀족세력은 지금까지 舊新羅貴族系, 地方豪族系, 開國功臣系 등과 같은 부류로 알려져 있다(金光洙, 「高麗 太祖의 三韓功臣」, 『史學志』 7, 1973 ; 李基白, 「高麗 成宗代의 政治的 支配勢力 - 慶州·羅州 地方출신의 儒學者들과 近畿地方 출신의 豪族系 官僚들 - 」, 『湖南文化研究』 6, 1974).

崔瑀 때는 이를 더욱 발전시켜 '能文能吏'를 기준한 새로운 관료층을 형성시켜 갔다.[61]

이상의 결과로 중앙정계에 관인층의 숫자는 대폭 확대되었다. 말하자면 중앙의 대폭적인 정치변동은 이전의 소수 문벌귀족 중심에서 벗어나 확대된 관료예비층을 형성하는 결과를 가져왔다. 여기에는 정계변동으로 인해 밀려난 중앙관료들이 지방사회로 퇴거해 品官層이 된 것도 주요한 요인이 되었다.

관인층의 확대는 중앙정계에서 관직 획득을 위한 경쟁을 심화시켰으며, 중앙과 지방사회의 지배층 간의 유대를 공고히 하는 요인으로 작용하였다. 이러한 양상은 중앙권세가와의 사적 연계에 입각한 薦擧 중심의 인사운영을 불러일으켰던 것이다.

흔히 '族黨'·'黨與' 등이라 함은 이러한 사적 연관관계에 있는 세력들을 지칭하는 말이었다. 권세가들은 사적 관계로 맺어진 사람들을 자신의 사회적·정치적 기반으로 활용하였다. 이를 위해 그들은 새로운 정치기구를 만들어 자신의 私人을 등용하였다. 崔忠獻 집권 이래 政房 등을 비롯한 새 정치기구들은 이러한 사적 기반을 公的으로 체계화할 목적으로 만들어진 것들이었다.[62]

따라서 정치운영은 중앙권세가의 사적 기반에 편입된 세력들 간의 역학관계로 이루어질 수밖에 없었다. 이 때 정치권력의 장악이 관직획득이나 토지쟁탈 등에서 유리하게 작용하였으므로 자연히 세력확장의 선결과제가 되었다.

이 때 핵심적인 것은 인사운영의 장악이었다. 그러므로 인사운영 방식은 기존 문벌귀족체제에서 이루어지던 상호 견제와 균형을 취하려

---

61) 이에 관해서는 다음의 논저를 참조하였다. 국사편찬위원회 편, 『한국사』7, 국사편찬위원회, 1984 ; 金塘澤, 『高麗武人政權硏究』, 새문사, 1987 ; 洪承基 編, 『高麗武人政權硏究』, 서강대출판부, 1995.

62) 김석형, 『봉건지배계급에 반대한 농민들의 투쟁 - 고려편 - 』, 1960/열사람 복각본 참조.

는 방식에서 권력자가 이를 독점하려는 형태로 변하게 되었다. 그 결과로 인사운영을 둘러싼 비리와 등용자의 자격 문제가 심각하게 제기되었다.

앞서 이규보는 지방사회의 현실을 인식하는 가운데 지방관의 무능력이나 비리에 대해 지적했었다. 그러한 그가 策問에서 당시 인사운영과 관련해 다음과 같이 말하였다.

① 文武 竝用이 長久하는 방법이라 하였으니 自古로 국가가 어느 한 가지도 폐지할 수 없는 것은 文武가 바로 그것이다. 本朝가 文武 竝用에 힘쓰지 않은 것은 아니었으나, 근년 이래 軍隊는 매우 虛하여 實하지 못하고, 儒風은 극히 쇠하여 떨치지 못하니, 그것은 文武를 닦는 방법이 지극하지 못해서인가? 天命이 시켜서 그러한 것인가?

② 士林으로 말하면, 옛날에는 벼슬에 나가는 길이 매우 어려웠으므로 士가 반드시 학문에 힘써서 과거에 응시하는 자가 많았는데, 지금은 벼슬에 나가는 길이 매우 쉬워 반드시 과거를 보아야 할 필요가 없기 때문에 학문에 종사하는 자가 적다. 入仕의 難易가 古今이 같지 않은 것은 무엇 때문인가? 폐단을 개혁해 復古하는 방법은 또 어찌 해야 옳겠는가?

③ 군대로 말하면, 모두 각기 받는 分田이 있으니, 지금 어디에 간들 隊伍가 차지 않겠는가? 그런데 반드시 田地가 있는 곳으로 흩어 돌려보내 놓고 만약 有司가 살펴 돌아오게 하면, 홀로 飢寒하여 구원받지 못한 자만이 이른다. 役이 고되고 먹을 것이 떨어지면 후환을 생각지 않고 遞還하는 자가 많다. 옛날에는 그렇지 않았는데 지금 이에 이르니 그 까닭은 무엇인가? 內外 有司들이 追考하여 일일이 징계하지 못한 때문인가? 살펴서 징계하는 방법은 또한 어디에 있는가? 濟生들은 숨김없이 다 말하라.63)

---

63) 『後集』권11, 甲午年禮部試策問, "① 問傳曰 文武用長久之道 則自古國家之所不可偏廢者 文武是也 本朝非不 精於此 而近年已來 軍隊僅虛而不實 儒風極衰而不振者 豈修之之道 有所未之耶 將天數使然耶 ② 以士林言之 古者入仕之路甚難 故士必力學而從於科擧者多矣 今則入仕之路甚易 故士不

여기서 그가 지적한 문제는 文官의 선발과 군대운영이다. 그는 文武
竝用을 전제로 과거를 거치지 않고 入仕하는 문제(②)와 군대가 허소
화되는 이유(③)를 물었다. 비록 그가 文武 竝用을 국가 유지의 전제
라고 했지만, 이러한 주장은 무인집권 이전에는 하기가 어려웠을 것이
다. 문벌귀족 중심으로 사회구조가 굳혀진 이후에 국가의 운영은 주로
문신관료 중심으로 이루어져 왔을 것이기 때문이다.

우선 군대의 부실 요인으로 꼽은 것은 군인들이 軍人田을 받고도
소집에 응하지 않는다는 점이다. 여기서 그는 有司의 追考 미흡, 즉 국
가 공권력의 실행이 과거보다 못한 때문이라는 점을 암시하였다(③).
그러나 실제로 당시 군사조직의 허소화는 軍制의 운영원리가 변화하
면서 초래된 결과였다.[64]

원래 軍制는 군인전의 지급이라는 收租地分給과 연계되어 운영되
었다. 그런데 이것이 토지겸병 등으로 문란해지자 軍人役을 담당하지
않고 조직에서 이탈하는 사람들이 증가했던 것이다. 이미 12세기 전반
기인 睿宗 3년에 州縣官들이 宮院・朝家田의 耕種에만 힘쓰고 군인
전을 소홀히 하여 군인들이 식량을 공급받지 못하게 되고 따라서 飢寒
으로 도산하는 경우가 많았을 정도였다.[65] 그러므로 策問에서처럼 군
인들은 먹을 것이 떨어지면 후환을 생각지 않고 遞還하였다. 왜냐하면
굶어죽는 것보다는 경작지로 돌아가는 편이 유리했을 것이기 때문이
다.[66]

必要科擧而趨於學者寡矣 其入仕之難易 古今所以不同何也 其革弊復古之
術 又如何而可哉 ③ 以軍隊言之 皆各有所受分田 今忽安往而隊伍之不充耶
必散歸其田所在 若有司考而逼還 則獨飢寒無援者至焉 顧役苦食乏 則不慮
後患 遞還者衆矣 古當不爾而今之至是 其故何也 豈內外有司不能追考而一
一懲之耶 其考之懲之之術 亦安在哉 諸生宜悉言之無諱也".

64) 尹薰杓, 『麗末鮮初 軍制改革의 推移』, 연세대 박사학위논문, 1996, 8~9쪽.
65) 『高麗史』 권79-6・7, 志33 食貨2 農桑, 睿宗 3년 2월.
66) 尹薰杓, 『麗末鮮初 軍制改革의 推移』, 연세대 박사학위논문, 1996, 14쪽.

문제는 이처럼 군인들에 대한 輸糧이 안 되자 이들을 경작지로 돌려보냈음에도 소집에는 전혀 응하지 않는 점에 있었다. 군인들이 소집에 응하지 않아도 처벌되지 않은 이유는 당시 군인들의 私兵化 현상에서 기인하였다. 원래 이전부터 유력한 무장들은 사병을 보유하여 자신의 신변보호나 정쟁에 이용했다. 이러한 현상은 무인들이 집권한 이후 더욱 심화되었다. 명종 9년 慶大升은 鄭仲夫를 제거하고 집권할 때 이용한 '死士'들을 都房이란 기구로 公的 체계화하기도 하였다. 이후 崔忠獻은 이를 커다란 규모로 확대해 자신의 무력기반으로 삼았다.[67]

그런데 이러한 곳에 소속된 군인들은 국가의 공병적 성격보다는 사병적 요소가 강했으며, 권력을 배경으로 국가의 소집에 응하지 않았다. 이를테면 거란이 침입해 오자 최충헌은 家兵을 열병하였는데, 그의 門客 중에서 官軍으로 가겠다는 사람이 있으면 즉시 먼 섬으로 귀양보낼 정도였다. 이들이 관군에 지원한 것은 家兵이긴 하지만 실제로는 公兵에 소속되어 있었기 때문일 것이다.[68]

따라서 이규보가 지적한 군대의 虛疎化 문제는 단순히 감찰의 확충 등으로 해결할 수 있는 성격의 것이 아니었다. 公兵의 私兵化 현상은 이 시기 정치체제의 특성에서 기인하였기 때문이다. 다만 중요한 점은 그가 이러한 문제의 심각성을 인식하고 策問으로 제기했다는 사실이다.[69]

한편 그가 제기한 다른 문제는 문관의 선발과 관련된 것이다(②). 이전에는 入仕 자체가 매우 어려웠기 때문에 士들이 학문에 힘써 과거에 응시했으나, 현재는 그렇지 못한 사정이었다. 그 결과 사람들이 학문을 소홀히 하여 儒風이 없어지게 되었으며, 이규보는 入仕의 폐단을 개혁

---

67) 閔丙河, 「崔氏政權의 支配機構」, 『한국사』 7, 국사편찬위원회, 1973.
68) 柳昌圭, 「崔氏武人政權下의 都房의 設置와 그 向方」, 『高麗武人政權硏究』, 서강대출판부, 1995, 122쪽.
69) 위 策問은 이러한 중앙권력과 관련된 문제로 인해서인지 모르지만 채택되지 못하였다.

해 '復古'할 방법을 물었던 것이다.

入仕의 폐단은 군대의 허소화와 동일하게 정치적 구조로 인해 발생한 문제였다. 무인정권 성립 이후, 특히 최충헌은 사적인 기반을 유지하기 위해 이를 공적 기구에 편입시켜 관리하였다. 그는 무력기구인 都房과 함께 敎定都監을 마련하여 여러 행정적 기능을 담당케 하였다.[70]

이후 崔瑀는 高宗 12년(1225)에 본격적인 사적 인사운영을 위해 政房을 설치하였다.

> 최우가 정방을 私第에 두고 百官의 銓注를 하였는데 文士를 뽑아 이 곳에 소속시키고 必者赤라 불렀다. 舊制에 吏部가 文銓, 兵部가 武選을 맡았는데 그 年月과 勞逸을 구분하고 功過를 표준하며 才否를 논하여 책에 갖추어 기록하니 이를 政案이라 하였다. 中書省이 升黜에 따라 (국왕에게) 올리면, 門下府는 制勅에 따라 집행하였다. 최충헌이 擅權한 이후 府를 두고 僚佐와 더불어 사적으로 政案을 注擬해 제수하였는데, 그 黨與를 承宣으로 삼고 政色承宣이라 했으며, 僚佐로 담당한 자는 3품을 政色尙書, 4품 이하는 政色少卿이라 하였다. 그 아래 붓을 들고 종사하는 자는 政色書題라 했는데, 모이는 곳을 정방이라 불렀다.[71]

최우는 최충헌이 神宗 5년(1202)에 私第에서 문무관을 注擬해 자신의 뜻대로 임명하던[72] 방식을 발전시켜 이를 공식적인 인사기구로 만들었다.[73] 그런데 여기서 이전의 인사방식과 달라진 점이 잘 나타난다. 특히 사적 인사운영을 담당한 정방이 고려말기까지 개혁 시도 때마다

70) 金庠基, 「高麗 武人政治 機構考」, 『東方文化交流史論攷』, 乙酉文化社, 1948 ; 閔丙河, 「崔氏政權의 支配機構」, 『한국사』 7, 국사편찬위원회, 1973.
71) 『高麗史』 권75-3, 志29 選擧3 銓注 凡選法.
72) 『高麗史節要』 권14, 神宗 5년 3월.
73) 金昌賢, 『高麗後期 政房研究』, 고려대 박사학위논문, 1996, 26쪽.

매번 '罷政房'으로 등장하게 되는 이유를 설명해 주는 셈이다.

정방의 설치는 사적 인사운영이란 차원으로 끝날 문제가 아니었다. 이것은 이제까지 각 정치세력 간의 협의를 통해 이루어지던 인사운영 원리를 근본적으로 바꾼 것이었다. 즉 이전까지 인사운영은 吏·兵部 가 정해진 考課方式과 함께 해당자의 '才否'를 논해 政案을 작성해 중서성이 올리는 방식이었다. 따라서 중서성에서는 관료들이 모여 해당 자의 才否를 논하는 과정에서 각 세력 간의 견제와 균형을 어느 정도 꾀할 수 있었을 것이다. 특히 『고려사』 選擧志 序文에서 말했듯이, 과거 외에도 다양한 入仕路가 존재하였기 때문에[74] 문벌귀족 등은 자신의 세력을 官界에 부식시킬 수 있었다. 그러나 정방의 설치는 이러한 정치세력들 간의 협의 통로를 없애고 집정자에게만 인사운영권을 독점시키는 결과를 가져왔다.

인사운영 방식도 변경되어 최우는 '能文能吏'의 정도에 따라 朝士의 등급을 매겼다.

> 崔怡는 朝士를 品題하면서 '文吏俱優者'를 제일로 삼았고, '文而不能吏'를 그 다음으로, '吏而不能文'을 또 그 다음으로, '文吏俱不能'을 하위로 삼아 모두 손수 병풍에 註疏하였다가 銓注 時에 문득 그것을 考閱하였다.[75]

이러한 집정자의 의도에만 따른 사적 인사운영이 부정적 요인을 지녔음은 물론이다. 그러나 한편으로 이전과 다른 고과 방식의 채택은 새로운 인물의 등용을 가능하게 만들었다. 文과 吏라는 능력에 따른

---

74) 『高麗史』 권73-1, 志27 選擧1, "雖名卿大夫 未必不由科目進 而科目之外 又 遺逸之薦 門蔭之敍 成衆愛馬之選 補南班 雜路之陞轉 所進之途 非一矣".

75) 『高麗史』 권102-14, 列傳15 崔滋, "崔怡品題朝士 以文吏俱優者 爲第一 文而不能吏 次之 吏而不能文 又次之 文吏俱不能 爲下 皆手疏屏風 每當銓注 輒考閱之".

등용방식이 이전의 문벌귀족 중심의 入仕를 제한하고 새로운 세력을 중앙관계로 끌어올리는 결과를 가져왔던 것이다.[76] 다음의 사례는 이를 보여주고 있다.

> 司空 崔昷이 河千旦·李淳牧과 함께 誥院에 있을 때의 일이다. 河와 李가 모두 文名이 있었으나, 최온은 자기의 문벌을 의지하여 그들을 매우 경홀히 대하였는데, 이들 역시 崔에게 굽히지 않았다. 한 번은 이웃 나라에서 詰問해 온 문서의 답장을 지어 올리라는 勅命이 있었는데, 崔公이 붓을 잡을 처지라 머리를 짜며 애써 글을 지어보려 했으나 뜻대로 떠오르지 않았다. 그러자 그는 붓을 던지면서 말하기를, "이것이 鄕曲의 布衣之輩가 자부하는 까닭이로구나" 하였다.[77]

司空 崔昷은 문벌귀족 출신[78]이었으나 '文'에 대한 능력이 河千旦, 李淳牧에게 뒤져 있었다. 이에 그는 이들을 鄕曲의 布衣之輩로 경멸하면서도 그들의 능력을 인정할 수밖에 없었다. 河千旦은 利安縣 출신으로 한때 表箋이 모두 그의 손에 의해 제작될 정도로 문장에 능했으며, 당시 李需·李百順·李咸·任景肅 등과 함께 崔怡의 문장시험 대상에 올랐던 인물이다.[79] 또한 李淳牧은 陝州吏 출신으로 역시 문장에 뛰어났는데, 崔怡는 金溝縣令으로 나가 있는 그의 재주를 아껴 임기보다 일찍 소환했을 정도였다.[80] 이처럼 최씨정권의 성립 이후 점차

---

76) 이 때 등장한 인물들은 대개 지방 출신으로 이전의 문벌귀족과는 차이가 있었다(柳浩錫, 『高麗時代 科擧制의 運營과 變遷에 관한 硏究』, 전북대 박사학위논문, 1993, 71쪽 ; 金尙範, 「崔瑀의 執權과 寒士」, 『高麗武人政權硏究』, 서강대출판부, 1995, 219쪽).

77) 『益齋集』 櫟翁稗說 前集2.

78) 崔昷은 鐵原 崔氏의 문벌귀족 출신으로, 그의 조부는 최충헌 집권 이후 재추가 된 崔詵이며, 父는 崔宗梓이다. 최온은 金俊에 의해 家世를 믿고 교만하다는 말까지 들었을 정도였다(『高麗史』 권99, 列傳12 崔惟淸 附 崔昷).

79) 『高麗史』 권102, 列傳12 崔滋 附 河千旦.

80) 『高麗史』 권102, 列傳15 李淳牧.

문벌 출신이 아닌 향리 출신 등과 같은 유형의 인물이 자신의 능력을 바탕으로 중앙관계에 진출하는 경우가 증가하게 되었다. 이들이 이후에 등장하는 사대부 계층의 뿌리가 되었다.[81]

특히 '能文能吏'의 검증은 이후에 개인의 학문과 행정 능력의 검토를 통한 관료 선발방식으로 계승될 소지가 컸다. 비록 이전의 과거가 있긴 했지만, 실제 행정능력에 대한 검증은 미약했기 때문이다. 예컨대 이규보가 과거를 보았을 때도 詩를 格律에 맞추는 것이 합격에 가장 중요한 요소라고 하였다.[82] 또한 명종대 門下侍郎 平章事까지 지낸 閔令謨가 賦가 格式에 맞지 않다고 해서 시험에 떨어질 뻔한 것[83]도 이 시기 시험의 성격을 보여준다고 하겠다.

따라서 당시 과거는 詩賦를 형식에 맞게 짓는 능력을 중시하여 실제 통치능력에 대한 검증에 대해서는 소홀한 편이었다. 그런데 최우가 마련한 '能文能吏'의 검증방식은 문장능력만이 아닌 행정능력까지 겸

---

81) '能文能吏'가 문장과 행정능력을 의미한다는 점은 이미 밝혀진 바와 같다. 이 시기 能文能吏의 관료와 후일 사대부와의 공통점은 자신의 文을 위한 工夫와 행정능력을 겸비해야 한다는 점에 있다. 사대부는 자신의 修身을 위한 經學 공부와 이를 실제 행정과 통치에서 발휘한다는 경세적 입장을 지닌 존재이다. 이것은 결국 '能文能吏'의 '能文'을 경학과 그에 대한 공부로, '能吏'를 행정 및 대민통치능력으로 대치하면 사대부의 '경세' 능력이 될 것이다. 따라서 能文能吏의 새로운 유형의 관료들은 사대부의 前祖로 볼 수 있다.

82) 『全集』年譜. 이러한 불만이 이 시기를 전후해 儒者들의 古文運動으로 이어졌다. 예컨대 이규보는 詩란 격식보다는 意를 위주로 한다고 주장하고 문장 꾸미는 일을 비판하였다(『東國李相國集』 부록, 白雲小說). 이와 같은 古文唱導는 崔滋에 의해 더욱 발전되었다(李源明, 「武臣政權期 儒學思想의 전개」, 『高麗時代 性理學 受容 研究』, 국학자료원, 1997). 중국에서 고문운동이 귀족적 四六騈儷體를 비판하면서 송대 성리학으로 계승되었음은 주지의 사실이다.

83) 『高麗史』 권101-9, 列傳14 閔令謨. 당시 同知貢擧인 李之氏가 낙제시키려 했으나 知貢擧인 崔濡가 글에 범상한 기운이 있다고 하여 합격시켜 주었다고 한다. 이런 점은 격식에 걸맞은 글짓기가 합격에 가장 중요한 요소임을 말해 준다.

비하도록 요구한 것이다. 실제로 최우는 崔滋의 문장능력을 시험하고
난 후에 給田都監錄事로 임명하여 행정능력까지 검증하였다.[84]

이것이 과거 과목에 적용될 경우에 策問 중시와 같은 경향으로 발
전될 요소를 안고 있었다. 다시 말해서 能文能吏의 검증은 이후 사대
부들이 학문과 통치 능력의 겸비를 책문으로 알아보려는 시도로 연결
될 소지를 갖고 있었던 것이다. 이후 李齊賢 등의 과거 과목의 策問
중시는 이러한 맥락에서 이해되어야 할 필요가 있다.

한편 이규보의 경우는 자신의 문장능력으로 출세한 대표적인 사례
였다. 그러나 그의 出仕 과정은 처음부터 순탄하지는 않았다. 그는 향
리 집안 출신으로 명종대에 두 차례나 과거에 낙방했으며, 합격하고서
도 8년 동안이나 관직을 얻을 수 없었다.[85] 그에 따라 그는 자신을 추
천하는 내용의 詩를 당시 고위직 문신관료들에게 보냈다.[86] 그가 시를
보낸 대상은 趙永仁·任濡·崔讜·崔詵·崔洪胤 등이며, 이규보는
이들의 聯名 箚子로 추천될 수 있었다. 그러나 이 과정에서 당시 掌奏
承宣이 그에게 감정이 있어 箚子를 없애버리는 바람에 등용되지 못하
였다.[87] 이보다 전해인 명종 26년(1196)에 최충헌의 집권과 더불어 문
벌귀족 출신의 관료들이 다시 고위직에 오르게 되자[88] 그는 이처럼 관
직 진출을 꾀해 보았던 것이다.

---

84) 『高麗史』 권102, 列傳15 崔滋.

85) 『全集』 年譜.

86) 『全集』 권7, 古律詩인 「上趙公永仁 幷引」, 「上任平章 幷序」, 「上崔平章讜
幷序」, 「上崔樞密詵」, 「重上趙令公」, 「投崔吏部洪胤」 등이 그것이다.

87) 『全集』 年譜.

88) 최충헌이 집권한 후 神宗이 즉위하게 되자, 당시 인사발령에서 문벌귀족가문
출신들이 다시 등장하게 되었다(朴菖熙, 「崔忠獻 小考」, 『史學志』 3, 1969).
예컨대 任濡는 定安 任氏, 崔詵 등은 鐵原 崔氏로 이전부터 문벌귀족이었다.
이런 점은 최충헌 정권이 안정될 수 있는 요인과 함께 집권 이전부터 양자의
정치적 관계를 시사해 준다(김인호, 「무인집권기 문신관료의 정치이념과 정
책」, 『역사와 현실』 17, 1995).

그런데 그는 趙永仁에게 편지를 보내 관직 등용의 원칙과 현재의
문제를 다음과 같이 지적하였다.

① 가령 外方에 써보지 않고 바로 京官에 보임한다면 이전에 그러한
예가 없기 때문에 모름지기 詔旨가 꼭 있어야 하지만, 郡縣을 맡기는
것이라면, 국가의 成例를 살펴보면 무릇 登科者를 年紀에 한정하지
않고 바로 外寄에 보임하였기에 中古 이래로 黃紙 이상은 그 해로 외
방에 보임된 사람이 있고, 그 다음도 3~4년이 못 되어 보직되었습니
다.
② 다만 근래에 文吏로 올바르지 않게 빨리 진출하는 사람은 매우
많고, 맡길 州縣은 증가되지 않아 어리석게 마냥 기다리는 사람은 거
개 진출하지 못하고 밀리어 앞 길이 막힌 채, 30년 혹은 28~29년이 되
도록 임명되지 못하는 사람이 있습니다.[89]

그가 지적한 점은 우선 등용원칙이다(①). 원래 등과자는 外方 보임
이 원칙이며, 그 중 黃紙처럼 성적이 우수한 자는 登科한 해에, 기타
사람들은 3~4년 이래로 발령받는 것이 국가의 成例라는 주장이다. 다
만 京官만이 국왕의 허락인 詔旨가 있어야 한다고 하였다. 실제로 등
과자는 지방의 監務나 司錄 등으로 진출했다가 京官으로 들어오는 순
서를 거쳤다.
그러나 지금은 집권자와의 사적 관계를 통해 入仕하는 사람들이 증
가하여 심지어 30년을 기다려도 임명되지 못하는 경우가 생겼다는 논
지이다(②). 당시 崔怡가 정방을 만들어 銓選을 관리하면서 선발에 응
하는 자가 무려 수만 명에 이르렀다고 한다.[90] 이는 과장이겠지만, 그

---

89) 『全集』 권26, 上趙太尉書, "若欲不待試外 直補京官則 以前無此例 故須必要
詔旨矣 其若郡縣之寄 則按國家成例 凡登科者 不限年紀 直補外寄 故中古
已往 自黃紙以上 有其年出補者 其次亦不出三四年 而得之矣 但比來 文吏
之橫出銳進者 甚衆 而州縣之寄 不增於古 故其局於守株者 率淹延不進 積
塞前路 有至三十年 或二十八九年 而不見調者".

만큼 무인집권기에 관직 획득을 원하는 사람이 많아졌음을 보여준다.
이러한 상황은 당시 관직을 매개로 하지 않으면 지방사회에서조차 자
신의 사회적·경제적 기반의 유지가 어렵게 된 데서 초래된 것이기도
하다.[91] 또한 이전의 入仕 방식이 무너지고 현재에는 사적 관계를 통
해서 쉽게 관직을 얻어낼 수 있게 되었음도 말해준다고 하겠다. 따라
서 집정자나 권세가와의 사적 관계의 확보가 관직 등용의 필수요건이
되었다. 앞서 본 책문에서 이규보가 "지금은 벼슬에 나가는 길이 매우
쉬워 반드시 과거를 보아야 할 필요가 없기 때문에 학문에 종사하는
자가 적다"[92]고 개탄한 까닭이 여기에 있었다. 그의 自薦도 이러한 상
황이 반영된 것이기도 하다.

이러한 상황에서는 관직 획득을 위한 奔競과 賄賂가 성행할 수밖에
없었다. 李義旼이 집권하던 시기의 일로 국왕인 명종은 환관들과 인사
를 논의하면서 뇌물의 양으로 이를 결정지을 정도였다.

왕이 무릇 用人할 때에는 오직 嬖臣과 宦竪와 더불어 이를 의논하니
이로부터 奔競이 풍속을 이루고 뇌물이 공공연히 행해져 賢否가 뒤섞
였다. 嬖臣과 宦竪가 청탁하는 일이 있으면 왕이 묻기를, "뇌물을 얼마
나 얻었느냐" 하여, 많다면 기뻐하면서 그 請을 따르고 그렇지 않으면
시일을 미루면서 뇌물 많기를 바랬으니 그러한 까닭으로 측근들이 권
력을 행사함이 前王 때보다도 심하였다.[93]

90) 『高麗史』 권102-15, 列傳15 金敞, "崔怡召置政房 掌銓選 時應吏兵部選者
無慮數萬".
91) 향촌사회의 향리층까지도 중앙권력과의 관계를 재수립해야 하는 상황이 된
것이다. 이는 국가적으로는 중앙과의 사적 연관 속에서 이루어진다는 점에서
부정적이기도 하지만, 한편으로는 집권체제의 강화와 재정비의 필요성 제기
라는 점에서 이후의 개혁방향과 깊은 관련을 지닌다.
92) 『後集』 권11, 甲午年禮部試策問.
93) 『高麗史節要』 권13, 明宗 14년 12월, "王凡用人 唯與嬖臣宦竪議之 由是 奔
競成風 賄賂公行 賢否混淆 嬖臣宦竪 有所請托 王問曰 得賂幾何 多則喜 從

奔競과 賄賂는 이전부터 있어 왔으나 인사임용의 원칙이 붕괴되면서 극도로 심화되었다. 또한 이것은 정치적으로 權門과의 사적 연관을 높이는 작용을 하며, 경제적으로는 富의 축적이 전제되어야 가능한 것이었다.[94] 따라서 이렇게 임명된 관료들은 공적 기능의 수행보다는 권문의 私人的 역할에 보다 충실하게 되었다. 그리고 이들은 자신의 경제적 부의 획득을 위하여 對民 수취를 강화시켜 갔을 것이다.[95] 이러한 사적인 인사임용의 확산은 최충헌 집권 이후에도 변화되지 않았다.[96]

아울러 사회적으로는 일부 계층이 축적된 富를 바탕으로 관인층으로 편입하거나 신분상승을 시도하면서, 신분질서를 동요시키는 요인이 되었다. 예컨대 당시 私奴 平亮은 務農致富하여 권세가에게 뇌물을 주어 양인 신분을 획득한 뒤 散員同正에까지 올랐다.[97] 이러한 경우는 특수한 예겠지만, 명종대 史官인 權敬中이 무인집권 이후 "시정에서 짐승 잡고 술 팔던 무리와 활을 당기던 군사 중에 부당하게 外職의 守

其請 否則延時日 以冀其多 故近習竊權 甚於前朝".

94) 명종 16년 정월에 令同正 朴元實이 校尉 張彦夫 등 8명을 반란모의 혐의로 重房에 고발했는데, 심문 당시에 張彦夫의 말은 위와 같은 상황을 단적으로 보여준다. 즉 그는 현재 집정자들이 탐욕스러워 白金을 좋아하여 이를 통해 '賣官鬻爵'하면서 많은 불법행위를 하고 있다고 규탄하였다(『高麗史』 권20-20, 世家20 明宗 16년 정월 癸未).

95) 명종 16년 8월의 史臣 權敬中의 守令에 대한 史論은 이를 입증하는 대표적 사례일 것이다. 그는 무인집권기 이후 市井에서 짐승 잡고 술 팔던 무리와 활 당기는 군사 중에서 부당하게 수령에 임명된 사람들이 私益 추구에만 몰두하고 있음을 비판하였다(『高麗史節要』 권13, 明宗 16년 8월).

96) 당시 史臣 任翊의 평가는 이를 잘 보여주고 있다. 그는 이전에 6월, 12월의 都目 이후에 闕員을 보충하지 않았으나 최충헌은 마음대로 이를 행하고, 측근의 청탁과 뇌물에 따라 관직을 주었다고 평가하였다(『高麗史節要』 권14, 熙宗 5년 9월).

97) 『高麗史』 권20-24, 世家20 明宗 18년 5월, "癸丑 少監王元之婢瑨 私奴婢平亮滅元之家 丙辰 流平亮于遠島 平亮 平章事金永寬家奴也 居見州 務農致富 賂遺權要 免賤爲良 得散員同正".

令에 참여한 자가 많았다"[98]고 한 평가는 위와 같은 사회적 사정을 대변하는 것이었다.

인사가 이처럼 사적으로 임명되는 사정에 대해 이규보는 강을 건너면서 배를 타고 가는 일에 비유하였다. 그는 사공 숫자 등의 조건이 비슷한데도 어느 한 배가 일찍 강을 건넌 이유를 묻고는 다음과 같이 말하였다.

오호라, 이 조그만 배가 가는 데도 오히려 뇌물이 있고 없음에 따라 遲速·先後가 있거늘, 하물며 벼슬을 경쟁하는 마당에 있어서랴? 나의 수중에 돈이 없는 것을 생각하니 오늘날까지 하급관직 하나 얻지 못한 것이 당연하구나.[99]

그는 관직의 획득이 뇌물 유무에 달려 있는 현실을 개탄하였다. 이로 인한 결과는 인재 등용이 어렵게 되고 나아가 小人들이 정치를 장악하게 된다는 것이었다. 말하자면 "조정의 기강과 국가의 법이 어떻게 바로잡히고 천자의 耳目이 어떻게 넓어지며, 역량 있고 보배를 간직한 선비들이 어떻게 진출할 수 있겠느냐"[100]는 반문이었다.

그래서 그는 다음과 같은 詩를 지었다.

하늘에 기도해 聖人을 구해도

---

98) 『高麗史節要』 권13, 明宗 16년 8월. 이러한 대표적 사례로는 盧珀을 들 수 있다. 그는 市井 출신으로 최충헌의 사랑을 받아 吏部員外郞이 되어 文武官의 銓注를 맡게 되었으며, 이후 安西都護副使로 임명되었다. 그의 銓注 담당으로 당시 뇌물이 공공연히 행해졌다고 한다(『高麗史節要』 권14, 神宗 5년 3월).

99) 『全集』 권21, 說序 舟賂說, "嗟乎 此區區一葦所如之間 猶以賂之之有無 其進也 有疾徐先後 況宦海競渡中 顧吾手無人 宜乎至今未霑一命也".

100) 『全集』 권26, 書 上趙太尉書, "則朝綱國憲何由以正焉 天子之耳目何由而廣焉 藏器把寶之士何由而進焉".

孔氏를 비처럼 내려주지 않으며
땅을 파고 賢人을 찾는다 해도
顔子를 샘처럼 솟게 못하리
聖賢의 뼈가 이미 썩었으니
힘이 있더라도 살려낼 수 없겠지
오늘날 사람들은 무슨 이유로
안목은 낮은데 귀만 높이려고
서책을 펴고 앉아
찌꺼기만 좋아한다네
모르겠네 지금 世士들도
聖賢될 器局이 있을는지
……

楚茨의 덩굴 함부로 생기게 하고
또 荊棘도 너무나 번성하네
왜 指佞草 같은 풀을
이리저리 뻗도록 하지 않아서
드디어 온 천하 선비들에게
邪와 正을 분변 못하도록 했나
……101)

그의 논점은 策問에서 말했듯이 '儒風을 진작시킬' 인재를 구하려
해도 현재의 정치상황 하에서는 불가능하게 되었다는 것이다.102) 그는
현재 과거의 聖人은 살려낼 수 없고 현재의 士들은 공부보다는 그 외

---

101)『全集』권1, 古律詩 寓古三首, "禱天求聖人 天不雨孔氏 鑿地索賢人 地不湧
顔子 聖賢骨已朽 有力未負致 奈何今之人 賤目唯貴耳 徒生靑史毛 糟粕例
自嗜 不識今世士 亦有聖賢器 …… 徒生楚茨蔓 徒産荊棘繁 不使指佞草 延
引榮其孫 遂令天下士 邪正久未分……".

102) 이 시는 이규보가 당시 이런 사회정황을 국가정세로 파악하고 국정의 내실을
꾀하려 했던 것으로 본다(朴菖熙,『李奎報硏究』, 一橋大 박사학위논문, 1976,
37쪽).

부분에 치중하여 모두가 사회윤리를 저버린 상황이라고 보았다. 현재 정치상황은 楚茨로 비유되어 중국 周나라 幽王의 학정과 같으며, 이에 '荊棘'인 소인들이 번성하고 있지만 아첨하는 사람이 들어오면 가리킨 다는 指佞草도 없다는 주장이다.[103] 이에 士들이 邪와 正을 분별하지 못해 正言도 못하고 정치적 동향에만 민감하게 되었다고 하였다. 물론 여기서 지적한 소인들은 앞서 권경중의 사론에서 말한 부류처럼 사적 관계 등을 통해 관계에 진출한 사람들이라고 생각된다.

요컨대 그가 책문에서 제기한 사림의 문제, 즉 入仕가 쉬워 공부에 힘쓰지 않으니 儒風이 떨어지고 있다는 인식은, 이처럼 사적 연관관계를 바탕으로 奔競과 賄賂를 통해 출사하고 승진하는 현실에 대한 문제제기에서 출발한 것이었다. 따라서 그 해결 방향도 현재의 인사운영의 측면으로 제기되는 것이 자연스런 귀결이었다. 그것은 '小人'들의 억제와 함께 그들을 대처할 자격있는 인물의 양성과 官界 배치로 이어지는 문제였다.

이상과 같은 문제는 무인정권이 붕괴되고 원간섭기에 들어와서 오히려 확대되는 경향을 보인다. 그 이유는 사적 기반에 근거한 정치운영방식이 변하지 않았으며, 오히려 국왕이나 왕실까지도 이러한 방식의 주체로 등장하기 때문이다.

이렇게 된 배경에는 무인집권기 이후 결정적으로 실추된 국왕의 권위와 위상에서 찾을 수 있다. 주지하듯이 무인집권 이후 국왕의 위치는 불안정하여, 집정자의 의지에 따라 그 폐위와 계승 여부가 결정되었다. 이러한 양상은 최충헌 집권 이후 심화되었으며, 明宗이나 熙宗 등이 그러한 사례였다. 이것은 국왕의 위치가 이전의 귀족 내지 지배층 전체의 首長에서 정치적인 상징적 지위로만 남게 되었음을 의미한다. 따라서 국왕의 권력기반은 집정자에 의존하게 되고, 국왕의 정치적 위치는 실질적으로 다른 중앙세가나 문벌귀족과 비교해 크게 다르지

---

103) 『국역 동국이상국집』 1, 민족문화추진위원회, 87쪽 註 참조.

않았다.

(2) 원간섭기 정치운영

이후 元宗代에는 무인정권이 붕괴되고 왕정복고가 이루어졌다.[104] 그러나 이는 몽고의 군사력과 국왕의 측근에 의존하여 달성된 것이었다.[105] 자연히 원종은 자신의 권력기반을 이들에게 두어야 했다.

그렇게 된 이유로는 국왕의 정치적 지위의 하락과 함께 각 정치세력을 통합할 권위와 능력이 부족했기 때문이다. 이러한 상황에서는 국왕도 자신의 사적 인맥으로 정치적 기반을 삼아야 했고, 정치운영의 방식도 기존의 무인정권의 그것을 그대로 유지해야만 하였다.

본격적인 원간섭기에 들어와서도 이러한 형태는 유지되었다. 우선 忠烈王의 경우에는 자신의 정치적 기반을 확대시키기 위해 원나라 宿衛 때의 시종신료를 중심으로 정치운영을 꾀하였다. 그는 원나라 친위군 조직인 怯薛制를 본떠 忽赤를 조직하여 숙위하게 하였다.[106] 이 기구가 측근기구로서의 성격이 강하다는 점은 이미 알려진 바이만,[107] 그 외에도 迂達赤・阿加赤・速古赤 등의 많은 숙위기구가 증설되었다. 또한 鷹坊과 같이 매의 사육과 사냥을 관장하는 기관도 설치되었

---

104) 집정자 林衍은 원종을 폐위시켰으나 몽고의 군사적 압력에 의해 복위되었다. 이런 과정에 대해서는 金塘澤, 「林衍政權과 高麗의 開京還都」, 『李基白先生 古稀紀念韓國史學論叢』上, 一潮閣, 1994 ; 崔元榮, 「林氏武人政權의 成立 과 崩壞」, 『高麗武人政權研究』, 서강대출판부, 1995 등이 참조된다.

105) 李益柱, 『高麗・元關係의 構造와 高麗後期 政治體制』, 서울대 박사학위논문, 1996, 53쪽.

106) 『高麗史』 권82, 志36 兵2 宿衛 元宗 15년 8월, "忠烈王卽位 以衣冠子弟嘗爲 禿魯花者 分番宿衛 號曰忽赤".

107) 權寧國, 『高麗後期 軍事制度 연구』, 서울대 박사학위논문, 1995 ; 李益柱, 『高麗・元關係의 構造와 高麗後期 政治體制』, 서울대 박사학위논문, 1996, 74쪽.

다. 충렬왕은 이러한 기구에 시종신료들이나 권세가의 자제들을 포진
시켜 자신의 사적 유대를 통한 인적 기반을 구축했다.

문제는 그에 따른 인사운영과 물적 요소의 마련이었다. 자신들의 인
맥을 임명하기 위해서는 국왕과 그 측근들이 인사운영을 완전히 장악
해야만 하였다. 최씨무인정권기에 만들어진 정방의 필요성은 여기에
있었다.108)

인사운영의 장악은 경제적 기반의 확보와 직결되었다. 원간섭기에
관직의 획득은 전시과의 분급으로 이어지지는 않았지만, 자신의 소유
지를 확대하거나 토지를 탈점할 때 유리한 위치를 점하는 요인이 되었
다. 주지하듯이 賜牌를 통한 농장 확대와 그에 대한 관리는 권력을 매
개로 할 때 가능하거나 원활하게 진행되었다. 특히 농장이 전국적으로
분포되어 있을 경우에는 자신의 家臣을 이용하여 관리해야 했으므
로,109) 이들에 대해 관직을 수여함으로써 가능해지는 공적 행정체계의
이용이 여러 면에서 유리하였다. 이러한 전국적 농장이 왕실이나 중앙
권세가를 중심으로 이루어졌을 것이다.

따라서 충렬왕의 경우에도 정방의 혁파보다는 이를 통해 銓注를 장
악하려 하였다. 예컨대 당시 전주를 관장한 朴恒은 이전의 전주 기간
중에 궁궐에서 일하다가 私第에 나가 숙박함으로써 생기는 인사청탁
을 없애기 위해 일이 끝나야 나가는 관례를 만들었다.110) 그 효과는 국
왕이나 그의 측근 내지 고위관료의 의지에 따른 인사운영으로 나타났
을 것이다.111)

---

108) 이 시기 정방에 대해서는 다음의 논고가 참고된다. 金成俊, 「高麗政房考」,
    『史學研究』 13, 1962/『韓國中世政治法制史研究』, 一潮閣, 1985 ; 金潤坤,
    「麗末鮮初의 尙瑞司-政房에서 尙瑞司의 變遷科程을 中心으로-」, 『歷史
    學報』 25, 1964 ; 金昌賢, 『高麗後期 政房研究』, 고려대 박사학위논문, 1966.
109) 李仁在, 「高麗 中·後期 農莊의 田民確保와 經營」, 『國史館論叢』 71, 1996.
110) 『高麗史』 권106-2, 列傳19 朴恒.
111) 金昌賢, 『高麗後期 政房研究』, 고려대 박사학위논문, 1996, 55쪽 참조.

특히 충렬왕은 의종대 이후 폐지된 殿試를 부활시켰다. 이는 座主門生 관계로 인한 관료들 간의 사적 유대를 끊는 것이 목적이어야 했지만, 실제 시행에서는 국왕 측근의 인맥을 등용하는 데 쓰여졌다. 예를 들어 국왕의 총애를 받던 승려 祖英은 자신의 조카 吳子宜와 친구를 시험에 참가시키기 위해 신료들의 반대를 무릅쓰고 이를 시행하였고, 당시 고위관료인 柳璥은 자신의 孫子와 孫壻를 위해 전시 참여대상자의 범위를 넓히자고 했다. 또한 앞서 언급한 朴恒의 경우에도 과거를 이용해 자신의 문생이나 친구들을 발탁하기도 하였다.112) 이처럼 제도의 변경만으로는 이 시기의 사적 인사운영 방식을 변화시킬 수 없었다. 운영 담당자가 제도 변동을 자신의 인맥 등용을 위해 활용하였기 때문이다.

사적 인사운영에 대한 문제는 새 국왕이 등장할 때마다 제기되어, 매번 정방 혁파가 과제로 등장하였고 때로 실행에 옮겨지기도 하였다. 그러나 국왕을 포함한 소수의 권세가가 인사운영을 장악하기 위해서는 정방과 같은 기구가 필요했으며, 따라서 정방은 다시 복귀되었다. 각 정치세력이 사적 기반에 철저히 의존하면서 그 확충과 유지가 관직을 매개로 하고 있는 상태에서 정방과 같은 인사운영기구는 필수적이었기 때문이다.

忠宣王의 관제개혁113)은 정방 혁파를 포함하고 있었지만, 인사운영의 방법이 이전과 근본적으로 달라진 것은 아니었다. 주지하듯이 충선왕은 충렬왕 24년에 즉위한 이후에 詞林院을 중심으로 정국을 운영하였다. 그는 정방을 혁파하고 이 곳의 學士인 崔昷·朴全之·吳漢卿·李瑱 등과 함께 왕명출납뿐 아니라 인사운영까지 장악하도록 하였다.

112) 『高麗史』 권106, 列傳19 朴恒.
113) 충선왕의 개혁에 대해서는 다음 논저가 참조된다. 李起男, 「忠宣王의 改革과 詞林院의 設置」, 『歷史學報』 52, 1971 ; 朴鍾進, 「忠宣王代의 財政改革策과 그 性格」, 『韓國史論』 9, 1983 ; 李益柱, 「충선왕 즉위년(1298) '개혁정치'의 성격 - 관제(官制) 개편을 중심으로 -」, 『역사와 현실』 7, 1992.

그 결과 정방의 기능이 詞林院으로 옮겨졌지만, 실제 사적 인사운영을 배제시킬 방식의 변화는 없었다. 다시 말해서 인재 선발이나 考課 방식의 합리성을 제고시킬 새로운 방식은 만들어지지 않았던 것이다.

사실 정방을 통한 인사운영은 국왕과 소수의 권문세가에 의해 주도되기 때문에 어느 정도의 상호 견제를 가능케 하였다. 그러나 詞林院으로의 이관은 이전의 권문세가의 참여를 배제하고, 국왕에 의한 인사운영의 자의성을 높이는 결과를 가져오게 되었다. 특히 사림원의 참여주체인 4學士는 고려후기 사대부적인 존재로 볼 수 있지만, 아직 정치세력으로서 자신의 정체성을 갖기에는 미흡한 존재이며 이념적 성향도 분명치 않았다. 이들의 정치적 근거는 국왕인 충선왕에게 달려 있으므로, 4학사는 국왕의 측근적 요소를 보다 강하게 가졌던 것이다. 이 점은 사림원을 통한 인사운영이 국왕의 자의성과 사적 기반의 확보에 이용될 소지가 많음을 의미한다. 따라서 인사운영에 대한 개혁은 이루어질 수 없었다.

결국 충숙왕이 즉위하자 정방은 다시 설치되었으며, 인사운영은 극도로 문란해지게 되었다.

> 충숙왕 7년 정방이 회복되었다. 16년 9월에 密直 金之鏡이 銓注를 맡아 함부로 제수하였으며, 그 批目 아래 用事者가 다투어 朱와 墨으로 쓰고 지워 알아볼 수 없게 하여 당시 사람들이 이를 黑冊政事라고 불렀다.[114]

이와 같이 인사운영의 문란이 심화된 이유는 정방의 복귀와 함께 충숙왕이 자신의 측근세력을 통해 사적 운영을 강화시킨 점에 있었다. 이 때 黑冊政事가 등장한 배경으로 김지경과 관련해 다음과 같은 사

---

114) 『高麗史』 권75-4, 志29 選擧3 銓注 選法, "忠肅王七年 復政房 十六年九月 密直 金之鏡掌銓注 專擅除授 及批目下 用事者 爭相塗抹竄定朱與墨 至不可辨 時人謂之黑冊政事".

실이 전해지고 있다.

密直 金之鏡은 충숙왕의 嬖幸인데 원나라 사신 完者가 자신의 族黨에게 벼슬을 주길 바란다고 왕에게 건의하여 銓注를 담당하게 되었다. 이 때 申時用이 정방에 와 김지경 등이 벼슬을 팔고 있다고 욕하면서 자신의 자손에게 제수할 것을 말하였다. 당시 관직 없는 사람들이 뜰에 모여 항의하였는데, 신시용은 이들에게 돈이 없어 그렇게 된 것이라고 하였다. 이에 벼슬 구하는 사람들이 떼지어 몰려오자 김지경 등은 밤중에 村舍에 숨어 銓注하게 되었다. 이 때 李仁吉이 批目 초안을 마음대로 고치자, 用事者들이 다투어 그렇게 했다는 내용이다.115) 이처럼 인사운영은 충숙왕과 그 측근들에 의해 원칙없이 행해지게 되었으며, 정방은 그 통로가 되었다.

그런데 충숙왕은 한편으로는 측근세력의 권력이 자신보다 강해지는 것을 방지하려 하였다. 예컨대 崔安道는 충숙왕 시종공신의 대표적 존재였다. 그는 충숙왕이 平州에서 사냥하자 국왕을 찾아가는 길에 많은 騶從을 수행하였다. 이에 충숙왕은 멀리서 원나라 사신이 도착하는 줄 알고 놀랐다가 사실을 알고 최안도를 섬으로 귀양보내려고 하였다.116) 이러한 충숙왕의 조치는 최안도가 국왕을 능가하지 못하게 하려는 정치적 경고로 해석된다. 요컨대 정치운영은 국왕을 매개로 이루어져야 하며, 무인집권기처럼 권신 한 사람에게 장악되는 일은 없도록 하려는 조치이기도 하다.

이 때 최안도는 유배지로 가지 않고 10여 일을 머물다가 출발해 楊廣道를 유람하고 다녔다. 국왕의 명령에 불복종한 셈인데, 그 이유는 자신의 세력이 사실상 국왕의 권력기반이 되었기 때문일 것이다. 즉 국왕의 정치운영이 원나라 및 소수의 측근과의 결합관계에 의존하고

---

115) 『高麗史節要』 권24, 忠肅王 16년 9월 ;『高麗史』 권124, 列傳37 崔安道 附 金之鏡.
116) 『高麗史』 권124-8, 列傳37 崔安道.

있었기 때문에 자신을 정치적으로 배제시키지 못할 것으로 생각했기 때문이다.

이와 같은 인사운영 방식은 충혜왕대에도 변함이 없었다. 다만 이때에 와서 드러난 문제는 사적 정치운영의 확산이 정치세력 간의 갈등과 정쟁으로까지 발전한다는 점이었다. 국왕이나 종친들이 각기 사적 세력에 의존하고 있었으므로, 자신의 정치적 위치를 확대시키는 과정에서 상호 충돌이 발생할 수밖에 없었다. 그런데 이 정치적 충돌이 국왕의 지위를 둘러싸고 일어난다는 점에서 이 시기의 특징이 있었던 것이다.

대표적 경우가 충숙왕 사후에 발생한 曹頔의난이다.[117] 정승인 조적은 충숙왕이 죽고 前王이던 충혜왕이 경화공주를 폭행하자 이를 기화로 충혜왕 주변의 불량배를 소탕한다는 명분으로 군대를 동원하였다. 그러나 실제로 그는 원나라에 있던 瀋王 暠를 왕위에 오르게 하기 위해 난을 일으킨 것이다.

조적의 반란은 충혜왕에 의해 진압되지만, 이 시기 정치적 갈등이 왕위를 둘러싼 극단적 형태에까지 이르렀음을 보여준다. 물론 여기에는 원나라와 밀접한 관계를 맺고 있는 瀋王 暠의 정치적 의도가 보다 중요한 요인이 될 것이다. 그럼에도 조적의 반란은 인적·물적인 사적 기반 없이는 불가능한 것이며, 정치적 지위의 획득만이 그들의 사적 기반을 확대 재편할 수 있는 방법이 되기 때문이다.

이처럼 사적 정치운영의 확산은 지배층 내부의 분열에 따라 지배체제 자체를 위협하는 지경에까지 이르고 있었다. 왕위를 둘러싼 갈등은 관료와 지배층 내부에서 각각의 사적 연관에 따라 하나의 왕위계승자를 선택하게 만들었다. 원의 정치적 간섭은 이 문제를 더욱 복잡하게 만들었다. 이는 정치적 갈등을 해결할 수 있는 상징적 권위를 국왕에게서 찾을 수 없게 되었음을 의미한다. 그리고 이로 인한 문제가 군주

---

117) 『高麗史節要』 권25, 忠肅王 後8년 8월.

의 역할과 규범을 제고시키는 역사적 배경이 되었다. 고려후기 君主修
身論은 이를 배경으로 하여 새로운 형태를 요구하게 되었다.

아울러 사적 인사운영은 기존 정치세력 간의 갈등을 부추기는 또 하
나의 요인이었다. 특히 원간섭기 이후 국왕과 주변의 측근세력은 인사
운영의 장악을 통해 자신의 기반을 유지하려 했으며, 이는 공적이고
정상적인 인사관행을 파행시켰다. 그리고 이를 통해 임명된 관료들의
비리는 증폭될 수밖에 없었다. 결국 그 피해는 최종적으로 民에게 전
가되었다. 그 결과 官僚像의 새로운 논의가 과제로 부각되었으며, 그
에 따른 윤리와 규범이 필요하다는 인식을 불러일으켰다.

3) 租稅體系의 문란과 民本論에 대한 인식

사적 기반을 토대로 한 정치운영은 그에 필요한 물적 기반의 확보를
요구하였다. 충렬왕의 경우에도 귀국한 후에 자신의 시종세력들을 功
臣으로 등용하는 한편, 관직을 수여하여 자신의 인적 기반으로 삼았음
은 앞서 말한 바와 같다.

그런데 이 때 忽赤와 같은 국왕의 친위조직은 인적 기반을 공적 관
료체계에 포섭하는 역할뿐 아니라 실질적인 賦稅 수취의 기구로도 이
용되었다. 말하자면 이들 기구가 부세 수취를 할 수 있는 권한을 부여
받아,[118] 실질적인 물적 기반의 확보에도 이용되었던 것이다. 예컨대
嘉林縣의 경우에는

　　嘉林縣人들이 達魯花赤에게 말하길, "縣의 촌락이 元成殿, 貞和院,
　　將軍房, 忽赤, 巡軍에 나누어 소속되어 오직 金所 한 촌만이 남아 있
　　을 뿐인데, 지금 鷹坊의 迷剌里를 또 빼앗아 가지니, 우리들이 어찌 홀
　　로 부역을 감당할 수 있겠습니까" 하였다. 達魯花赤가 말하기를, "이런

---

118) 尹薰杓, 『麗末鮮初 軍制改革의 推移』, 연세대 박사학위논문, 1996, 27쪽.

데가 너희 고을만은 아니다."119)

라고 하였다.

鷹坊의 경우에도 단순히 매의 사육과 사냥만을 담당하는 기구로서 존재하는 것이 아니라 당시 여러 경제적 폐해를 일으키는 주체가 되었다. 충렬왕의 측근이던 尹秀는 응방을 관리하면서 逃走民을 모아 伊里干이라 칭하면서 안찰사나 수령 등의 관할권을 배제하고 조세와 역역도 부담하지 않는 독자적인 취락을 만들었다.120) 그는 이러한 방법으로 국가관리체제와는 별도로 사적 기반을 구축해 갔으며, 결국 尹秀와 충렬왕과의 관계를 고려해 본다면 응방은 국왕의 경제적 기반으로 작용하였을 것이다.121)

이처럼 국왕의 친위적 국가기관의 남설과 유지는 국가의 수취원을 침식하는 주요한 요인이 되었다. 여기에 배치된 관리들은 사적 인맥을 통해 등용되어 민을 침탈하였다.

(崔安道는) 金之鏡, 李仁吉, 辛貞, 李仲陽, 裴佺, 李吉祥, 鄭都赤不花 등과 함께 內乘馬 3백 필을 江華에서 목축했는데 侵暴함이 심해서 민들이 고통을 견디지 못하고 도산하여 거의 없어졌다.122)

충숙왕대 嬖幸인 최안도 등은 국왕의 內乘에 소속된 말사육을 명분으로 강화의 民들에 대한 침해를 일삼았다. 그 결과 民들이 유리도산

119)『高麗史節要』권20, 忠烈王 4년 4월, "嘉林縣人 告達魯花赤曰 縣之村落 分屬元成殿及貞和院將軍房忽赤巡軍 唯金所一村在耳 今鷹坊迷剌里 又奪而有之 我等何以獨供賦役 達魯花赤曰 若此者多矣 非獨汝縣也".
120)『高麗史』권124, 列傳37 嬖幸2 尹秀.
121) 金仁昊,「李承休의 歷史認識과 現實批判論의 方向」,『韓國思想史學』, 9, 1997, 38쪽.
122)『高麗史』권124-26, 列傳37 崔安道, "與金之鏡 李仁吉 辛貞 李仲陽 裴佺 李吉祥 鄭都赤不花等 牧內乘馬三百匹于江華 多所侵暴 民不堪苦 流散殆盡".

하게 되었으며, 이는 국가조세수취원의 근본적인 감소를 가져왔다.

아울러 당시 크게 증가한 중앙의 都監도 조세수취체계를 무너뜨리는 요인이 되었다. 예를 들어 충숙왕이 만든 盤纏都監은 원나라 조회 비용을 위해 설치한 것인데, 징수 대상은 百官과 五部坊里와 함께 京畿 8현의 民戶에까지 미치게 되었다. 이 때 姦吏들이 이를 기회로 함부로 布를 거두어들였으며, 內臣들은 내탕의 銀瓶을 방출해 쌀을 사들이면서 토색을 그치지 않아 兩府에서 이를 걱정하여 5도에 察訪使까지 파견했으나 막지 못했다.[123] 이처럼 公務를 빙자한 科斂이 이러한 기구들을 통해 이루어졌다고 할 수 있다.

특히 科斂은 원간섭기 이후 보다 빈번해졌다. 그 이유는 과다한 원나라의 공물 요구 등으로 인한 국가재정의 파탄에서 찾을 수 있다. 그에 따라 충렬왕 14년에는 兩府宰樞들이 모여 근래 賦稅 납부의 부족을 논의하고 불의의 사태에 대비하기 위해 兩班부터 工商賤隷에 이르기까지 차등있게 米를 걷기도 하였다.[124]

그러나 조세수취체계를 붕괴시킨 가장 중요한 요인은 농장의 발달에 따른 토지겸병의 심화와 投託 등에 의한 避役農民의 증가였다. 무인집권기 이후 권세가에 의한 토지탈점이 증가하고 이를 둘러싼 쟁송이 심화되었음은 앞서 살펴보았다. 이것은 수조지 내지 소유지의 확대에 의한 농장으로 성립되고 있었다.[125] 특히 이 시기 전시과 운영이 마비되면서 국왕은 자신의 측근세력에게 개간과 관련해 賜牌를 발급했었다.

123) 『高麗史節要』 권24, 忠肅王 15년 12월.

124) 『高麗史』 권79-25, 志33 食貨2 科斂, 忠烈王 14년 10월.

125) 이하의 서술은 다음의 논고에 입각하였다. 姜晋哲, 「高麗의 農莊에 대한 一 硏究」, 『史叢』 24, 1980 ; 李景植, 「高麗末期의 私田問題」, 『朝鮮前期土地制 度硏究』, 一潮閣, 1986 ; 魏恩淑, 『高麗後期 農業經營에 대한 硏究』, 부산대 박사학위논문, 1994 ; 李仁在, 「高麗 中·後期 農莊의 田民確保와 經營」, 『國史館論叢』 71, 1996 ; 朴京安, 『高麗後期 土地制度硏究』, 혜안, 1996.

李英柱가 민호를 조사하여 국왕에게 보고하기를, "逋民을 모은 자로
는 廉承益이 으뜸입니다" 하여 장차 이를 국문하려 했으나 염승익과
여러 嬖人들이 모두 노하여 비방이 분연하니 일이 드디어 잠잠해졌다.
당시 鷹坊, 怯怜口, 內竪, 賤者까지 다 賜田을 받아 많은 것은 수백 결
에 달하였다. (이들은) 齊民을 유인하여 佃戶로 만들고 무릇 民田으로
부근에 있는 것은 모두 收租하여 州縣의 賦稅가 들어오는 것이 없었
다. 수령 중에 법을 적용하려는 자는 무고하여 죄를 둘러씌웠다.126)

이것은 충렬왕의 측근인 廉承益에 관련된 자료이다. 보고자인 李英
柱 역시 국왕의 측근인데 人物推考別監에 임명된 후에 위와 같이 보
고한 것이다.127) 위 자료에서 염승익은 도주민을 모아 자신의 농장에
두고 佃戶로 삼았음을 알 수 있다. 그는 권력을 이용하여 賜田 주변의
民田까지 잠식하여 이들의 조세를 포탈하였다. 이로 인해 그는 수령의
행정력까지 마비시키고 주변의 토지까지 자신의 완전한 면세지로 만
들었던 것이다. 그런데도 처벌이 불가능했던 것은 이들이 국왕의 실질
적인 권력기반이었기 때문이다.

사적 기반의 확대는 국왕 자신도 예외가 아니었으며, 측근인물들은
이를 뒷받침하는 共生관계를 통해 자신의 이익을 추구하였다. 이처럼
당시 賜牌를 통한 불법적 행위는 권력구조상 필연적으로 발생할 수밖
에 없었다. 문제는 이를 제어 내지 견제할 수 있는 정치세력이나 운영

---

126) 『高麗史』 권123-9, 列傳36 嬖幸1 廉承益, "李英柱括民戶告王曰 聚逋民者
廉承益爲首 將鞠之 承益及諸嬖人皆怒 衆謗紛然 事遂寢 時鷹坊怯怜口及內
竪賤者 皆受賜田 多至數百結 誘齊民爲佃 凡民田在旁近者 並收租 州縣賦
稅無所入 守令有繩以法者 誣譖抵罪".

127) 『高麗史』 권123, 列傳36 嬖幸1 李英柱. 그 역시도 권세를 이용하여 많은 비
행을 저질러 사람들은 그의 해독을 '英柱難'이라고 불렀을 지경이다. 그런데
그가 인물추고도감이 되어 국왕에게 "대신과 내료들이 田莊을 많이 두어 도
주민의 소굴이 되고 있으니 銀布를 거두어 國用에 충당하자"고 건의하고 있
어 주목된다. 이것은 당시 집권층 내부에서도 농장의 확산에 따른 지주전호
관계의 발전과 국가재정과의 관계를 심각하게 고려하였음을 보여주고 있다.

방식의 부재에 있었다.

　　물론 고려정부가 이러한 문제의 심각성을 인식하지 못한 것은 아니었다. 충선왕의 즉위교서에서는,

　　　先王이 제정하길 內外 田丁은 각기 職役에 따라 평균해 분급토록 하여 민생에 도움되고, 또한 국용에 지출하게 하였다. 근래에 豪猾한 무리들이 遠陳田이라 칭탁하여 山川을 표식으로 거짓으로 사패를 받아 자신의 소유로 하고 公租를 납부치 않으니, 田野는 비록 개간되어도 國貢은 해마다 감소하고 있다. 또한 심한 자는 房庫와 宗室의 田이라 하면서 租稅의 1/3은 바치고 2/3는 자신에게 돌리며 혹은 전혀 바치지 않은 자도 있으니 이보다 폐해가 큰 것은 없다.128)

라고 하여 이를 신랄히 비난하였다. 겸병되는 토지의 양이 방대함은 山川을 표식으로 했다는 표현에서 알 수 있다.

　　이처럼 권세가들은 冒受賜牌 등을 이용해 타인의 토지를 탈점하여 농장을 발전시켰다. 당시 농장은 권력을 기반으로 조세를 포탈하는 온상지가 되었다. 농장의 문제는 또한 이 곳의 노동력 확보수단의 하나로 양인층의 投託 유도와 私民化에 있었다. 과중한 국역부담이나 私田에 대해 여러 명의 田主가 수취함으로써 당하는 불이익으로부터 벗어나기 위하여 양인들의 투탁이 이루어졌다. 또한 권력자들은 일반 민호를 자신의 전호로 확보하면서 사민화하고, 이들의 국역 부담을 빼주었다.

　　따라서 조세 및 국역 담당층은 불법적 농장의 발달에 따라 더욱 감소하게 마련이었다. 그 결과 한정된 수조지와 국역 담당층을 사이에

---

128) 『高麗史』 권78-5, 志32 食貨1 田制 經理, 忠烈王 24년 정월, "一 先王制定 內外田丁 各隨職役 平均分給 以資民生 又支國用 邇來豪猾之徒 托稱遠陳 標以山川 冒受賜牌 爲己之有 不納公租 田野雖闢 國貢稅減 又其甚者 托以 房庫宗室之田 其於租稅一分納公 二分歸己 或有全不納者 玆弊莫大".

두고 국가기관이나 田主層 내부에서는 이를 확보하기 위해 더욱 경쟁
을 벌여야 했다. 이 시기 정치적 갈등은 이러한 경제적 기반의 확보를
둘러싸고 야기되었던 측면이 있었다.

그런데 조세수취원의 감소와 불법적인 수탈증가는 총액제로 이루어
지는 수취방식으로 인해 남아 있던 수취원을 더욱 고갈시키는 악순환
을 가져왔다. 국가재정이 부족한 상태에서 총액제적으로 각 군현 단위
에 부과된 조세액의 조정이 제대로 이루어지지 않았을 것이기 때문이
다. 따라서 남아 있던 일반민이 져야 할 부담은 증가했을 것이며, 이는
최종적으로는 재지유력층과 향리층 등에게까지 전가되었다. 고려후기
戶長層의 유망은 이러한 수취구조에서 연유된 바가 컸다.129) 그 결과
民의 상태는 더욱 악화되고 있었다.

고려후기 사대부들은 이와 같은 현실에서 民들의 처지에 주목하게
되었다. 그들은 民의 유망이 현 지배체제의 유지와 직결된다고 인식하
고 있었다. 이에 관해 이규보는 고종 14년(1227)에 내린 백반과 청주를
먹지 못하게 하는 금령에 반발하여 長文의 詩를 남겼다.

① 장안의 豪俠家에는
   구슬과 패물이 산같이 쌓였는데
   절구로 찧어낸 구슬 같은 쌀을
   말이나 개에게도 먹이며
   기름처럼 맑은 淸酒를
   종들도 마음껏 마시네
   이 모두 농부에게서 나온 것
   하늘로부터 받은 것 아니로세
   남들의 손힘을 빌고는
   망녕되이 스스로 부자가 되었노라 하네
② 힘들여 농사 지어 큰子를 받드니

---

129) 姜恩景,『高麗後期 戶長層의 變動 硏究』, 연세대 박사학위논문, 1997, 210쪽.

그들을 일컬어 田父라 하네
알몸을 短褐로 가리고는
매일같이 얼마만큼 땅을 갈았던가
벼싹이 겨우 파릇파릇 돋아나면
고생스럽게 호미로 김을 매지
풍년 들어 천종의 곡식 거두어도
한갓 官家 것밖에 되지 않네
어찌지 못하고 모조리 빼앗겨
하나도 소유하지 못하고
땅을 파 鳧茈를 캐 먹다가
굶주림에 지쳐 쓰러진다오
③ 노동할 때가 아니라면
어느 누가 이들에게 좋은 음식 줄까
목적은 힘을 취하기 위해서지
이들의 입을 아껴서가 아니라오
희디 흰 쌀밥이나
맑디 맑은 청주는
이는 그들의 힘으로 생긴 것이니
하늘도 이를 허물치 않으리
④ 勸農使에게 말하노니
國令이 혹 잘못된 것 아니요
마땅한가 卿相들이여
酒食에 싫증나 썩히고
野人들 역시 이에 있어
언제나 반드시 청주를 마신다오
游手들도 일찍이 이와 같은데
농부가 먹는 것은 어찌 뒷전인가[130]

---

130) 『後集』권1, 古律詩 聞國令禁農餉淸酒白飯, "① 長安豪俠家 珠貝堆如阜 春
粒瑩如珠 或飼馬與狗 碧醪湛若油 需洽童僕味 是皆出於農 非乃本所受 假
他手上勞 妄謂能自富 ② 力穡奉君子 是之謂田父 赤身掩短褐 一日耕幾畝

당시 고려정부가 어떤 이유로 금주령을 내렸는지는 분명하지 않다. 대개 가뭄 등의 재해가 있을 때 이러한 조치가 취해지나, 그 해에는 이러한 일이 기록상으로 확인되지 않는다.

이규보는 개경의 豪俠家와 농민을 계급적으로 대비시켰다(①). 호협가는 경영 규모가 큰 지주층으로 생각되며, 君子로서 田父를 부리는 존재였다(②). 이들은 많은 보물과 식량, 가축 등을 소유하고 노복을 부리고 있는 지배층이었다. 반면 농민들은 일 년 동안 고생해 수확을 거두어도 대부분을 관에 납부하고 굶주림에 시달리게 된다고 하였다. 당시 수취체제의 문란에 따른 결과였다.

그는 농업생산자에 대한 배려를 염두에 두었다. 그가 문제삼은 것은 정책담당자인 卿相들이 지키지 못하는 법령을 농업생산자에게만 강요하는 태도였다(④). 이 말은 지배층으로서 직분인 농민들에 대한 최소한의 재생산기반 유지와 농업생산 증대에 대한 의지를 갖게 하자는 의미이다. 요컨대 정부의 올바른 권농조치의 촉구인 셈이다.

이처럼 그의 농민문제에 대한 관심은 동 시기 다른 관료들과 비교해 특별하다고 할 수 있다. 그는 몽고의 침입이나 수취체계의 문란 등으로 인해 붕괴되어 가는 농업기반을 염두에 두고 있었다. 권농을 위한 그의 詩는 그러한 인식의 결과이며, 민본의식을 바탕으로 한 것이기도 하다. 그래서 그는 다른 시에서도 곡식을 생산하는 농부를 부처처럼 존경한다[131]고 술회하기도 하였다.

이와 같은 民의 처지와 농업에 대한 관심은 원간섭기에도 여러 儒

才及稻芽靑 辛苦鋤稂莠 假饒得千鍾 徒爲官家守 無何遭奪歸 一介非所有 乃反掘鳧茈 飢仆不自救 ③ 除却作勞時 何人餉汝厚 所要賭其力 非必愛爾口 粲粲白玉飯 澄澄綠波酒 是汝力所生 天亦不之咎 ④ 爲報勸農使 國令容或謬 可矣卿與相 酒食厭腐朽 野人亦有之 每飮必醇酎 游手尙如此 農餉安可後".

131) 『後集』권1, 古律詩 新穀行, "一粒一粒安可輕 係人生死與富貧 我敬農夫如敬佛".

者들에게서 확인된다. 우선 李達衷[132]은 傭作으로 살아야 하는 田婦의 처지에 대해,

> 장마비가 10일간 연이어 불땐지 오래이다
> 문앞의 小麥은 그대로 늘어졌는데
> 맑기 기다려 베려 하나 맑음은 비가 되고
> 배부르려 일했으나 배부름이 굶주림으로 바뀌네[133]

이 시는 당시 홍건적의 침입으로 남자들이 군대에 들어감에 따라 힘들게 살아가야 하는 田婦에 대해 술회한 것이다. 그러면서 그는 당시 지방관에 대해 지적하길,

> 邑官은 민의 徵斂이 드문 것을 걱정하고
> 서로 단지 勸農牒만을 전하네[134]

라고 해서 지방관 역할 수행에 대한 노력이 부족함을 지적하였다.

한편 李齊賢과 동 시대에 활동한 尹汝衡도 여러 명의 收租權者들로 인해 도토리를 주워먹고 사는 농민들의 처지에 대해서 다음과 같이 비판하였다.

> 나는 촌가에서 늙은 농군에게 물으니
> 정녕 그는 대답한다.

---

132) 그는 慶州 출신으로 아버지대에 과거급제로 출세한 집안이다. 생몰년은 1309년(忠宣王 1)~1385년(禑王 10). 주로 공민왕대 名儒로 활동하였다(『高麗史』 권112, 列傳25 李達衷).

133) 『霽亭集』 권1, 田婦歎二首, "霖雨連旬久未炊 門前小麥正離離 待晴欲刈晴還雨 謀飽爲傭飽易飢".

134) 『霽亭集』 권1, 金晦翁南歸作村中四時歌以贈, "邑官憂民徵斂稀 相傳只有勸農牒".

요즘 권세 있는 자 民田을 빼앗아
산천을 표시로 公案 만들어
밭 하나에 田主는 많아
거둔 후 다시 거두길 쉬지 않고
혹은 홍수, 가뭄으로 자라지 않아
場圃에는 해마다 쓸쓸한 잡초만 우거지는데
살 벗기고 골수 긁어가듯 땅이 비니
관가의 조세는 무엇으로 내리
장정들은 흩어지길 수천명이니
노약자만이 홀로 가난해 텅빈 방을 지키니
차마 구렁에 몸을 굴려 죽을 수 없어
호젓한 산등성이에 올라 도토리를 줍나이다.135)

이 시는 수조지 운영의 난맥상과 조세수취에 따른 민들의 피해를 생생하게 그려내고 있다. 이러한 현실에서 사대부들은 국가운영의 주체로서의 책임감을 느끼게 되었으며, 이를 민본론으로 제기하게 되었다. 예컨대 安軸은 강원도 存撫使로 나갔다가 강릉을 출발하면서 자신의 책임에 대해,

재주가 작아 이 民을 구하기에 방법이 없으니
뭇 책임이 분분하게 이 몸에 달려 있네
……
두 해 동안의 수고는 다만 민을 위한 일
어찌 아첨하여 내 몸 위함이었으랴
……136)

---

135) 『東文選』 권7, 橡栗歌, “時向村家問老農 老農丁寧爲予說 近來權勢奪民田 標以山川作公案 或於一田田主多 徵後還徵無間斷 或罹水旱年不登 場圃年深草蕭索 剝膚槌髓掃地空 官家租稅奚由出 壯者散之知機千 老弱獨守懸磬室 未忍將身轉溝壑 空巷登山拾橡栗”.
136) 『謹齋集』 권1, 七月雨中發江陵府二首, “才疎無術救斯民 衆責紛紛在此身

라고 하였다. 이와 같은 책임의식은 관료와 지배층으로서의 역할에 대한 고민을 불러일으키게 되었다. 앞서 이규보의 경우도 "무릇 농사 대신 祿을 먹는 사람들아! 마땅히 자신의 職에 충실할지어라"[137]고 하여 관료의 직분에 대한 제고를 촉구했던 것이다.

이러한 논리는 君主와 民, 그리고 관료와의 관계를 다음과 같이 설정하는 데에 이르게 된다. 즉 원간섭기에 李穀과 교류한 安員之는 충숙왕 복위 원년(1332)에,

> 또 내가 들으니 한 그릇의 밥을 먹으면서도 임금을 잊지 않는다고 한다. 대개 그 임금을 잊지 않는 것은 또한 그 백성을 잊지 않는 것이 된다. 나라는 백성을 근본으로 삼고, 백성은 관리를 하늘로 삼는 것이다.[138]

라고 하였다. 요컨대 군주에 대한 忠이 민본과 직결되며, 그 결과로 民은 관리를 최고 지위인 天과 동등하게 삼게 된다는 뜻이다. 그러므로 민본론에 대한 인식은 '爲民'을 목표로 한 국가운영의 정상화와 이를 담당한 주체들의 역할에 대한 규범의 제고로 이어진다. 이것이 고려후기 민본론 제기에 따른 특징이었다. 따라서 민본론은 국가의 교서[139] 또는 수령 등과 같은 지방관의 역할을 재규정하거나 촉구하는 방향[140]

…… 二載劬勞但爲民 豈曾求媚自謀身".
137) 『全集』 권14, 古律詩 東門外觀稼, "凡以祿代耕 要當劬乃職".
138) 『稼亭集』 권9, 序 宋安修撰序, "且吾聞之 一飯不忘君 蓋所以不忘其君者 亦所以不忘其民也 國以民爲本 民以吏爲天".
139) 예를 들어 명종 5년과 명종 18년 교서에서는 그 전제로 '民惟邦本 本固邦寧'(『書傳』 권3, 夏書 五子之歌)의 구절을 인용하여, 민본론에 대한 인식을 바탕에 깔고 있다.
140) 고려후기 이래 수령 등을 '近民之職'으로 평가하고 이들의 자격과 역할을 재규정하려는 작업이 진행되었다(林容漢, 『朝鮮初期의 守令制 연구』, 경희대 박사학위논문, 1998, 44~45쪽 참조).

으로 나타나며, 이는 경세의식에 바탕한 것이었다.

2. 정부의 개혁시도와 사대부의 역할

1) 무인집권기 개선론과 그 한계

무인정권은 자신의 무력적 기반에만 통치를 의존했던 것이 아니다. 집정자들은 정권안정을 위한 여러 방안을 모색해야 했으며, 나중에는 자신이 타도하려 한 구귀족 출신들과도 정치적으로 타협하여야 했다.

이러한 가운데 지배체제의 안정을 위한 여러 개선방안이 제기되었다. 그 중에서 대표적인 것이 명종 18년 교서와 최충헌 집권 직후에 나온 封事十條이다.[141] 그 중 전자[142]는 무인집권 이후 사회적으로 격화되던 농민항쟁과 가깝게는 그 전해인 17년 6월 曹元正 · 石隣 등 하급 무인 출신들이 일으킨 난에 대한 수습책으로 나온 것이다.[143] 여기에는 文克謙을 대표로 하는 문신 계열과 무인집권 성립을 계기로 사적 이익만을 추구하던 하급무신 계열 간의 정치적 갈등이 내재해 있었다.[144] 그러므로 명종 18년 교서는 당시 문신들의 입장에서 국가운영에 대한 문제제기의 차원에서 제작된 셈이다. 그리고 여기서는 주로 民의 流亡과 그에 따른 勸農문제를 집중적으로 거론하였다.

---

141) 이에 관한 기존 연구로는 다음의 것들이 참고된다. 김석형, 「제6장 최충헌의 정권장악」, 『봉건지배계급에 반대한 농민들의 투쟁 - 고려편 - 』, 1960 ; 朴宗基, 「12, 13세기 農民抗爭의 原因에 대한 考察」, 『東方學志』 69, 1990 ; 金晧東, 「李義旼政權의 再照明」, 『慶大史論』 7, 1994 ; 崔轅煥, 「崔忠獻의 封事十條」, 『高麗武人政權研究』, 서강대출판부, 1995.

142) 이 교서는 『高麗史』의 각 志에 나뉘어 수록되어 있다. 이를 간략하게 도표로 만들면 다음과 같다.

반면에 封事十條는 최충헌이 집권한 이후 기존 문벌귀족 출신의 문

현실문제	대 책	출전과 약어(A-＊)
수령의 민에 대한 침해	양계병마사, 오도안찰사의 수령 출척 등의 강화	『高麗史節要』 권13, 明宗 18년 3월(A-1)
수령의 침해와 민의 流離逃散	양계병마사, 오도안찰사의 관원과 吏의 黜陟과 襃貶 강화	『高麗史』 권75, 選擧3 銓注 凡選用監司(A-2)
권세가의 京外兩班, 軍人, 永業田 침해와 收租問題	收租하는 使喚과 吏民 처벌조치	『高麗史』 권78, 食貨1 田制 田柴科(A-3)
百姓의 役價징수에 따른 役 불균등과 貢戶民 流離	各道使者의 순행 강화와 해당관리 처벌	『高麗史』 권78, 食貨1 田制 貢賦(A-4)
富强兩班의 丁田겸병과 그에 따른 失業	本主에게 丁田 還本	『高麗史』 권79, 食貨2 借貸(A-5)
倉穀의 부실운영에 따른 失農	죄에 따른 처벌조치	『高麗史』 권80, 食貨3 常平義倉(A-6)
京人, 道門僧人의 農莊배설과 使役, 나쁜 포의 강제대여에 따른 이익과 御物膳 徵取문제와 驛路침해	불법행위 금지, 사적인 御物징취와 驛路이용 금지	『高麗史』 권85, 刑法2 禁令(A-7)
公私營造에 따른 軍人동원	營造금지로 農時를 빼앗지 않게 함	『高麗史』 권81, 兵2 兵制(A-8)
	堤堰 축조와 뽕나무 등의 栽植	『高麗史』 권78, 食貨1 田制 貢賦(A-9)

143) 朴宗基, 「12, 13세기 農民抗爭의 原因에 대한 考察」, 『東方學志』 69, 1990 ; 「李義旼政權의 再照明」, 『慶大史論』 7, 1994. 그러나 조서의 정치적 배경에 대해서는 견해가 서로 다르다. 즉 전자는 경대승 사후 이의민이 명종 17년 조원정·석린의 난 이후 최고실권자로 등장하면서 민심수습책으로 제기되었다고 보는 반면, 후자는 이의민이 명종 14년부터 실권자가 되어 명종과 문신 文克謙 등을 내세워 개혁정치를 시행하려는 의도에서 제기되었다고 본다.

144) 김인호, 「무인집권기 문신관료의 정치이념과 정책」, 『역사와 현실』 17, 1995, 107쪽. 이하의 서술은 상당 부분 이 글에 의거하였다. 그에 관해 일일히 註를 병기하지 않는다.

신들과 손을 잡고, 이들의 견해를 받아들여 작성한 것으로 판단된다.
이는 명종을 퇴위시키고 神宗을 즉위시킨 후 단행된 대대적인 인사조
치에서 짐작된다.[145] 이 때 등용된 문신들의 중심은 趙永仁을 위시한
任濡, 崔讜, 崔詵 등과 같은 문벌귀족 출신이 대부분이었다.[146]

최충헌과 이들은 상호 정치적 필요에 의해 결합되어 현재의 당면과
제를 봉사10조에 담았을 것으로 생각된다. 왜냐하면 최충헌은 鄭仲夫,
李義旼 같은 다른 집정자들과는 달리 하급무인 출신이 아니었고,[147]
자신의 세력기반의 취약성을 극복하기 위해서는 기존 문벌귀족들과
손을 잡을 필요가 있었기 때문이다. 그에 따라 봉사10조에는 양자가
공통으로 생각하는 정치현안이 반영되었다.

봉사10조의 내용을 간략히 정리하면 다음과 같다.

제1조 : 새로 지은 궁궐에 군주가 들어가 天命을 받들 것.
제2조 : 兩府의 官位에 초과된 것으로 봉록이 부족하니 古制에 따를
　　　것.
제3조 : 公・私田의 탈점된 토지를 공문서와 대조해 還本할 것.

---

145) 최충헌이 집권 이후 기존 무신들에 대한 대대적인 숙청을 감행하고 자신의
　　세력기반을 강화하기 위해 문신세력을 포섭하였음은 주지의 사실이다(오영
　　선, 「최씨집권기 정권의 기반과 정치운영」, 『역사와 현실』 17, 1995, 54~55
　　쪽). 그는 신종을 즉위시킨 후에 자신의 동생인 崔忠粹까지 제거하고 그 해
　　12월에 대대적인 인사를 단행하였다(『高麗史節要』 권13, 明宗 26년 12월).
146) 崔詵은 崔惟淸의 아들이며, 崔讜의 동생이다. 鐵原 崔氏인 이 집안은 이전부
　　터 이미 귀족가문이었으며, 任濡 집안인 定安 任氏나 고려전기의 대표적 문
　　벌인 慶原 李氏와도 통혼관계로 긴밀히 연결된다(朴龍雲, 「高麗時代의 定安
　　任氏・鐵原 崔氏・孔巖 許氏 家門 分析」, 『韓國史論叢』 3, 1978, 65쪽). 단
　　조영인은 열전에 따르면 이전부터 문벌집안은 아니었으며, 博學하고 글을 잘
　　짓는 능력을 바탕으로 출세한 유형이다(『高麗史』 권99, 列傳12 趙永仁).
147) 그의 부친인 崔元浩는 상장군이었으며, 자신도 蔭官으로 良醞令에 임명되었
　　다(『高麗史』 권129, 列傳42 叛逆3 崔忠獻). 따라서 그는 다른 무인집정자들
　　과는 달리 출신기반이 좋은 편이었으며, 이로 인해 일찍부터 귀족출신의 문
　　신들과 교유할 기회도 있었다고 생각된다.

제4조 : 조세와 관련해 권세가 등의 침해를 막기 위해 賢能한 外官을
　　　　임명할 것.
제5조 : 諸道 按察使의 進上을 禁止할 것.
제6조 : 승려들의 폐해를 방지하고 궁궐출입을 금지할 것.
제7조 : 兩界 都統과 五道按察使는 吏屬에 대한 褒貶을 철저히 실시
　　　　할 것.
제8조 : 朝廷臣下들의 사치금지와 풍속순화.
제9조 : 太祖代 裨補寺刹 이외의 관원 등이 세운 願堂을 제거할 것.
제10조 : 臺省에 적임자를 선출할 것.

이처럼 명종 18년 교서와 봉사10조는 무인정권이 성립된 이후의 당
면 현안을 처리하기 위해 문신 계열이 관여했다는 점에서 공통성을 지
닌다. 그리고 이것들은 12세기 이래 제기된 교서 등의 내용을 계승·
집약시키고 있다는 점에서도 마찬가지다.

그럼에도 양자가 추구하는 주안점은 일정한 차이가 있었다. 그 중
앞서 나온 명종 18년 교서는 對民支配의 안정을 위한 권농에 집중된
반면, 후자인 봉사10조는 주로 관료체제의 정비문제를 제기하고 있기
때문이다.

먼저 명종 18년 교서에 드러난 현실인식과 그에 바탕한 개선론부터
살펴보도록 하자. 교서에서는 '民本'을 전제로 하여,

　　宰樞의 奏에 따라 下制하길, 백성은 국가의 근본이니, 짐이 그들을
　그 고장에서 편안히 살고 그 직업을 즐겁게 여기게 하고자 하기 때문
　에, 朝臣을 지방에 보내어 分憂하고 교화할 것을 선포하였는데, 요사
　이 듣건대 수령이 급하지 않은 公事로써 침탈하고 괴롭혀, 그들이 폐
　단을 견디지 못하여 이리저리 떠나고 도망한다[148]

148)『高麗史』 권75-18, 選擧3 選用監司 明宗 18년 3월, "因宰樞所奏下制曰 百姓
　　乃國家根本 朕欲其安土樂業 故遣朝臣 分憂宣化 近聞守令 因公事不急之務
　　侵漁勞擾 民不堪弊 流移逃散".

라고 말하였다. 이는 교서의 기본적인 시각과 전체적인 방향을 집약적으로 보여주는 구절이다.

여기서 민의 유망은 수취기반의 상실을 뜻하므로, 정부의 입장에서는 중요한 문제였다. 그리고 이것은 앞서 12세기부터 집중적으로 나타난 것이기도 하다.[149] 그런데 이 시기 유망의 특징은 私田의 家産化에 따른 수조지 침탈과 그에 입각한 토지겸병 및 농장확대 추세와 관련이 깊다는 점이다.[150] 그리고 이 현상은 농민에 대한 수조의 濫徵과 田主權의 강화로 이어졌다. 이에 그 결과로 농민들은 경작을 포기하거나 유리하게 되었다. 이처럼 당시 유망은 자연재해와 같은 농업환경적 요인보다는 주로 사회적 요인에 의해 이루어졌다.

이 중에서 토지겸병과 관련해 명종 18년 교서는 田租의 탈취를 지적하였다(A-3). 이 주장의 요체는 현재 州縣에서 京外의 양반, 군인의 家田과 永業田의 탈취가 이루어지고 있다는 사실에 있었다. 그리고 그 탈점의 주체는 권세자와 지방에 거주하는 吏民이라고 하였다. 이들은 서로 결합해 거짓으로 閑地 내지 자신의 家田으로 칭하고 문서를 위조하여 수조권을 행사한다는 내용이다(A-3). 요컨대 이는 전시과제도의 문란에 따른 사전겸병의 문제이며, 수조지의 世傳과 분급제 운영의 점차적인 와해에 따른 결과였다.[151]

피해를 당하는 사람들은 말할 것도 없이 토지를 소유하고 경작하던 民이었다. 경작자들은 권세가들이 보낸 使喚에 의해 자신의 토지에서 두세 번이나 田租를 내야 했으나 이를 호소할 수도 없었다(A-4). 이와

---

149) 이것은 睿宗 원년 속현지역에서 민의 유망을 막기 위해 監務를 파견하면서부터 국가적 문제로 가시화되었다(『高麗史』권12-25, 睿宗 元年 4월 庚寅). 이에 관해서는 蔡雄錫, 「12, 13세기 향촌사회의 변동과 '민'의 대응」, 『역사와 현실』3, 1990이 참고된다.

150) 金容燮, 「高麗時期의 量田制」, 『東方學志』16, 1975 ; 李景植, 「高麗末期의 私田問題」, 『朝鮮前期土地制度研究』, 一潮閣, 1986.

151) 李景植, 『朝鮮前期土地制度研究』, 一潮閣, 1986, 14쪽.

같은 현상은 당시 토지탈점이 주로 국가권력을 배경으로 이루어지고 있음을 보여준다. 따라서 교서는 수령의 역할 수행을 통한 해결방향을 제시하고 있다. 그럼에도 수령은 오히려 公事를 빙자로 민을 침탈하고 있었다. 이는 수령들이 私田主들의 개인적 이익추구를 도와주고 있음을 시사한다.

또한 수조지 탈점은 토지경작자만이 아닌 私田主들 간의 갈등을 일으키는 요인이기도 하였다. 탈점의 주체는 당시 중앙의 집권세력들이었다. 이들 간에 토지를 둘러싼 갈등은 언제라도 발생할 소지가 있었다. 예컨대 정중부가 廉信若이 峰城에 가지고 있는 토지를 강탈했다가 돌려주고, 다시 家奴를 시켜 수확한 田租를 중도에 빼앗으려 해 싸움이 났던 일152)은 그 대표적 사례이다. 또한 명종대 刑部侍郎인 李俊昌이 반역음모를 꾀한다는 투서로 처형될 뻔했는데, 투서의 원인은 앞서 그가 투서자의 토지를 빼앗은 데 있었다.153) 이처럼 무인집권 이후 수조지 탈점에 따른 정치적 갈등은 증폭되고 있었다.

토지쟁탈이 증가한 것은 집권층이 이전보다 각기 사적 기반의 확대에 몰두했기 때문이기도 하지만, 무엇보다 이를 해결할 공권력의 마비가 주요하게 작용하였다. 무인정권의 성립은 기존의 정치적 관례를 완전히 깨뜨리는 계기가 되었으며, 이는 정치세력 간의 분쟁을 해결할 수 있는 방식의 상실을 의미하였다. 정해진 규례와 방식 없이 권력의 소유 여부에 따른 갈등 해결은 전자를 뒷받침해 왔던 공권력의 마비를 불러일으켰다. 가령 재지사회에서 토지분쟁의 해결을 담당해 온 수령 등이 중앙집권층의 私人化가 된다면 이러한 갈등에 무기력해질 것이다.

한편 수조지 침탈만이 아니라 소유권 자체를 빼앗는 현상도 빈발하

---

152) 『高麗史』 권99, 列傳12 廉信若. 염신약은 峯城 출신으로 개경에 와 判太府
  事까지 지내고 있었다.
153) 『高麗史』 권100, 列傳13 李俊昌.

였다. 이는 주로 경제적 관계를 이용한 경우였다. 교서에서는 이에 관해 각처의 富强兩班이 借貸를 빌미로 빈약한 백성들의 丁田을 빼앗는다고 하였다(A-5). 그 결과 정전 경작자들은 富强兩班의 노비로 전락하거나 유망할 것이 자명하였다.

아울러 여기에는 대토지경영을 바탕으로 한 농장의 발달과 그에 따른 폐해가 존재했다. 명종 18년 교서는 이를 京人이 鄕邑에서 농장을 만들어 작폐함과 道門僧人이 세운 農舍에서 貢戶良人을 사역시키는 문제로 지적되었다(A-7).

여기서 農舍란 향읍에 세워진 농장처럼 사원토지의 관리를 담당하는 곳으로 여겨진다. 문제가 된 것은 農莊이나 農舍의 존재 자체가 아니라 貢戶良人과 같이 국가에 조세를 담당하는 계층의 불법적 使役이었다. 이것은 주로 농장경영에 필요한 노동력의 확보로 인해 생긴 폐해로, 그 주체는 수령이나 중앙과 연결된 향리였다고 생각된다. 앞서 수령이 公事로 침탈한다고 함은 이러한 현상에 대한 지적이었다. 그리고 도문승인과의 관련은 당시 사원의 불법행위에 따른 문제인데, 이는 뒤의 봉사10조에서 재론된다.

아울러 貢賦의 문제도 같은 차원으로 인식되고 있었다. 이 시기 각 지방의 공역에 대해 그 役價를 징수했는데, 향리들이 이를 악용해 役이 不均하다고 했다(A-4). 그리고 御物膳을 평계로 규정보다 짐승 가죽을 많이 징수하였다(A-7).

私門은 이렇게 거둬들인 물건이나 收租를 공적인 驛路를 이용해 운송했고, 이것은 민들의 불필요한 사역을 증대시켰다(A-7).154) 명종 18년 교서에서는 이러한 문제의 근원을 향리나 지방관의 불법적 행위 때문이라고 인식하였다.

---

154) 이 사례로 명종 15년 鄭世裕가 西北面兵馬使로 나가 百姓의 명주실과 진귀한 玩具 등속의 물품을 貢物이라 속여 자신의 집으로 운반해 갔다는 사실로 탄핵받은 일이 있다(『高麗史節要』 권13, 明宗 15년 6월).

따라서 해결방안은 불법행위의 수행자들을 처벌하는 개선적 차원에
서 제기되었다. 말하자면 수조권을 침탈하는 경우에는 수조를 징수하
는 使喚과 문서를 꾸민 吏民을 처벌토록 조치하였다(A-3). 그리고 농
장을 만들어 작폐하는 京人은 개경으로 돌려보내거나 기타 각종 불법
행위를 금지시키는 한편(A-6), 貢役과 관련해서는 향리의 처벌을 천
명하였다(A-4). 그에 따른 조치는 兩界兵馬使와 五道按察使와 같은
중앙관리에 의한 지방순찰의 강화와 향리에 대한 적확한 포폄의 강조
였다(A-1·2). 그러나 이 같은 감찰의 강화로는 문제해결을 기대할 수
없었다. 파견되는 使臣조차도 토지탈점의 주체인 권세가의 사적 인맥
과 관련되었기 때문이다.155)

이와 관련해 명종 18년 교서에는 정부가 개입하는 권농방안이 제시
되었다. 이 방안은 水利와 부업적 園農, 種子 및 食糧의 보급을 중심
으로 한 내용이다.156) 우선 水利문제는 堤堰을 수축해 荒耗하지 않게
하라는 것이다(A-7). 陳田 발생을 억제하려는 조치이면서, 수리시설
확충에 대한 지방관의 적극적인 활동에 대한 권유였다.

또한 뽕나무 재배와 함께 부업적 원농으로 有實樹를 심어 興利토록
권장하였다(A-7). 그리고 현재 창고의 곡식을 種子와 日料로 대여하
는 것이 제대로 운영되지 못하고 있다고 하였다(A-8).

이러한 조치들은 군인이 된 농민의 農時를 빼앗지 못하게 하는 것

---

155) 무인집권세력들은 인사권을 장악하고 자신의 측근을 등용하기 위해 薦擧로
    관료를 선발하였다(이인재,「고려 중후기 지방제 개혁과 감무」,『外大史學』
    3, 1990, 143쪽). 이들은 지방에 파견되어 집권세력의 收租地를 관리하는 일
    을 맡았다(林容漢,「麗末鮮初의 守令制 改革論」,『人文學研究』창간호, 경
    희대, 1996).

156) 이 시기 권농정책에 대해서는 다음의 논문이 참고된다. 白南雲,「제25장 勸
    農政策의 重要性」,『朝鮮封建社會經濟史研究』, 1937 ; 이평래,「고려후기 수
    리시설의 확충과 수전개발」,『역사와 현실』5, 1991 ; 蔡雄錫,「高麗後期 地
    方支配政策의 변화와 '貢戶'의 파악」,『가톨릭대학교 성심교정 논문집』1,
    1995.

(A-5)과 같은 권농 차원에서 제기된 것이며, 12세기부터 정부가 시행해 온 방안을 발전시킨 것이다. 원래 지방관이 勸農使를 겸대하게 된 시기는 문종대부터였다.157) 그리고 명종 3년에는 七道按察使와 五道監倉使까지 이를 겸하도록 했었다.158)

이처럼 이 시기 권농방안의 특징은 지방관이 주도하여 권농을 보다 적극적으로 실행토록 하는 점에 있었다.159) 원래 고려전기 지방관에게는 권농에 대한 역할이 강조되지 않았는데, 이 시기에 그러한 역할이 강조된 것은 국가가 향촌사회 내부의 업무를 분담하여 재지지배력을 확보해 가기 위해서였다.160)

이와 같은 명종 18년의 권농방안은 仁宗 5년 3월에 내린 維新之敎161)의 내용을 발전시킨 것이다. 維新之敎의 15개조 중에서 6개조가 명종 18년 권농방안의 원형인 셈이다.162) 그리고 이 방안들은 봉사10조로도 일부 계승되었다. 봉사 제4조의 公私租賦에 대한 문제에서 현재 향리가 불량하여 이를 침손하거나 권세가의 노비 등이 田租를 다투어 반복해서 징수한다고 지적하고, 그 해결책으로 良能한 인물을 外官으로 보내라고 한 조치가 그것이다.

또한 제5조에서 지방관이 誅求해 供進을 핑계로 驛을 통해 운반하거나 私費로 충당하지 못하도록 使臣들에게 供進을 금지시키라는 방안도 같은 차원에서 나온 것이다. 요컨대 이 시기 권농방안은 지방관

---

157) 『高麗史』 권79-6, 食貨2 農桑 文宗 20년 4월.

158) 『高麗史』 권77, 百官2 外職 勸農使.

159) 당시 개인의 금석문에도 수리나 개간 등에 관련된 자료들이 많이 나타난다. 이 점에 관해서는 蔡雄錫, 『高麗期 '本貫制'의 施行과 地方支配秩序』, 서울대 박사학위논문, 1995 참조.

160) 이인재, 「고려 중후기 지방제 개혁과 감무」, 『外大史學』 3, 1990, 133쪽.

161) 『高麗史節要』 권9, 仁宗 5년 3월.

162) 이와 관련된 조항은 ① 勸農力田 以給民食, ② 取民有制 常租調外 毋得橫斂, ③ 撫恤軍士 以時閱武外 無令服勞, ④ 撫民安土 無使逃流, ⑤ 無以官庫陳穀 抑配貧民 强取其食 ⑥ 又無以陳朽之穀 强民春米 등이다.

의 침탈을 방지하고 그에 걸맞는 인물들을 선발하여 보낸다는 개량적 차원의 조치였다.

그럼에도 명종 18년 교서에서 주목되는 것은 丁田에 대한 還本방침이다. 이는 토지탈점에 대한 방안으로는 최초의 것이다. 이 점에서 당시 토지문제에 대한 심각성이 부각되었음을 보여준다. 그리고 이 방안이 봉사 제3조의 私田 분급과 그에 따른 부세수취 문제의 해결방안으로 계승된다. 주목할 점은 '還本'이란 원칙이 이후 토지문제의 해결방안의 기본방향으로 자리잡는다는 사실이다. 따라서 이 방침은 그 의미가 적지 않다.

한편 봉사 제3조의 환본 방침에 대한 실행은 神宗 2년에 만들어진 輸養帳都監과 五家都監의 수립에서 찾아볼 수 있다. 두 도감의 정확한 역할에 대한 기록은 없지만, 오가도감은 명칭상 隣保制와 관련시켜 볼 수 있다. 말하자면 요역체계의 문제를 해결하기 위해 만든 임시기구로 생각되는 것이다. 또한 수양장도감의 경우에는 仁宗代에 地品과 관련해 유실수의 勸課를 장려하고 있는 것으로 볼 때, 토지에 관련된 장부를 다루는 임시관서가 아닌가 한다.163)

요컨대 私田還本의 원칙과 都監에 의한 해결방법은 고려후기 이래 전민변정도감과 같은 해결방향으로 제기된다는 점에서 이후 개선론의 기본방식이 되는 시대적 의미를 지닌다.164)

반면에 최충헌의 봉사10조는 주로 관료체제의 재정비 문제를 다루었다. 이 중에서 가장 중요한 것은 君主의 역할에 대한 부분이다. 특히 봉사 제1조에서는 국왕이 새 궁궐에 들어가지 않는 문제를 지적하고 이를 天命과 연관시켜 拘忌에 구애되지 말고 들어가도록 권유하고 있

163)『高麗史』권79-7, 食貨2 農桑 仁宗 23년 5월, "輸養都監奏 今諸道州縣 地品 不成田畝 桑栗漆楮 隨地之性 勸課栽植 從之".
164) 朴京安,「高麗後期의 田丁連立에 대하여 - 田丁制의 해체 과정과 그 대책을 중심으로 - 」,『國史館論叢』59, 1994.

다.

이는 유교정치이념인 天命論에 입각해165) 제기된 것으로 국왕의 권위와 관련된다. 이 조문의 작성 의도는 무인집권 이후 지금까지 집정자의 변화 속에서 동요를 겪어 오던 국가운영을 재정비하는 데 군주의 존재를 상징적 구심점으로 삼으려 한 데 있다.166)

그 이유는 당시 舊文臣 세력을 포함한 지배층 내부의 불안과 연속적인 농민항쟁과 같은 지방사회의 동요에 대처하기 위해 중앙의 권위 회복이 필요했기 때문이다. 명종 24년에 경상도 雲門의 金沙彌, 그리고 草田 지역의 孝心 등의 반란은 규모상으로 적지 않았으므로 그만큼 중앙지배층이 느끼는 불안감도 컸다.167) 이 때 당시 집정자인 李義旼이 十八子讖說을 믿고 이 항쟁을 기화로 신라부흥을 꾀하려 했다는 기록168)은 그에 대한 사실 여부보다는 당시 역사를 편찬했던 문신관료들의 불안감에서 비롯된 것이라 여겨진다. 그만큼 문신관료들의 위기감은 고조되고 있었으며, 고려왕실의 권위회복이 시급하다고 판단했을 것이다. 그 결과 權敬中은 『명종실록』을 편찬하면서 재위 4년간을 災異에 관련된 기록으로 채우고 이를 정치적 사건과 관련시켜 자신의 입장을 개진하였다.169)

___

165) 천명론은 天人相關說과 관련되며 유교정치이념의 대표적 논리이기도 하다. 이에 관해서는 李熙德, 『高麗儒敎政治思想의 硏究』, 一潮閣, 1984 ; 도현철, 「고려시대 유교의 전개와 성격」, 『한국사 6 - 중세사회의 성립 2 - 』, 한길사, 1994 참조.

166) 그러나 최충헌이 군주의 권위를 부각시키려 했다고 하여 이것이 곧바로 군주권까지 강화시키려는 의도로 보아서는 안 된다. 주지하듯이 그는 자신의 집정기간 동안 몇 명의 군주를 자신의 의지에 따라 바꾸었기 때문이다.

167) 이에 관해서는 다음의 논문이 참고된다. 金晧東, 「高麗 武臣政權下에서의 慶州民의 動態와 新羅復興運動」, 『民族文化論叢』 2 · 3, 1982 ; 金光植, 「雲門寺와 金沙彌亂」, 『韓國學報』 54, 1989.

168) 『高麗史節要』 권13, 明宗 23년 7월.

169) 李熙德, 「王道와 天災地變 - 『高麗史』 權敬中傳의 檢討 - 」, 『韓國史硏究』 99 · 100, 1997. 그는 李奎報 · 兪升旦 등과 같이 실록 편찬에 참여하였다(『高

이러한 그의 입장은『高麗史節要』의 명종 16년부터 18년 사이의 네 차례에 걸친 史論에서도 잘 드러나고 있다. 그는 사론에서 주로 명종 이 修身하지 않아 유가적인 왕도를 견지하지 못하였으며, 현재 수령 임용 등의 문제와 이들의 民에 대한 침탈문제를 지적하였다. 요컨대 그는 군주의 修身과 治者層의 도덕성 확보를 위한 유교적 입장의 평 가를 했던 것이다.170)

그리고 그는 명종 재위기간 중 4년간의 天災地變 기사를 수록하고, 이를 君主不德의 결과로 제시하였다. 이것은 전통적인 天人合一思想 에 입각하여 설명하려 한 것이며, 李義旼의 집권을 벗어난 정치상황 속에서 왕도를 구현하는 의도가 담기기도 하였다.171) 이처럼 그의 논 의는 당시 지배층의 위기의식을 반영한 것인 동시에 君主修身論에 바 탕한 군주의 역할과 권위회복을 꾀하는 시각에서 나오고 있다.

그런데 天命을 받는 주체는 국왕이지만, 그러기 위해서는 군주 자신 의 행위에 대한 검증이 필요하였다. 원래 臺諫은 이를 담당한 부서였 다. 따라서 그들의 활동은 天命을 수행하는 군주의 정치행위를 修身과 관련시켜 검증하는 데 있었다. 그러나 이 시기 대간의 기능은 상실되 고 있었다.

예컨대 명종은 대간에 임명될 사람의 요소로서 성격이 화평하고 말 이 없으며, 慷慨하지 않을 것을 제시하였다.172) 그 결과 慶大升이 죽 은 후인 명종 14년 12월 인사에서 臺憲에 임명된 鄭邦祐와 鄭允當은 각기 인망이 부족하거나 아는 것도 없이 뇌물로 임명되었다고 하였

麗史』권101, 列傳14 權敬中). 따라서 그의 견해는 당시 문신관료들의 비판 을 대표한다고 볼 수 있다.
170) 李熙德,「王道와 天災地變 -『高麗史』權敬中傳의 檢討 -」,『韓國史研究』 99·100, 1997, 146~148쪽.
171) 李熙德,「王道와 天災地變 -『高麗史』權敬中傳의 檢討 -」,『韓國史研究』 99·100, 1997, 163쪽.
172)『高麗史』권99, 列傳12 林民庇.

다.173) 또한 명종은 李居正을 左正言으로 삼았는데, 그의 성품이 강직하지 않아 임명했다는 것이다.174) 뿐만 아니라 명종은 인사를 행할 때 嬖臣 및 宦者들과 의논해 이로 인해 奔競이 風俗을 이루고 뇌물이 공공연히 오가게 되었다고 한다. 그에 따라 그의 시대는 近臣의 권력행사가 前代보다 심했으며, 嬖姬에게서 난 庶子들이 세력을 부리고 뇌물을 받아들여 왕의 威權을 희롱했다175)고 평가받았다.

여기서 명종의 서자들은 승려가 되어 小君이라 하면서 궁궐을 출입하고 세력을 부렸다.176) 이들은 명종의 사적 기반을 확대하는 역할도 수행하였을 것이다. 따라서 위와 같은 평가나 지적은 모두 명종의 행태에 대한 문신관료의 비판이라 할 수 있다.177)

결국 이러한 행위에 대한 견제로서 대간의 활동이 요구된다고 하겠다. 봉사10조는 그에 대한 비판과 함께 대간에 적합한 인물을 선택하도록 촉구한 것이다. 물론 여기에는 최충헌이 군주의 자의적인 기반 확충을 견제토록 하려는 정치적 의도가 내포되어 있을 것이라 생각된다. 군주권력의 확대가 자신의 집정에 방해가 될 것이기 때문이다.

그래서 이러한 정치적 승려들의 문제는 봉사 제6조에서 지적되었다.

---

173) 정방우는 電吏로 출세했으나 인망이 부족했고, 정윤당은 나이가 젊고 아는 것이 없으나 아버지인 정세유가 병마사로 나가 백성의 재물을 거두어 內府에 바치고 임명을 청하여 이루어졌다(『高麗史節要』 권13, 明宗 14년 12월). 여기서 이 임명이 자신의 기반을 확충하려는 명종의 의도와 관련되어 있음을 알 수 있다.

174) 『高麗史節要』 권13, 明宗 14년 12월.

175) 『高麗史節要』 권13, 明宗 14년 12월.

176) 당시 嬖妾의 자식은 모두 머리를 깎고 이름난 절을 차지하고 권세를 부려 뇌물을 받아들였다(『高麗史節要』 권13, 명종 22년 10월).

177) 특히 봉사10조의 작성과 관계가 깊은 것으로 여겨지는 崔詵은 명종 7년 당시 右司諫으로 왕의 아우인 冲曦의 비리를 탄핵했다가 파면당한 경험이 있었다. 이후 대간의 기능이 마비되었다고 한다(『高麗史』 권90, 宗室1 元敬國師冲曦).

6조에서는 현재 승려들이 왕궁을 배회하면서 국왕의 총애를 빙자해 민들에게 곡식으로 고리대를 하여 이익을 취하고 있으니, 이들의 궁궐출입과 고리대를 금지하라는 내용이다. 승려들의 궁궐 출입과 고리대 행위는 앞서 崔承老도 지적한 바 있었다.[178]

그런데 명종대에 이 문제는 정치권력을 이용한 사원의 농장경영과도 관련된다.[179] 봉사 제9조에서는 將相群官과 無賴僧尼가 山川의 길흉을 따지지 않고 사원을 건립해 願堂이라고 지칭한다고 하였다. 여기서 원당이란 단순히 종교적 기능만 담당하지는 않았을 것이며, 그 지역에서 세력거점의 역할을 하거나 농장경영을 보조했을 것이다. 앞서 보았던 명종 18년 교서의 道門僧人의 農舍에 대한 것과 같은 맥락의 조치로 보이기 때문이다. 또한 원당은 자신들의 상업적 이익을 꾀하는 거점으로 활용되었을 것이다. 가령 李義旼의 아들인 李至榮이 벽란강에 세운 普達院[180]은 그러한 사례로 생각된다.[181]

그러나 더 큰 문제는 이러한 사원이 자신의 경제력을 기반으로 무장세력을 보유하고 이를 권력투쟁에 동원한 점이다.[182] 예컨대 무인정변 직후 李高는 '非望之志'를 위해 惡小와 法雲寺 승려 修惠, 開國寺 승려 玄素 등과 교분을 맺고 이를 이용하려고 했었다.[183]

그러므로 이 시기 사원에 대한 통제는 집권자의 입장에서는 반드시 필요한 일이었다. 원래 고려시대에 사원건립의 통제로 이용되었던 것은 태조의 訓要十條에 나오는 道詵에 근거한 地理圖讖說이다.[184] 따

---

178) 시무28조 중에서 2개조가 이 문제를 지적하였다(『高麗史』 권93, 列傳6 崔承老).

179) 李炳熙, 『高麗後期 寺院經濟의 研究』, 서울대 박사학위논문, 1992 참조.

180) 『高麗史』 권128, 叛逆2 李義旼.

181) 安永根, 「鄭仲夫政權과 宋有仁」, 『建大史學』 7, 1989 ; 金晧東, 「李義旼政權의 再照明」, 『慶大史論』 7, 1994.

182) 金光植, 『高麗 武人政權과 佛教界』, 民族社, 1995 참조.

183) 『高麗史節要』 권12, 明宗 원년 정월.

라서 봉사 제9조는 이 훈요10조를 근거로 한 사원통제방안이었다. 함부로 건립된 원당이 地脈을 손상시키고 있으니 陰陽官을 동원해 裨補사찰 외에는 이를 철거토록 하라는 것이다. 따라서 이는 기존 정치세력의 원당이나 자신의 집권에 반대되는 사찰을 없앨 수 있는 이론적 근거가 되었다. 실제로 이 방안은 神宗 원년 山川裨補都監의 설치로 실행되었다.185)

한편 중앙관료체제의 문제는 봉사 제2조에서 祿의 수에 비해 兩府와 여러 官位에 인원이 많다는 것으로 지적되었다. 그에 대한 해결책은 이전처럼 인원을 감축하라는 것이었다. 사실 1차적인 원인은 명종 20년의 宰樞의 숫적 증가에 있었다. 문하성 宰臣이 8명으로 증원된 사실에 대해 당시 의논은 古制가 아니라고 지적했었다.186) 따라서 이는 기왕의 논의가 반영되었다고 볼 수 있다. 봉사 제2조에서 옛날에 준해 인원을 감축하라는[準古減省] 방안은 이를 계승한 것이다.

주목할 것은 정상화의 기준을 '古制'에 둔 점이다. 원래 이 방안의 목적이 명종과 관련된 사적 세력의 제거에 있다는 점을 쉽게 짐작할 수 있다.187) 그에 따라 최충헌은 봉사 제출에 이어서 왕의 近臣인 戶部侍郎 李尙敦 이하 50여 명과 왕자로서 중이 된 小君을 제거하고,188) 이듬해에는 內侍 閔湜 등 70여 명을 숙청하였다.189)

그럼에도 고제를 기준으로 한 개선방안의 제기는 이후 개선론의 원

184) 許興植,「佛敎界의 組織과 行政制度」,『高麗佛敎史硏究』, 一潮閣, 1986, 332쪽.
185)『高麗史節要』권14, 神宗 원년 정월.
186)『高麗史節要』권13, 明宗 20년 12월.
187) 이 조항의 의도가 최충헌 자신의 정치적 권력기반의 강화에 있다는 점은 앞선 연구에서 지적되었다(김석형,『봉건지배계급을 반대한 농민들의 투쟁 - 고려편 - 』, 과학원출판사, 1960 ; 崔軫煥,「崔忠獻의 封事十條」,『高麗武人政權硏究』, 서강대출판부, 1995).
188)『高麗史節要』권13, 明宗 26년 5월.
189)『高麗史節要』권13, 明宗 27년 9월.

칙으로 자리잡는다. 물론 고려전기에도 이처럼 고제에 입각한 개선방
안들이 있었다. 그러나 여기에서 유의할 점은 이 시기의 고제가 고려
태조대 이래 문종대까지를 기준으로 삼고 있다는 것이다. 왜냐하면 앞
서 재추의 인원이 정해진 것은 문종대였을 것이기 때문이다. 또한 태
조 遺訓의 강조는 고제가 행해진 시대적 기준이 어디인가를 보여주는
지표이다.

관료들에 대한 문제로는 봉사 제8조에서 '節儉'의 강조로 나타났다.
이것은 풍속과 관련해 언제나 제기되는 덕목이기도 하다. 앞서 인종은
維新之敎에서 수레와 의복제도의 검약을 지적하였으며,[190] 명종 5년
의 교서에서도 당시의 화려하고 사치스러운 풍속을 말한 바 있다.[191]

그런데 이 봉사조목은 관료층을 대상으로 적용하려 했다는 점에 특
징이 있다. 당시 관료층의 사치풍조는 관료의 위계질서를 문란시키는
것이었기 때문이다. 말하자면 국왕을 정점으로 한 계서화된 차별성이
직분에 넘치는 사치스러움 때문에 흔들릴 수 있기 때문이다.

아울러 이것은 봉사 제7조의 '廉恥'와도 관련된다. 비록 封事條에서
는 향리들이 탐욕으로 염치가 상실되었다고 지적했지만, 이 덕목은 향
리에게 국한된 것은 아니었다. 당시 散員同正 盧克淸이 가난으로 집
을 팔면서 郎中 玄德秀와 집값을 둘러싸고 서로 이익을 양보한 이야
기[192]나 田租를 둘러싼 卜章漢과 權守平의 미담[193]은 관료의 염치함
양과 관련해 당시에 주목되는 사례였기에 채록되었을 것이다. 이처럼
탐욕으로 인한 사치풍조는 관료체제의 재정비와 관련해 중요한 문제
였으며, 이후에도 계속적으로 제기되었다.

결국 봉사10조는 태조 유훈인 훈요10조의 봉행을 원칙으로 한 개선

---

190)『高麗史節要』권9, 仁宗 5년 3월.
191)『高麗史節要』권12, 明宗 5년 3월.
192)『高麗史節要』권13, 明宗 15년 4월.
193)『高麗史』권102, 列傳15 權守平.

론이었다. 최충헌 형제는 봉사를 올린 목적으로 "원컨대 기존의 舊圖
를 혁신하고 새롭게 태조의 正法을 준수하여 중흥을 해야 한다"[194]고
주장했기 때문이다. 여기서 태조의 정법이란 태조대에 이루어진 모든
법을 총칭한 것이겠지만, 내용상 확인되는 것은 태조의 훈요10조이다.

이처럼 명종 18년 교서와 봉사10조는 고려전기의 국가운영체제를
회복하려 의도한 것이다. 말하자면 집권적 관료체제의 재정비에 그 방
향성이 있었다. 그러나 여기에서 나온 방안과 시도는 정치적·사회적
으로 근본적인 한계를 안고 있었다. 그것은 임시적이고 법률적인 처리
형태인 都監을 중심으로 했으며, 수행 결과도 최충헌 정권의 기반 확
충과 밀접한 연관을 지녔기 때문이다. 그럼에도 두 개선방안은 이후의
여러 개혁방안의 모태가 되고 그 방향성을 제시해 준다는 점에서 그
의미를 찾을 수 있다.

또 하나 유의할 점은 명종 18년 교서나 봉사10조의 작성에 관여했다
고 보이는 문신관료의 존재이다. 여기에는 문벌 출신의 관료도 적지
않았으며, 그들의 기본적 성격이 바뀐 것도 아니었다. 그럼에도 이규보
와 같은 신진관료의 등장이 이들에 의해 이루어졌으며, 특히 경세에
대한 문제제기가 이후로도 계승된다는 점에서 주목될 필요가 있는 것
이다.

2) 忠宣王 卽位敎書의 방향과 四學士의 역할

무인정권이 붕괴되면서 몽고와의 강화가 이루어졌다. 이러한 가운데
관료의 녹봉문제를 해결하기 위한 정부정책이 추진되었다. 정부는 전
쟁과 토지탈점 등에 의한 조세수취원의 감소로 기존 관료의 녹봉마저
지급하기 어려운 상태였기 때문이다. 앞서 高宗 44년 6월에 宰樞들의

---

194) 『高麗史節要』 권13, 明宗 26년 5월, "願革舊圖 新一遵太祖正法 光啓中興".

논의 결과 給田都監이 설치되었으며,[195] 그 해 9월에는 諸王 및 宰樞 이하에게 일부 지역의 토지가 지급되었다.[196] 그리고 이를 기반으로 元宗 12년에는 祿科田이 시행되었다.[197] 녹과전은 국가재정이 빈약한 상태에서 관료들의 녹봉을 대신하여 京畿八縣 내의 墾地를 지급한 것이다. 이는 전체 문무양반을 대상으로 한 것이겠지만 주로 하급관료에 대한 보장적 성격이 강했던 것 같다.[198] 그러나 원종대까지 국가운영 전반에 대한 개혁안은 제시되지 않았다.

본격적 개혁안의 제시는 충렬왕 22년(1296) 洪子藩의 소위 '便民十八事'[199]를 시작으로 한다. 그리고 공민왕대까지 여러 차례 정부의 개혁이 시도되었다. 이러한 개혁방안들은 주로 국왕의 교서 등으로 제시되었다. 그런데 이 교서의 작성은 단지 국왕 개인의 의지로만 이루어지지 않았을 것이며, 여기에는 이를 뒷받침하려는 세력이 참여했다고 보인다.

이러한 과정에서 사대부가 처음으로 주체가 된 것은 충선왕의 즉위교서를 통한 개혁 시도였다.[200] 주지하듯이 이 개혁안은 충선왕이 충렬왕 24년(1298)에 즉위하면서 제시한 것으로, 정치·경제·사회 등

---

195) 『高麗史節要』 권17, 高宗 44년 6월.
196) 『高麗史節要』 권17, 高宗 44년 9월.
197) 『高麗史』 권78, 食貨1 田制 經理 忠烈王 24년 정월.
198) 朴京安, 『高麗後期 土地制度硏究』, 혜안, 1996, 109쪽.
199) 그 내용과 성격에 대해서는 다음 논고가 참고된다. 盧鏞弼, 「洪子藩의 '便民十八事'에 대한 硏究」, 『歷史學報』 102, 1984 ; 金光哲, 「洪子藩硏究 - 忠烈王代 政治와 社會의 一側面 - 」, 『慶南史學』 1, 1984.
200) 충선왕의 개혁교서에 관련된 주요 논고로는 다음 것들이 참조된다. 李起南, 「忠宣王의 改革과 詞林院의 設置」, 『歷史學報』 52, 1971 ; 金光哲, 「高麗 忠宣王의 現實認識과 對元活動」, 『釜山史學』 11, 1986 ; 이익주, 「충선왕 즉위년(1298) '개혁정치'의 성격 - 관제(官制)개편을 중심으로 - 」, 『역사와 현실』 7, 1992 ; 李益柱, 『高麗·元官階의 構造와 高麗後期 政治體制』, 서울대 박사학위논문, 1996.

제반 분야에 걸쳐 총 27개 항목의 광대한 내용을 담은 것이다.[201] 본고
에서는 이러한 개혁안에 대해 모두 검토할 여유는 없다. 여기서 중점
적으로 보려는 것은 교서에서 제시하고 있는 충렬왕대 수취운영에 대
한 지적과 정치현안으로서의 정치세력 개편에 관련된 문제이다. 그 이
유는 이것들이 원간섭기 이후 사적 정치운영의 확산 및 수취체계의 마
비와 직접 관련되기 때문이다.

먼저 교서에서 지적된 수취체계의 문제는 다음과 같다. 첫째로는 앞
서 명종 18년 교서에서 논의된 바 있던 民의 유망과 이들의 농장으로
의 유입이 다시 거론되고 있다는 사실이다.[202] 여기에서는 유망의 원
인을 民의 恒心이 없는 때문이라고 보았다. 이 논리는 당시 流亡 문제
를 유교적 입장[203]에서 파악하고 향후 그 해결 방향을 이들에 대한 윤
리적 교화에 둘 것임을 보여준다. 단 여기서는 농장에 유입된 인물에
대한 推刷를 按廉使와 그 지역 관아가 담당하여 還本시킨다는 방침을
취하고 있다.

마찬가지로 두번째로는 사원이나 齋醮, 諸處 등이 兩班田地를 據執
하거나 거짓으로 賜牌를 받아 농장을 만든 경우 해당 관아가 그 주인
에게 돌려주도록 하였다.[204] 이는 앞의 부세 담당층의 환본 조치와 동
일한 논리의 것으로 불법적인 토지탈점 대상에 대한 원상회복 조치이
다. 그리고 이는 賜牌를 이용한 內外 丁田에 대한 탈점의 還主[205] 조

---

201) 이 내용은 『高麗史』世家와 여러 志에 분산되어 있으나, 李起男의 논문에서
   는 이를 모아 분류하여 참고된다(「忠宣王의 改革과 詞林院의 設置」, 『歷史
   學報』 52, 1971, 59~62쪽).
202) 『高麗史』 권84-23, 志38 刑法1 職制, "一 民無恒心 因無恒産 憚於賦役 彼此
   流移 凡有勢力招集以爲農場 按廉使與所在官推刷還本 具錄以聞".
203) 주지하듯이 '民無恒心 因無恒産'은 『孟子』梁惠王 上編에 나오는 귀절을 이
   용한 것으로 유교적 윤리의식의 고양과 관련 깊다(도현철, 「고려시대 유교의
   전개와 성격」, 『한국사 6 - 중세사회의 성립 2』, 한길사, 1994).
204) 『高麗史』 권84-24, 志38 刑法1 職制, "寺院及齋醮諸處所據執兩班田地 冒受
   賜牌 以爲農場 今後有司窮治 各還其主".

치와 비슷하면서도[206] 앞서 나온 봉사10조의 還本原則을 재천명한 것
이었다.

이와 같은 방침은 수조지 분급에 입각한 전시과 운영체계가 마비되
어 가고 있음에도 그 운영원리를 바꾸지 않고 다시 회복한다는 의지를
담고 있다. 이 때 토지나 노비 등의 탈점과 流民募集의 주체는 '勢家'
·'豪猾之徒'·'自利爲先者'나 사원, 齋醮 등과 같이 권력에 의탁한 존
재였다. 구체적으로 이들이 주로 충렬왕의 측근들로 鷹坊이나 忽只 등
과 같은 기구를 이용하거나 附元勢力이 되어 토지나 노비를 탈점하는
존재들임은 앞선 연구에서 밝혀졌다.[207]

그렇다면 충선왕의 즉위교서는 정치적으로 충렬왕의 사적 정치운영
형태와 그로 인한 불법행위를 비판하려는 방향성을 지닌 셈이다. 실제
로 27개조에 달하는 조목 중에서 8개조가 인사운영과 관련된 문제였
다.

충선왕이 추구한 인사운영 방안의 목표는 크게 功臣 및 王室子孫과
在地出身의 새로운 인물을 등용하는 데 있었다. 이는 앞서 지적한 충
렬왕의 측근세력에 의존한 정치운영 행태를 비판하고, 이들을 대처할
세력으로 선택한 범주였다. 예컨대 교서에서는 원나라에서 扈從한 功
으로 功臣이 되는 것을 문제 삼고 있어,[208] 인사운영이 例規에 입각한
정상적인 형태로 이루어질 것을 지향하고 있다. 이 점은 현재 5품으로
超授한 자들에 대한 정상화[209] 조치와 연결된다.

---

205) 『高麗史』 권78, 志32 食貨1 田制 經理.

206) 이는 관노비의 冒受賜牌를 통한 據執에 대한 금지조치(『高麗史』 권79, 志33
食貨2 奴婢)로도 관철되고 있었다.

207) 구체적인 인물들에 대해서는 李起男, 「忠宣王의 改革과 詞林院의 設置」,
『歷史學報』 52, 1971, 62~65쪽 참조.

208) 『高麗史』 권84-23, 志38 刑法1 職制, "一 凡論功 …… 今者 親朝行李 年年
有之 自求扈從 便謂之功 超等受賞 錄其子孫 加號本貫 至有痕咎之人許通
甚爲未便".

아울러 충선왕의 교서에는 새로운 세력의 등용과 관련해 다음과 같
은 안이 제시되고 있었다.

用人에 오직 世家子弟만을 쓰는 것은 불가하니 茂才·碩德·孝廉
·方正한 士로 巖谷에 퇴거한 자는 소재관이 천거하되 가난하여 올
수 없는 자는 官에서 衣糧을 후하게 지급하여 보낼 것이다.210)

이 조치는 충선왕이 다양한 정치세력을 중앙정계에 끌어들이려 했
음을 보여준다고 할 수 있다. 특히 주목되는 점은 茂才·碩德·孝廉·
方正과 같은 선정기준이다. 이는 매우 추상적 용어이긴 하지만, 이후
에 등장하는 '經明行修之士'의 조건 중에 일부인 '德行'의 기준이 된다.
아울러 이것은 이전에 취해져 왔던 遺逸薦擧 방안을 다시 활용하려
는 조처이기도 하였다. 충선왕은 이 방식으로 재지 출신의 인물을 중
앙정계에 끌어들여 자신의 세력기반의 일부로 삼으려 했다고 여겨진
다. 예를 들어 『제왕운기』를 쓴 이승휴 같은 인물의 등용은 그 결과일
것이다. 이승휴는 충렬왕 6년(1280)에 監察司 관료들과 함께 10개조를
상소하였다가 파면된 후 이 때까지 三陟縣에 퇴거해 있었다.211) 충선
왕은 이러한 그를 개혁의 중심기관인 詞林院에 등용하였다.212)
그를 등용한 목적은 충렬왕이 취한 사적 정치운영 형태의 부정이라
는 방향과도 일치하지만,213) 또한 정계에서 소외된 재지세력의 관료화

209) 『高麗史』 권75, 志29 選擧3 銓注 凡選法, "本朝三品之階 貳於宰相 …… 其
　　 以五品超授者 有司論罷".
210) 『高麗史』 권75-10, 志29 選擧3 銓注 凡薦擧之制, "忠宣王卽位敎曰 用人不
　　 可專用世家子弟 其有茂才碩德孝廉方正之士 退去巖谷者 所在官薦達 貧不
　　 能行者 官給衣糧敦遣".
211) 金仁昊, 「李承休의 歷史認識과 現實批判論의 방향」, 『韓國思想史學』 9,
　　 1997, 7쪽.
212) 『高麗史』 권106, 列傳19 李承休.
213) 李益柱, 『高麗·元關係의 構造와 高麗後期 政治體制』, 서울대 박사학위논

를 추진하여 자신의 세력기반으로 삼고자 한 데도 있었다. 이로써 향
리와 같은 재지 출신의 사대부가 중앙정계에 보다 원할하게 진출할 수
있었을 것이다.

한편 충선왕은 사림원을 기축으로 개혁을 추진하면서 이 곳에 사대
부들을 배치하였다. 이제 사림원은 翰林院의 후신이면서 지금까지 인
사운영을 맡아온 정방이 혁파된 후 그 업무까지 겸하게 되었다. 아울
러 소속 관원의 관품은 학사승지의 경우 3품에서 2품으로 오르는 등
그 위상이 상승되었다.[214] 이처럼 재상급에게 일을 맡게 하여 실질적
인 개혁 추진기관으로 만든 것이다. 그리고 충선왕은 자신이 신임하는
朴全之 등 4명의 학사를 이 사림원의 관원으로 임명하여 개혁안을 만
들게 하고 이를 추진시켰다.

> 世子(충선왕)가 왕위를 계승하고 사림원을 두어 朴全之, 崔呈, 吳漢
> 卿, 李瑱을 學士로 삼아 銓注를 맡게 했으며, 박전지에게 명하여 즉위
> 교서를 만들게 하고 …… 왕이 언제나 좌우를 물리치고 사림원에 가서
> 박전지 등과 더불어 政理에 대해 논의하였다.[215]

이들 4명의 학사는 인사운영의 핵심인 銓注와 개혁방안의 추진주체
였다. 이들은 이미 알려졌듯이 대개 향리 집안 출신이며, 과거로 입사
한 신진관료라는 공통점을 지녔다.[216] 특히 이들에게서 주목되는 점은

문, 1996, 107쪽.

214) 『高麗史』 권76-25, 志76 百官1 藝文館, "忠烈王元年 改文翰署 二十四年 忠
宣命直史館一人 直文翰一人 更日直文翰署 又罷政房 使本署主選法 尋改爲
詞林院 委以出納之任 學士承旨陞從二品 學士二人 正三品 侍讀侍講學士各
一人 從三品 新置待制一人 正四品".

215) 『高麗史』 권109-1, 列傳22 朴全之, "世子受禪 置詞林院 以全之 崔呈 吳漢
卿 李瑱爲學士 掌銓注 命全之等撰卽位教 …… 王常屛左右 幸詞林院 與全
之等 謀議政理".

216) 李起男, 「忠宣王의 改革과 詞林院의 設置」, 『歷史學報』 52, 1971, 94~95쪽.

대개 지방관을 역임하면서 자신의 직분에 충실하였으며, 개인적인 학문이 뛰어났다는 사실이다. 崔㫑은 晋州牧副使 시절에 民弊가 되었던 綾羅를 공물로 바치는 일 때문에 일어난 분쟁으로 당시 按廉使 權㫟과 같이 파면되었다.[217] 朴全之의 경우는 經史에 통하고 術數를 연구하였으며, 원나라 정승 王鶚의 外甥인 翰林學士 王之綱으로 인해 문장이 중국에까지 알려지기도 하였다.[218] 또한 원나라에서 귀국한 그는 吏兵部侍郎을 제수받자 '年少官高'라는 이유로 사양하고 安東府使가 되었다.[219]

아울러 吳詷(吳漢卿)은 학문이 정밀하고 넓었으며, 金寧府使로 나갔다가 만기가 되자 더 이상 머무르지 않고 떠났다고 한다.[220] 그리고 李瑱은 어릴 때부터 배우기를 좋아하고 百家에 능통하고 시를 잘 지어 명성이 높았다. 그는 安東府使 시절에 민폐를 제거하고 학교를 일으키는 일에 힘쓰기도 하였다.[221]

이처럼 이들은 대개 자신의 학문능력을 인정받는 한편, 지방관 시절에 민폐 제거에 노력하는 등 관료의 직분을 성실히 수행하려 하였다. 아울러 자신의 학문능력을 통치와 연결시키려 하였다는 점에서 주목된다. 이 점은 앞서 보았던 '能文能吏'의 관료형에서 한 차원 발전한 것으로, '能文'이란 요소가 학문능력으로, '能吏'가 민폐 제거와 같은

단 崔㫑의 경우에는 열전이 남아 있지 않아 정확한 출신 배경을 알기 어렵다. 이런 점에서 그의 가계나 출신 배경도 역시 미미할 것으로 추정된다.

217) 『高麗史』권29-5, 世家29 忠烈王 5년 6월 丁丑 ; 『高麗史』권107-12, 列傳20 權㫟.

218) 그가 王之綱을 알게 된 계기는 자신의 外祖인 李藏用이 이전에 金나라 壯元 출신인 王鶚과 친구 사이였기 때문이다. 이로 인해 王之綱은 朴全之가 원나라에 들어왔을 때에 만나 자신의 집에 불러 술을 마시고 시를 짓게 했던 것이다(金龍善 編, 「朴全之墓誌銘」, 『高麗墓誌銘集成』, 翰林大출판부, 1993).

219) 『高麗史』권109-1, 列傳22 朴全之.

220) 『高麗史』권109-3, 列傳22 吳詷.

221) 『高麗史』권109-3, 列傳22 李瑱.

관료의 직분과 민에 대한 책임감으로 바뀌고 있음을 보여준다.

　그런데 박전지는 충선왕의 즉위교서를 작성하면서 자신이 원나라에
서 귀국한 이후 느꼈던 현실문제를 반영시켰을 것이다. 그리고 그의
현실문제에 대한 인식은 학문을 바탕으로 하였다고 볼 수 있다. 李瑱
의 경우에도 마찬가지였는데, 훗날 충선왕이 원나라 仁宗을 도와 내란
을 평정하고 본국의 폐단을 혁파하려 했을 때 올린 상소에 잘 나타난
다. 이제 점차적으로 원간섭기 이후 학문의 탐구는 현실문제에 대한
인식과 보다 깊은 연관성을 지니게 되었다.

　李瑱의 상소 내용은 원나라와의 우호적 관계 유지, 충렬왕대에 功勞
없이 하사받은 토지의 회수, 六部尙書 이외의 부서 통합, 旱災로 인한
役使 금지 등으로 요약된다.222) 이것은 事大를 통한 국제관계의 안정
과 관료제 운영의 개선을 목표로 하여 충렬왕대에 폐해를 일으킨 측근
세력 및 권세가의 제거와 재정절감을 주장한 것이다. 이러한 개선안은
유교적 인식을 바탕으로 한 정치적 개선방안이며, 이후 원간섭기 儒者
들이 제시한 방안의 기본적인 바탕을 마련하고 있다는 점에서 의미를
찾을 수 있다. 특히 이진의 아들인 李齊賢은 이를 이어받아 보다 발전
된 개선안을 내놓게 된다.

　이처럼 충선왕의 개혁에 중요한 역할을 담당한 사람들은 박전지 등
을 위시한 사림원 학사들이었다. 이들은 자신의 학문을 바탕으로 개혁
방안을 마련하고 이를 실현시키고자 노력한 주체였다. 즉 그들은 학문
과 정치를 결합시키는 한편, 국왕에 대한 관료의 직분에 충실하려는
경세적 인식을 지닌 존재들이었다. 그러한 점에서 이전의 '能文能吏'型
의 이규보를 계승한 고려후기 사대부의 모습을 드러내고 있었다.

　그러나 이들이 지닌 시대적 한계도 분명하였다. 우선 이들은 사대부
로서의 경세의식과 함께 자신들의 동질성을 분명하게 갖고 있지 않았
다. 예를 들어 이진은 후일 자신의 아들인 이제현의 세력을 믿고 타인

---

222) 『高麗史』 권109-4, 列傳22 李瑱.

의 노비를 함부로 탈취하여 哀訴者가 매일 문전에 잇달을 정도였다.223) 이러한 행동은 자신이 개혁안을 통해 제거하려고 했던 권세가의 모습과 동일한 것이었다. 요컨대 이들은 사대부적인 관료로서의 책임의식과 도덕성의 확보를 통해 권문세가 출신의 관료들과 본질적인 차이를 보이지 못하고, 이진처럼 변화하는 경우가 많았던 것이다. 그럼에도 이들은 자신의 학문을 바탕으로 한 경세의식을 형성하면서, 이를 국가정책에 반영시키려 했던 경세론을 갖춘 존재들이었다.

3) 忠穆王代의 개혁론과 李齊賢 계열의 활약

충선왕의 개혁이 실패로 끝난 후 사대부의 정치적 역할은 보다 이후를 기다려야 했다. 이들이 개혁정책에 중요한 역할을 담당하게 된 시점은 忠穆王이 여덟 살의 어린 나이로 즉위하면서부터이다. 충혜왕을 이어 즉위한 충목왕은 전대의 파행적인 정치운영의 극복이라는 과제를 안고 있었다. 충혜왕이 극단적인 사적 정치운영을 해 나갔기 때문이다.224) 그는 惡小들과 어울려 스스로 불법적 행위를 자행하였으며,225) 자신의 사적 재정기구인 의성창·덕천창·보흥고 등을 이용하여 상업활동까지 벌이면서 사적 이익을 추구하였다.226) 특히 사적인 인사운영은 앞서 보았듯이 충숙왕대 정방의 復置 이후 '黑冊政事'와 같은 극단적인 형태로 이루어지고 있었다.227) 이러한 양태는 충혜왕대

---

223) 『高麗史』 권109-4, 列傳22 李瑱.
224) 충혜왕은 왕권강화를 통해 원의 간섭을 최소화하려 했다는 견해가 있다(金塘澤, 「高麗 忠惠王과 元의 갈등」, 『歷史學報』 142, 1994).
225) 충혜왕은 타인의 노비와 토지를 탈점하는 것 이외에도 '荒淫無度'하다는 평가를 들을 만큼 관료들의 부인이나 공주까지 강간하는 경우도 있었다(『高麗史節要』 권25, 忠惠王 ; 『高麗史』 권124, 列傳37 嬖幸2 閔渙).
226) 전병무, 「고려 충혜왕의 상업활동과 재정정책」, 『역사와 현실』 10, 1993.
227) '흑책정사'란 충숙왕대 密直 金之鏡이 銓注를 맡았을 때에 임명을 함부로 하

인사운영에서도 근본적으로 해결되지 않았다. 예컨대 충혜왕은 충숙왕
의 대표적 嬖幸 중 하나인 崔安道를 監察大夫에 등용하였으며,[228] 回
回 출신인 盧英瑞를 자신의 폐행으로 삼아 그가 부탁한 사람의 관직
을 제수해 주기도 하였다.[229] 이러한 상황에서 인사운영의 원칙은 무
시되고 대신 사적 관계를 위주로 관직이 제수되었다. 따라서 원나라에
의한 충혜왕 납치로 국왕에 오른 충목왕은 이 같은 극단적인 사적 정
치운영에 반발하는 관료들의 개혁요구를 수용해야 했으며, 원나라도
이를 지원하려 하였다.[230]

이러한 상황 하에서 개혁의 주체로 등장한 인물이 이제현이다. 그를
중심으로 하여 金倫・朴忠佐・羅益禧・韓宗愈 등과 같은 원로대신들
이 여기에 참여하고 있었다. 이들은 대개 충숙・충혜왕대의 정국운영
에 적극적으로 참여하지 못한 공통점을 지니고 있었다.[231] 예를 들어
이제현은 충숙왕대에 政堂文學과 三司使를, 다시 後5년에 三重大匡
으로 領藝文館事를 맡기도 하였으나 별다른 활동을 하지는 못하였
다.[232]

또한 이들은 대개가 관료로서 자신의 직분에 충실하려고 노력한 인

였는데, 당시 批目 아래 用事者들이 함부로 朱墨으로 이름을 고쳤다는 데서
유래된 말이다(『高麗史』 권75-4, 志29 選擧3 銓注 選法 忠肅王 16년 9월).

228) 『高麗史』 권124, 列傳37 嬖幸 崔安道.

229) 충혜왕이 어떤 사람의 관직을 한 宮人의 친척에게 주려 하자 노영서가 왕에
게 자신의 집에 材木을 선물한 사람에게 관직을 주고 싶다고 부탁하자 이를
들어주었다(『高麗史』 권124-30, 列傳37 嬖幸 盧英瑞).

230) 원나라의 개혁요구는 고려의 안정이 결국 자신의 실리에 부합되며, 충혜왕의
측근세력 중심의 정치운영이 원의 정치적 이해를 관철시키기 어려울 정도로
파행적이라고 판단한 때문이라고 한다(李益柱, 『高麗・元關係의 構造와 高
麗後期 政治體制』, 서울대 박사학위논문, 1996, 186쪽).

231) 李益柱, 「충선왕 즉위년(1298) '개혁정치'의 성격 - 관제(官制) 개편을 중심으
로 - 」, 『역사와 현실』 7, 1992, 187쪽.

232) 『益齋集』 附錄, 益齋先生年譜 참조.

물들이었다. 박충좌는 충숙왕대 全羅道 按廉使로 있으면서 국왕이 편지를 보내어 양인을 노비로 삼는 일을 용인해 달라는 부탁을 거절하였다가 섬으로 귀양가기도 했었다.[233] 金倫의 경우에는 洪子藩의 추천으로 辨定都監副使가 되었다가, 巨室에서 향민을 상대로 한 女奴의 자손 100구를 두고 다투었던 것을 공정하게 처리하기도 하였다.[234] 한종유는 충혜왕이 귀양갈 때에도 국왕에게 충실하였으며, 충목왕에게는 詩 같은 것이 정치에 도움이 되지 않는다고 간언하기도 하였다.[235] 또한 나익희는 충선왕에게 여러 차례 잘못을 간언하였으며, 57세에 물러난 뒤에도 매번 민생의 休戚과 인재의 用捨를 생각했다고 한다.[236] 이처럼 이들은 관료의 직분에 대한 책임의식이 강했으므로 사적 이익을 추구하는 국왕의 측근들과는 대립적일 수밖에 없었다. 바로 이러한 인물들이 충목왕의 즉위와 함께 정치운영의 전면에 나서게 된 것이다.

우선 이제현은 새로운 유형의 관료를 키우기 위해 과거를 이용하려고 하였다. 이미 그는 충숙왕 7년(1320)에 知貢擧를 담당하면서 과거 시험과목을 변경하였고, 이후 고려후기 사대부로 활약하는 중심적인 인물들을 선발하였다.

① 7년 6월에 이제현·박효수가 과거를 맡아 詩賦를 없애고 策問을 사용하였다.[237]

② 충숙왕 경신년(7년) 9월의 秀才科는 이제현·박효수가 지공거이고, 이곡·윤택·안보가 모두 同年이다.[238]

---

233) 『高麗史』 권109-7, 列傳22 朴忠佐. 그에 대한 열전의 평가도 성격이 온후하고 검약을 숭상하여 卿相이 되어서도 居室과 의복이 布衣와 같았다고 한다.

234) 『高麗史』 권110-8, 列傳23 金倫.

235) 『高麗史』 권110-20, 列傳23 韓宗愈.

236) 『高麗史』 권104-42, 列傳17 羅裕 附 羅益禧.

237) 『高麗史』 권73-11, 志27 選擧1 科目1 忠肅王 7년 6월, "李齊賢 朴孝修典擧 革詩賦 用策問".

238) 『淡庵逸集』 附錄 卷2下 行狀, "忠肅王 庚申 九月中 秀才科 李益齋齊賢 朴

이 때의 시험과목 변경은 매우 중요한 의미를 내포하고 있다. 詩賦에서 策問으로 바꾼 것은 이제까지 문장의 형식성을 추구하던 과거가 학문의 실제적 응용을 중시하는 방향으로 전환되었음을 뜻한다. 요컨대 文章에서 經學을 바탕으로 한 통치능력의 평가로 바뀌었음을 의미하는 것이다.

이에 대한 자세한 내용은 후술하겠지만, 주목해야 할 점은 이를 통해 자신의 학문과 통치력을 일치시킬 수 있는 새로운 유형의 관료들을 선발하려 했다는 사실이다. 그것은 결국 자신의 학문수양과 통치능력을 일치시킬 주자학을 익힌 새로운 유형의 관료를 선발한다는 정치적 의미를 갖는다.

실제로 이제현은 ②에서 보이듯이 李穀, 尹澤, 安輔와 그 밖에 白文寶,[239] 崔龍甲[240] 등을 선발할 수 있었다. 이들은 공민왕 2년(1353)에 다시 知貢擧가 된 이제현이 선발한 李穡·朴尚衷·鄭樞 등과 함께 모두 주자학을 익힌 신진사대부라는 점에서 공통점이 있었다. 이 중에서 이곡·이색·안보 등은 원나라 과거에 급제하였으며,[241] 최용갑의 경우에도 급제는 못했지만 과거에는 응시했었다.[242] 주지하듯이 원나라 과거 과목은 四書를 중심으로 한 경학 위주이며, 그 해석으로 朱子章句를 쓰고 있었다.[243] 따라서 원의 과거에 응시하기 위해서는 주자학

石齋孝修知貢擧 李稼亭穀 尹栗亭澤 文敬公安輔皆同年也".

239)『淡庵逸集』附錄 卷2 編年, "庚申 先生(筆者註 : 白文寶) 年十八 秋九月 秀才科".

240)『高麗史』권35-3, 世家35 忠肅王 7년 9월, "癸未 賜崔龍甲等及第 李齊賢 朴孝修所取也 王嘉孝修清白 賜銀瓶五十 米百石 令辦學士宴".

241) 高惠玲,『14世紀 高麗 士大夫의 性理學 受容과 稼亭 李穀』, 이화여대 박사학위논문, 1992, 42쪽.

242)『高麗史』권35-11, 世家35 忠肅王 7년 12월 甲子, "安軸 趙廉 崔龍甲 應擧于元".

243) 高惠玲,『14世紀 高麗 士大夫의 性理學 受容과 稼亭 李穀』, 이화여대 박사학위논문, 1992, 36~37쪽.

을 공부하지 않을 수 없었다.

그 밖에 백문보의 경우에도 白頤正 문하에서 이곡·이제현·박충좌·이인복 등과 같이 주자학을 공부하였으며,244) 윤택은 고려에서 최초로 주자학적 군주수신론을 담고 있는『大學衍義』를 강론한 바 있었다.245) 이제현은 과거의 座主·門生關係246)를 이용해 이들을 정계에 등장시켜 점차 정치세력화하려고 의도하였다.

결국 이제현은 충목왕이 즉위하는 58세에 判三司使(종1품)와 府院君이 되어 정계에 복귀하였으며,247) 앞서 말한 나익희 등의 원로대신 및 신진사대부들과 함께 개혁정치를 추진하려 하였다. 이 때 그는 충혜왕대 정계에서 물러난 이후 오랫동안 구상해 온 국가체제의 운영에 관한 여러 개혁안을 올렸다.248) 여기서 그는 전대의 정치를 청산하기 위해 군주의 修身, 신료와의 정치논의를 강조한 후에 '古制'에 입각한 관료제 운영방안과 조세운영체계의 개선방안 등을 제기하였다.

이 중에서 군주의 수신과 관련해 그는 어린 나이로 즉위한 국왕을 위한 書筵을 설치하고, 신료들이 이 곳에서 교대로 侍讀하게 하였다.249) 그가 국왕의 師로서 "반드시 良臣의 諫言이 있은 뒤에라야 聖

244)『淡庵逸集』附錄 卷2下 行狀, "時釋敎久行 聖學不明 彝齋白公頤正入元 購程朱書東還 先生及李稼亭 李益齋 朴治庵忠佐 李樵隱仁復 首先師受 講明性理之學 一變三韓舊染之陋".
245) 邊東明,「제5장 高麗後期 性理學 受容階層의 政治思想 - 尹澤과『大學衍義』를 중심으로 -」,『高麗後期 性理學受容硏究』, 一潮閣, 1995.
246) 좌주와 문생관계는 혈연관계로 의제화될 만큼 긴밀하였으며, 이를 통해 파당을 형성시킬 수 있었다(柳浩錫,『高麗時代 科擧制의 運營과 變遷에 관한 硏究』, 전북대 박사학위논문, 1993 참조).
247)『益齋集』附錄, 益齋先生 年譜 ;『高麗史』권37-2, 世家37 忠穆王 즉위년 4월 癸酉.
248)『高麗史節要』권25, 忠惠王 後5년 5월 ;『高麗史』권110, 列傳23 李齊賢. 그 내용과 분석은 제4장에서 후술한 예정이다.
249)『高麗史』권37-4, 忠穆王 즉위년 6월 乙卯, "置書筵 以右政丞蔡河中·左政丞韓宗愈·判三司使李齊賢 …… 德寧府注簿洪俊 更日侍讀".

德을 이룰 수 있다"[250]고 표방한 것의 제도적 실현이었다. 서연을 통해 그는 군주와 관료 간의 논의 통로를 마련함으로써 충혜왕의 측근에 의존한 정치형태를 청산하려고 의도했던 것이다.

아울러 그는 자신의 방안을 추진하면서 지금까지 인사운영을 왜곡시키던 정방을 폐지시켰다.[251] 그러나 개혁의 추진은 처음부터 제대로 이루어질 수 없었다. 그만큼 보수세력의 저항이 컸기 때문이다. 우선 12월에 폐지된 정방이 다음 달에 곧바로 복구되었다.[252] 또한 權溥의 아들인 王煦[253]가 추진한 경기 녹과전의 奪占土地에 대한 회수도 마찬가지였다.[254] 그는 右政丞이 되어 이를 추진하다가 보수세력의 반대로 파면되었다.[255]

당시 원로대신으로 참여한 나익희는 이러한 상황에 대해 다음과 같이 토로하였다.

　　하루는 판삼사사 이제현에게 말하길, "우리 임금이 어려서 정사를 재상에게 맡겼는데, 저 자격 없는 자들이 지난날의 잘못을 경계하지 않으니, 나는 책임을 지고 물러나서 여러 사람의 손가락질을 받는 바가 되지 않으려고 하는데, 공은 어떻게 할 것인가?" 하니, 이제현은 "내가 전에 두세 가지 계책으로 집정하는 자를 효유하였으나 시행을 보지 못하여 항상 부끄러워하면서도 용단성 있게 물러나지 못하였으니, 감히

---

250) 『益齋集』 附錄, 益齋先生年譜.

251) 『高麗史』 권75-4, 志29 選擧3 銓注 選法 忠穆王 卽位之年, "十二月 罷政房 歸文武銓注于田里軍簿 尋復政房".

252) 『高麗史節要』 권25, 忠穆王 元年 1월.

253) 王煦는 처음 이름이 權載이며, 權準이 그의 형이다. 그는 권준이 충선왕과 가까웠던 관계로 충선왕의 아들이 될 수 있었다(『高麗史』 권110-13, 列傳23 王煦). 이제현과는 인척관계가 되며 정치적으로도 동일한 입장이었을 것이다. 따라서 왕후는 이제현의 개혁방안을 추진하는 일을 담당했을 것이다.

254) 『高麗史』 권110-15, 列傳23 王煦 ; 『高麗史節要』 권25, 忠惠王 後5년 12월.

255) 『高麗史節要』 권25, 忠穆王 원년 12월, "罷王煦 以金永煦爲右政丞 印承旦 爲左政丞 李穀爲密直使 煦罷政房 復科田 故爲貪姦所惡而罷 時人觖望".

공의 말을 좇지 않으리오" 하였다.256)

나익희의 말은 이제현이 개혁안을 올린 충목왕 즉위년 5월에서 4개월 후가 되는 그 해 9월에 나온 것이다.257) 이처럼 개혁방안의 실현은 초기부터 반대에 부딪쳤으며, 이를 둘러싼 정치세력 간의 갈등을 확인시켜 주고 있다.258) 결국 '罷政房 復科田'을 목표로 추진된 개혁은 충목왕 즉위년 12월에 왕후의 파직을 계기로 좌절되고 말았다.

그러나 충목왕 2년에 원나라는 은퇴한 王煦를 다시 불러들여 개혁을 추진토록 하였다.259) 다음 해 2월에 설치된 整治都監은 이를 실현할 기구였으며, 그 방향은 주로 토지탈점과 壓良爲賤, 冒受賜牌 등과 같은 불법행위 등을 해결하는 것이었다.260) 이 곳에서는 王煦·金永旽·安軸·金光轍이 判事로, 鄭珚·白文寶 등 33인이 屬官으로 활동하였다.261) 이들은 판사를 제외하면 대개 가문상으로 권문세족 출신이 아니라 과거를 통해 입사했다는 공통점을 지닌다. 또한 많은 사람들이 臺諫이나 法官으로 활약한 경험이 있으며, 유교적 소양을 바탕으로 한 공정하고 합리적인 인물이라는 평을 듣고 있었다.262) 이 곳에 참여한

---

256)『高麗史』권104-42, 列傳17 羅裕 附 羅益禧, "一日語判三司使李齊賢曰 五軍幼委政宰相 彼負且乘者 不誡覆轍 吾其引避 毋俱爲十手所指 公當如何 齊賢謝曰 優嘗以二三策 曉執政 未見施行 常愧不能勇退 敢不從公言".

257) 그는 충혜왕 後5년(충목왕 즉위년) 9월에 이 말을 올리고 10여 일 후에 병으로 사망하였다(『高麗史節要』권25, 忠惠王 後5년 9월;『高麗史』권104-42, 列傳17 羅裕 附 羅益禧). 그는 무관 출신으로 合浦鎭將 시절에 청렴 근실하고 慈惠하다는 평가를 받았다.

258) 李益柱,『高麗·元關係의 構造와 高麗後期 政治體制』, 서울대 박사학위논문, 1996, 189쪽.

259)『高麗史節要』권25, 忠穆王 2년 11월.

260)『高麗史』권37-10, 世家37 忠穆王 3년 2월 己丑. 그 설치 경위에 대해서는 閔賢九,「整治都監의 設置經緯」,『國民大論文集』11, 1976 참조.

261) 閔賢九,「整治都監의 性格」,『東方學志』23·24, 1980, 130~131쪽의 <表3>.

인물들이 반드시 주자학을 익힌 것은 아니지만, 관료의 직분에 충실하
려 한 신진사대부와 가까운 존재라고 할 수 있다.

그 중에서 가장 주목되는 인물이 백문보였다.[263] 그는 이제현의 문
생[264]으로 공민왕대에 주로 활약하게 되지만, 이 때에 判事의 다음 직
책인 使가 되어 정치도감 사업의 실질적인 기획과 업무를 관장하는 위
치에 있었다.[265] 특히 그는 충목왕 원년(1345)에는 關東存撫使로 파견
되었다.[266] 당시에 그는 이제현의 개혁방안이 추진되면서 그 중에서
조세징수 및 典賣된 남녀의 처리문제를 해결하기 위해 파견된 것이 아
닌가 한다. 이처럼 백문보는 이제현의 장인인 權溥에게서 수학했다는
사적 관계 이외에도, 이제현의 문생으로서 정치도감에서 활약했던 것
이다. 주목할 것은 당시 그의 정치적 경험이 공민왕대에 자신이 올린
개혁방안과 일정한 연관성을 갖는다는 점이다.

결국 충목왕의 즉위로 시작된 개혁 시도는 국내의 附元勢力 등과
같은 보수세력의 반발과 원의 간섭으로 실패하게 되었다. 이 때 개혁
의 주체는 이제현을 중심으로 한 정통관료와 신진사대부였다. 이들은
경세의식을 통해 관료로서의 직분과 책임감이 강하였으며, 상당수가
성리학을 사상적 기반으로 삼고 있었다. 그러나 이들은 원간섭기 하에
서 정치적으로 국왕의 측근세력이나 부원세력을 극복할 충분한 역량
을 갖추고 있지 못했으며, 또한 성리학적 사유로 인하여 원과의 사대

---

262) 閔賢九, 「整治都監의 性格」, 『東方學志』 23·24, 1980, 133~135쪽.

263) 그의 생몰년은 충렬왕 29년(1303)부터 공민왕 23년(1374)이며, 字는 和父, 號
   는 淡庵 또는 動齋이고, 본관은 稷山이다(『淡庵逸集』 권3, 行狀).

264) 그가 이제현의 문생이 된 것(충숙왕 7년 科擧)은 아마도 이제현의 장인인 權
   溥에게서 수학한 때문이 아닌가 한다. 이로 인해 양자는 사적 관계를 일찍부
   터 갖고 있었을 것이다. 아울러 권부가 四書集注 등의 편찬에 힘을 기울였다
   는 점 등으로 볼 때 그는 그 아래에서 성리학을 수학했을 것이다.

265) 閔賢九, 「白文寶研究 - 政治家로서의 活躍을 中心으로 -」, 『東洋學』 17,
   1987, 248쪽.

266) 『及菴詩集』 권3, 送白常侍存撫江陵文寶.

관계를 바탕으로 부원세력의 불법적 행위를 척결하려 했다는 점에서
그 한계를 찾을 수 있다. 특히 이들은 단일한 사회적·정치적 세력으
로의 동질성을 갖기에는 아직 미흡한 면이 있었다. 그럼에도 이제현의
개혁안 제기 이후에 이들은 점차 자신의 경세론을 체계화하면서 국가
운영의 새로운 방향을 구상하고 실천하려는 경험을 쌓아 갔다는 점에
서 고려말기 사대부에게 자신의 경험을 전수할 수 있었다.

109

제3장 經世意識과 正統論의 형성

1. 경세의식의 형성

1) 修身과 出仕

고려후기 '사대부'는 고려전기의 귀족 출신과는 다른 '能文能吏'의 새로운 유형의 '학자적 관료'로 논의되었다.[1] 그러면서 이들이 고려전기 관료들과 다른 점은 무엇보다 새로운 '경세의식'에 바탕한 관료의 직분에 대한 윤리와 책임감을 강하게 갖고 있다는 점에서 찾을 수 있다. 이 경세의식은 성리학을 익힌 儒者로서 자신의 학문 탐구를 통한 修身을 出仕와 연계시켜 '經國濟世'하겠다는 의지와 책임감의 소치였다. 그것은 일종의 지배계층으로서의 자기규제와 역할을 설정한 것이었다. 따라서 사대부의 경세의식이 경세론으로 표출되는 방향은 차이가 있지만, 위와 같은 점을 공통적으로 지니고 있었다.

이들의 의식이 고려전기 관료들과 다른 점은 관료의 직분 수행에 필요한 규범을 설정하고 이를 수신의 조건으로 연계시켰다는 점이다. 요컨대 사대부로서의 자신의 위상과 역할을 도덕의 실현과 연계시키고, 이를 학문을 통해 수련하도록 했던 것이다.

먼저 고려전기적인 관료의 의식은 李奎報에게서 찾아볼 수 있다.

---

1) 李佑成, 「高麗朝의 '吏'에 대하여」, 『歷史學報』 23, 1964.

그는

> 또한 士가 벼슬을 시작하는 것은, 구차하게 자기 한 몸의 영달만 도
> 모하려는 것이 아니라 대개 마음에서 배운 것을 政事에 실현하되, 경
> 제정책을 진작하고 왕실에 힘써 실시하여 百世토록 이름을 전하여 소
> 멸되지 않으려 하는 것입니다.[2]

라고 하였다. 이것도 일종의 경세의식으로 자신의 工夫를 정책으로 실
현해 民과 王室을 부양하는 것을 入仕의 목적으로 잡았다. 그럼에도
그는 자신의 수신을 도덕 내지 보편윤리와 결부시키고 있지 않으며,
이를 실현시킬 대상을 민이나 국가 전체가 아닌 왕실로 한정시키고 있
다. 다만 이러한 경세의식이 발전된다면 사대부의 도덕성에 입각한 직
분론으로까지 발전될 수 있을 것이다.

또한 그는 고려전기 관료들의 도덕적 태도에 대해 다음과 같이 말하
였다.

> 예로부터 사대부들을 보면, 그 처음에는 염치로 조심하고 가득 차는
> 것을 경계하지 않는 이가 없으나, 富貴가 한창일 때는 대개 세월이 가
> 는 것을 애석히 여기면서 태연히 물러갈 줄 모르는 자가 많았다.[3]

사대부들이 입사한 후에 태도를 바꾸는 데 대한 비판이다. 그의 말
에서 사대부가 지녀야 할 덕목으로 염치를 꼽고 있음을 알 수 있다. 이
덕목이 현재의 관직을 매개로 한 부귀의 추구와 관련해 중요하다고 보

---

2) 『全集』 권26, 書 上崔相國誾書, "士之所以筮士者 非苟欲自營一己之榮宦而
已 益將以所學於心者 施於有政 振經濟之策 宜力王室 乘名於百世 期爲不
朽者也".

3) 『全集』 권36, 墓誌 銀靑光祿大夫 尙書左僕射致仕 庚公墓誌銘, "觀自古士大
夫 其始未嘗不以廉恥操心滿盈爲戒 而及富貴方酣 率翫惜日月 恬不知退者
多矣".

았기 때문일 것이다. 충렬왕 13년(1287)에 사망한 元傅의 墓誌銘에서도 이규보와 비슷한 인식이 발견되고 있다.

　살펴보건대 자고로 사대부는 처음 지위가 낮았을 때에는 심지가 高抗하여 항상 二疎(漢 宣帝 때 疎廣과 疎受)로써 아름다움을 삼는다. 부귀가 바야흐로 한창일 때에 이르러서는 세월을 애석히 여기면서 公門에 몸을 굽혀 편안하여 물러날 줄 모르는 자들이 많은데……4)

　이 원부의 묘지명에 나오는 표현은 이규보의 말과 비슷하다. 아마도 두 자료가 모두 묘지명이란 점에서 당시의 관용적 표현일 수도 있다. 그러나 위 내용이 관용적으로 쓰였다는 사실은 오히려 당시인들에게 그러한 내용이 사대부의 덕목으로서 중요성을 인정받았다는 의미가 된다. 따라서 이러한 덕목을 갖추기 위한 수양이 이후 고려후기 사대부에게 요구되었을 것으로 예상된다.

　원간섭기 사람들은 사대부에 대한 개념을 다음과 같이 여기고 있었다.

　대저 사람은 한 가지 능한 것이 있으니 그 임무를 감당할 수 있으면 족히 當世의 사대부가 된다. 그러므로 文學이 있는 자는 吏能으로 책망받지 않고, 吏能이 있는 자는 文學으로 책망을 하지 않는다. 하물며 이를 겸비하고 百行에 온전함을 갖추어 마침내 達尊의 세 가지를 갖춘 자는 손으로 꼽을 정도로 많이 얻을 수 없다.5)

---

4) 金龍善 編,「元傅 墓誌銘」,『高麗墓誌銘集成』, 한림대, 1993, "觀自古士大夫 其始位卑 心志高抗 常以二疎爲美 及富貴 方酣愛惜日月 傴僂公門 恬不知 退者 衆矣".

5) 金龍善 編,「權㫜 墓誌銘」,『高麗墓誌銘集成』, 한림대, 1993, "大抵 人有所 長一能 能勝其任則亦足 爲當世士大夫 故有文學者 不以吏能責之 有吏能者 不以文學責之 又況兼之 而百行俱全 卒備達尊之三者 屈指不可多得".

여기서 사대부란 관료가 될 수 있는 계층을 지칭하고 있음을 보여준다. 이들은 각기의 재능인 文學이나 吏能 중 하나를 가지고 이를 통해 관료의 직분을 수행할 수 있는 존재가 되는 것이다. 이 점은 앞서 무인집권기 최씨정권 하에서 관료선발의 기준을 '能文能吏'로 한 것과 관련이 있다. 그 기준은 '能文'(문장과 학문능력)과 '能吏'(행정능력)의 겸비를 최우선으로 하고, 다음으로 '能文'을, 마지막으로 '能吏'를 순위로 했었다. 따라서 관료임용의 조건이 능력을 전제로 한다는 점에서 이전의 귀족관료들과는 차이가 있으며, 이것이 원간섭기에 요구되는 사대부의 요건임을 확인할 수 있다.

따라서 개인적 능력을 갖추기 위한 수신은 관료가 되기 위한 필수적 요건이 되어 갔다. 그리고 그 수신의 내용은 점차 詩賦를 짓는 문학적 능력만이 아닌 경서를 통한 학문능력으로 확대되었다.

이 때 주자학 수용은 경서를 바탕으로 하는 수신을 더욱 뚜렷하게 만든 요소였다. 왜냐하면 주자학은 수신을 경세의 출발로 보았기 때문이다. 주지하듯이 『大學』의 '修身 齊家 治國 平天下'의 명제는 이를 대표하고 있다. 여기서 수신은 '格物致知 誠意正心'으로 표방되면서[6] 학문의 탐구와 함께 이를 마음의 수양, 즉 도덕과 연속선상에 일치시키고 있다. 말하자면 '격물치지'를 위한 학문 탐구, 즉 경서 이해를 중시하는 것이 이전의 유학과 다른 점이었다.

이제현은 이러한 修身論을 뚜렷이 제시한 논자였다. 일찍이 원나라에 있었을 때에 충선왕은 그에게 당시의 학문 탐구의 문제점을 지적하였다.[7] 그 내용은 현재 학자들이 승려에게 章句나 배우고 있어 經明行修한 선비가 적게 되었다는 것이다. 이에 관한 이제현의 답은 다음과

---

6) 『大學章句』 八條目, "格物而后知至 知至而后誠意 誠意而后心正 心正而后修身 修身而后家齊 家齊而后國治 國治而后平天下 自天子 以至於庶人 壹是皆以修身爲本".

7) 『櫟翁稗說』 前集1.

같았다.

　　지금 전하께서 진실로 학교를 넓히고 庠序를 일으키며, 六藝를 높이
고 五敎를 밝혀 先王의 道를 천명한다면, 누가 眞儒를 배반하고 중을
따를 것이며, 實學을 버리고 章句만 익히는 자가 있겠습니까? 앞으로
자질구레하게 글귀나 다듬는 무리가 經書에 밝고 德行을 닦는 선비
[經明行修之士]로 변하는 것을 볼 수 있을 것입니다.[8]

　그는 '實學'을 '章句'인 문장짓는 것과는 다른 차원으로 보았다. 그래
서 실학을 익힌 眞儒를 곧 經明行修之士로 규정한 것이다. '실학'이란
주자학을 의미하므로, 진실한 儒者는 이를 경서로 익힌 후에 행동에
반영하는 경세적 존재라고 보았다. 이러한 유자이야말로 당시 요구되
던 새로운 관료 및 그 예비군이라 할 사대부의 모습이었다. 그러한 점
에서 충혜왕 주변의 측근을 비판하면서 李兆年[9]은 유자들이란 모두
'經史를 익히고 염치를 아는' 존재[10]라고 하여 측근들과는 구별되는
부류라고 보았던 것이다.
　安軸은 經史를 익혀야 하는 이유에 관해 충숙왕 11년에 출제한 과
거 책문에서 이렇게 말하였다.

　　經書는 道를 실어서 천하를 平理하는 큰 도구이며, 史書는 일을 기
록하여 후세를 타이르고 훈계하는 큰 법입니다. 옛날 聖賢이 경서를
짓고 사서를 닦은 뜻은 그 쓰임에 있는 것이니 피차의 다름에 있는 것
이 아니고, 천하가 이를 같이 하려는 것에 있습니다. …… 무릇 經史란

---

　8)『櫟翁稗說』前集1, "今殿下 誠能廣學校謹庠序 尊六藝明五敎 以闡先王之道
　　孰有背眞儒而從釋子 捨實學而習章句者哉 將見雕蟲篆刻之徒 盡爲經明行
　　修之士矣".
　9) 그는 京山府 향리 집안 출신으로 학문과 문장에 능하며 과거로 입사하였다
　　(『高麗史』 권109, 列傳22 李兆年).
　10)『高麗史』 권109-11, 列傳22 李兆年, "儒者 雖朴拙 皆能習經史 識廉恥".

것은 우리 儒의 業이며, 배우는 것은 반드시 이를 쓰려고 하는 것입니다.[11]

말하자면 경서란 천하를 통치하는 수단이며, 儒者란 이를 활용하기 위해 배워야 한다는 논리이다. 여기에는 경서의 습득이 관료로서의 필수 조건이라는 점이 전제되어 있었다.

그리고 이러한 경서 탐구는 자신의 덕성을 닦기 위한 것을 목표로 하였다. 그러한 존재가 유교에서는 일찍부터 君子로 표방되었다. 그런데 이 시기 군자에 대해 閔漬[12]는

옛말에 군자라 하는 것은 德行을 말함인가, 功業을 말함인가? 나는 오직 덕행이요 공업이 아니라 말하니, 왜 그러한가? 덕행은 마음에 달려 있고 공업은 때에 달려 있는 것인데, 마음에 달려 있는 것은 사람이 닦을 바요, 때에 달려 있는 것은 하늘이 주는 바라. 능히 사람이 닦을 수 있는 바를 닦는 것이 군자가 되는 것이다. 무릇 덕행은 충효에 근본하는데……[13]

라고 하였다. 그의 요점은 군자란 心을 수련하여 덕행을 쌓는 존재라는 것이다. 그 이유는 이를 스스로 수련할 수 있기 때문이다. 그 바탕은 충효라는 유교윤리였다.

---

11) 『謹齋集』 권3, 策 制策 泰定甲子, "對 經載道 所以平理天下之大具也 史記事 所以勸戒後世之大法也 古之聖賢 作經修史之意 其爲用也 不在彼此之殊而與天下共之者也 …… 夫經史者 吾儒之業也 所以學者 必欲用之".

12) 출신은 驪興이며, 字는 龍涎으로 원종 때 과거 급제하여 주로 충렬·충선왕 때에 활약하였다. 『本朝編年綱目』 등을 편찬하였다(『高麗史』 권107, 列傳20 閔漬).

13) 金龍善 編, 「金恂 墓誌銘」, 『高麗墓誌銘集成』, 한림대, 1993, "古所謂君子者 德行云乎哉 功業云乎哉 予曰 惟德行耳 非功業也 何也 德行在心 功業在時 在心者 人所修也 在時者 天所授也 能修人之所可修者 爲君子耳 夫德行本乎忠孝".

한편 德과 功에 대한 구체적인 내용을 달리 생각하는 경우도 있었다. 불교배척론으로 유명한 崔瀣[14]는

> 옛날에 (사람이) 죽어도 죽지 않는 것은 德 아니면 功이니, 마치 큰 산이 고요하면서 움직이지 않는 것 같으나 사람은 겉으로 작게 일어나는 것은 알게 된다. 그 은덕이 四海에 널리 입혀지는 것을 德이라 하고, 일과 기회가 모이는 곳과 우뢰와 바람이 서로 부딪치는 데서 민을 도탄에서 건지고, 사직을 이롭게 하는 것을 功이라 한다. 이러면 몸은 가도 道는 더욱 나타나며 사실은 멀어져도 이름은 더욱 빛나는 것이니, ……[15]

라고 하였다.

여기서 그는 '德'을 사방에 은덕이 미치는 것으로, '功'을 民의 구제와 사직에 도움이 되는 것으로 보았다. 그러한 점에서 閔漬가 덕행을 우선시한 것과는 차이가 있다. 상호 차이가 나는 이유를 살펴보면, 민지의 경우 '공업'에 대해 관료로 출세하는 것만을 염두에 둔 반면 최해는 이를 직분의 올바른 수행이란 차원까지 생각했기 때문이다. 특히 그는 덕과 공을 일종의 사대부적인 역할과 책임이란 면에서 파악하고 있어 주목된다. 이러한 현상은 점차 관료 내지 지배층으로서의 역할이 유교적 도덕규범과 결합되어 가는 것을 보여준다.

그리고 이것은 사대부로서의 자부심과 책임감으로 표방되고 있었다. 실제로 공민왕에게 『大學衍義』를 강론했던 尹澤은 항상 송나라 재상 范仲淹의 유명한 말을 외우면서 출사의 각오를 다졌다고 한다.

---

14) 그에 관한 논고로는 金宗鎭, 「崔瀣의 士大夫意識과 詩世界」, 『민족문화연구』16, 고려대, 1982 ; 高惠玲, 「崔瀣(1287~1340)의 생애와 사상」, 『李基白 古稀紀念 韓國史學論叢』上, 一潮閣, 1994가 참조된다.

15) 『拙藁千百』권2, 故政堂文學李公墓誌, "古之死而不死者 匪德則功 如大山 靜而不動 人知慮寸之興 澤周四海之謂德 事機之會 雷風相盪 振民塗炭 利在社稷之謂功 是則身幽而道彌著 事遠而名有彰……".

"천하의 근심을 먼저 근심하고 천하의 즐거움을 뒤에 즐기려 한다"
라는 말을 외우면서 "대장부로 어찌 용렬하게 살겠는가!"라고 하였
다.16)

이처럼 고려후기 사대부들은 관료로서 통치에 대한 사회적 책임감
을 중시하였다. 그 결과 충숙왕 17년(1330)에 江陵道 存撫使로 나간
安軸은 사대부의 이러한 책임의식을 다음과 같은 시로 남겼다.

책을 읽어 道를 구했으나 끝내 이룬 것 없어
밝은 때에 이런 행차 스스로 부끄럽네
단지 어둡고 소홀함을 없애고 實學을 베푸리
감히 모난 행동으로 헛된 명예 훔치랴
民生 塗炭인데 구하기 어려움을 알았고
깊이 든 나라의 병 생각만도 놀랍네17)

그가 독서를 통해 구하려는 것은 도였다. 이 도란 수신의 목적인 도
덕성의 확립이 될 것이며, 그 외형적인 최종 모습은 민생과 국가의 구
제인 경세로 나타날 것이다. 요컨대 그의 독서 행위는 결국 '실학'인 주
자학으로 귀착된다. 여기에 江陵道 存撫使로서의 책임의식이 강하게
드러나고 있다.

이처럼 당시 사대부들은 주자학을 기반으로 자신의 수신을 이루고,
이를 출사에 대한 책임의식과 그에 따른 도덕 내지 윤리와 연결시키고
있었다. 이것이 고려전기 관료 내지 그 예비층과 다른 특징이었다.

그리고 관료의 규범에 대한 인식은 군주의 수신론처럼 관료론의 발

---

16) 『高麗史』 권106-32, 列傳19 尹諧 附 尹澤, "常誦范文正公 先天下之憂而憂
後天下之樂而樂 以謂大丈夫 寧可碌碌也".

17) 『謹齋集』 권1, 關東瓦注, "讀書求道竟無成 自愧明時有此行 但盡迂疎施實
學 敢將崖異盜虛名 民生塗炭知難求 國病膏盲念可驚".

전을 가져왔다. 李穀의 관료론은 그 대표적인 경우이다. 그는 우선 신
하의 역할이 쉽지 않음을 역설하면서,

　옛날 신하 노릇한 사람은 차라리 임금에게 잘 보이지 못할지언정 감
히 백성의 원망은 사지 않았으므로 지위나 봉급에 대해 서두르지 않았
고, 차라리 오늘날 칭찬을 받지 못할지언정 감히 후세의 사람에게 비
난을 받지 않았으므로 공적은 따지지 아니하였다.18)

라고 관료의 표상을 제시하였다. 이는 현재의 관료들이 추구하는 지위
나 봉급, 또는 군주에 대한 사적 충성에 대한 비판인 셈이다. 이와 함
께 이곡은 관료의 존재를 重臣, 權臣, 忠臣, 直臣, 姦臣, 邪臣 등으로
나누고 각각에 대한 정의와 그 역사적 사례를 들어 설명하였다. 결국
그는 이 論을 통해 현재 관료들의 문제를 지적하고 그 규범을 제시하
려 했던 것이다. 이처럼 고려후기 군주수신론과 함께 신료에 대한 논
의도 발전하고 있었다.19)

　이 발전은 국가운영에 필요한 관료체제를 새롭게 구축하려는 모색
속에서 발생한 것이었다. 다시 말해서 그것은 爲民에 기반한 경세의식
을 바탕으로 하면서, 관료로의 역할과 위상에 대한 직분론을 마련해
가는 과정이라고 하겠다.

---

18) 『稼亭集』 권7, 說 臣說送李府令歸國, "古之爲臣者 寧不得於君 不敢取怨於
　民 爵祿非所急也 寧不譽於今 不敢取譏於後 功業非所計也".
19) 대개 군주의 위상과 역할에 대한 논의가 군주론으로 제기될 때는 신료에 대
　한 것도 같이 나오는 경우가 많다. 그러한 사례로는 고려전기 成宗代 崔承老
　가 오조정적평과 시무28조를 통해 군주론을 제기하였을 때에 金審言이 『說
　苑』에 입각한 6正 6邪論(『高麗史』 권93, 列傳6 金審言)을 낸 것을 들 수 있
　다.

2) 君臣關係와 社會倫理의 재확립

고려후기 사대부들은 관료의 직분에 대한 보편적 규범을 확립하려고 하였다. 이 노력은 군주와 신료와의 관계를 규정하고 있는 '忠'의 확충에 입각하였다. 원래 충이란 유교윤리의 최고 덕목 중 하나이므로 중세사회에서 항상 강조된 것이었다. 예컨대『고종실록』을 편찬한 金坵의 묘지명 처음에

> 禮에 이르기를 本이 없으면 서지 못하고 文이 없으면 행하지 못한다고 하였으니, 대개 忠信은 本이고 義理는 文이다.[20]

라고 하였다. 여기서 忠信이 군주와 신료와의 관계에서 상호 지켜야 할 기본덕목임은 당연하다. 그리고 그 표현은 의리로 이루어진다고 보았다.

그런데 이 시기 충의 규범이 재확립되어야 할 필요가 제기되고 있었다. 왜냐하면 당시 군신관계가 새삼 문제시되었기 때문이다. 그렇게 된 원인은 사적 정치운영구조의 확산에 있었다. 앞서 보았듯이 이 방식은 원간섭기 이후 군주의 정치적 기반이 협소해지고, 이를 주로 측근세력 등에 의존하는 구조에서 발생하였다.[21]

이 때 군신관계는 공적 측면에서 모든 관료층의 충을 유발하기보다는 사적 관계에 입각한 개인적인 것으로 범위가 좁아지게 마련이었다. 따라서 이 문제는 충렬·충선왕과 충숙·충혜왕의 왕위를 둘러싼 정치적 갈등이나 원나라 立省 책동 등에서 분명하게 드러나게 되었다. 이들 양자의 갈등 속에서 측근세력들은 자신들의 지위를 유지하기 위

---

20) 金龍善 編,「金坵 墓誌銘」,『高麗墓誌銘集成』, 한림대, 1993, "礼云 無本不立 無文不行 盖無信□也 義理文也". 여기서 '盖無信□也'는 바로 뒤에 나오는 '□諸忠信之□ 行乎義理之文者'로 볼 때 '盖忠信本也'가 옳을 듯하다.

21) 본서 제2장 1절 참조.

해 국왕 옹립운동을 벌이기도 하였으며,[22] 나아가 고려왕조의 존폐유무와 상관없이 원나라 行省의 설립을 건의하는 일까지 추진했던 것이다.[23]

이러한 정치적 갈등은 왕조의 존립마저 위태롭게 함으로써 당시 관료층 내부에 위기의식을 불러일으켰다. 이로 인해 사대부들은 군주의 정통계승관계를 분명히 하여 왕위계승에 따른 갈등 요인을 제거하려 하였다. 주자학적 정통론은 이와 같은 사회적 요인을 배경으로 더욱 굳어지게 되었다. 또한 이들은 사적 관계에 입각한 충성을 군신 간의 공적인 보편규범으로 재확립하려고 하였다. 그 결과 국가 내지 사직에 대한 의식이 발전하게 되었으며, 충은 관료의 직분으로서의 보편규범으로 강조되었다. 예를 들어 이제현의 경우에는 충선왕의 吐蕃에 대한 유배를 해결하기 위해 직접 원나라에 가기도 하였다. 이는 충을 몸소 실현하려 한 행동이었다.[24] 이러한 그가 중국에서 殷紂에게 直諫하다 죽은 比干의 무덤을 둘러보고는 다음과 같이 말하였다.

이 무덤은 衛州 북쪽 십 리 쯤 되는 거리에 있다. 대개 周 武王이 만든 봉분이고 唐 太宗도 貞觀年間에 이 곳을 지나다가 친히 제문을 지어 제사했는데 그 비석에 새긴 글자는 모두 없어졌으나 몇 자쯤은 알아볼 수 있다. 대개 이 두 임금이 딴 시대의 신하를 이토록 잊지 못한 것은 그의 충성을 장하게 여기고 그의 죽음을 불쌍히 여긴 때문이 아니겠는가?[25]

---

22) 李益柱, 『高麗·元關係의 構造와 高麗後期 政治體制』, 서울대 박사학위논문, 1996, 171쪽.

23) 金惠苑, 「원 간섭기 立省論과 그 성격」, 『14세기 고려의 정치와 사회』, 民音社, 1994.

24) 이에 대해 그는 "태산 같은 임금 은총 아직 보답하지 못했으니 만리길 달려가기 어렵다 할 수 있으랴"라고 하여 군주의 '恩'에 대한 자신의 '忠'이라는 형태의 보답을 말하고 있다(『益齋亂藁』 권2, 詩 至治癸亥四月二十日發京師).

그가 비간의 충을 높이 평가한 이유는 이 덕목이 관료에게 반드시 필요하다고 보았기 때문이다. 이로 인해 그는 충성의 표상으로 諸葛孔明[26] 등을 들기도 하였다.

그러한 이제현은 자신이 만든 金倫의 묘지명에서도 군주에 대한 충을 특기하였다. 이를 살펴보면 충숙왕이 원나라 수도에 5년간 억류되고 당시 瀋王 暠가 원나라 황제의 총애를 받게 되자, 일부 세력들이 심왕을 군주로 삼기 위해 관료들에게 서명을 받았다. 이 때 金倫과 동생인 金䄄만은 서명하지 않았는데, 어떤 사람이 이 일로 나중에 문제되지 않을까를 묻자, 金倫은

　　신하로서 두 마음을 가지지 않는 것이 직분이다. 무슨 후회가 있겠는가?[27]

라고 답했다는 것이다. 또한 그 후에 충혜왕이 원나라 朶赤에게 납치당하자 金倫은 이 일을 원나라에 상서하려 하였다. 이에 대해 다른 관료들이 반대하자, 그는 이들에 대해

　　임금과 신하는 그 情義가 父子와 같다. 아들이 아버지를 구하는데 누가 죄주겠는가? 죄가 두려워 아버지를 구하지 않는다면 아들이라고 할 수 있겠는가?[28]

---

25) 『益齋亂藁』 권1, 詩 比干墓, "墓在衛州北十許里 盖周武王所封 而唐太宗貞觀中 道過其地 自爲文以祭 其石刻剝落 亦可識一二焉 夫二君之眷眷于異代之臣者 豈非哀其忠愍其死乎".

26) 『益齋亂藁』 권1, 詩 諸葛孔明祠堂, "千載忠誠懸日月 回頭魏晉但丘墟".

27) 『益齋亂藁』 권7, 碑銘 有元高麗國 …… 贈諡 貞烈公 金公墓誌銘, "臣無二心職耳 何後悔之有".

28) 『益齋亂藁』 권7, 碑銘 有元高麗國 …… 贈諡 貞烈公 金公墓誌銘, "君臣 父子也 子而求父 孰以爲罪 畏罪不救 可謂子乎". 이에 관해 『高麗史』에는 "臣之於君 子之於父 妻之於夫 當盡其恩義耳"(『高麗史』 권110-10, 列傳23 金

라고 하여, 君臣 및 父子 관계를 동일한 것으로 논하였다. 이제현이 묘지명에서 이를 기록한 것은 이러한 인식에 대한 필요가 요구되었기 때문일 것이다. 그리고 그는 이를 통해 충효를 보편윤리로 제시하고 이를 구현하려고 했을 것이다.

그런데 이 시기에는 효를 우선하려는 입장도 존재하였다. 이 점은 이곡이 중국 漢나라의 충신인 趙苞가 遼西를 사수하기 위해 자신의 모친과 처자를 죽이게 된 사건에 대한 논평에서 드러난다. 그는 다른 사람들이 조포를 충효를 함께한 인물로 보지만, 자신은 그를 先後와 本末에 부족한 인물로 본다며 다음과 같이 평했다.

> 苞는 작은 절의를 가지고 다만 나라의 녹을 먹으면 어려운 일을 피하지 않는다는 것이 옳다는 것만 알고, 桀를 도와주며 桀을 富하게 만드는 것이 잘못인 줄을 알지 못하였으며, 어머니를 죽이면서라도 공적을 세우는 것이 충이라는 것만 알았지, 자신을 보전하며 어버이를 섬기는 것이 효라는 것을 알지 못하였다.[29]

그는 부자관계가 군신관계보다 우선임을 전제로 하여 위와 같이 주장하였다. 왜냐하면 군신관계는 천하의 도가 실현될 때에 성립된다고 보았기 때문이다. 이러한 입장은 고려후기에 전개되던 친족관계의 분화에 따른 새로운 가족질서의 확립이라는 필요성에서 제기된 것이며, 한편으로는 수신·제가에서 출발하는 주자학적 수양방법에 따라 우선적 가치를 가족관계의 해결에 두려는 데에서 나왔다고도 할 수 있다.

그럼에도 충이라는 유교적 가치규범 자체가 부정된 것은 아니다. 오히려 이러한 가치규범은 보편성을 지닌 것으로 강조되어 갔다. 주자학을 도입한 安珦의 경우에는 이를 잘 보여주고 있다. 그는 재상의 직분

倫)라고 되어 있어 유교윤리를 보다 분명히 드러내고 있다.

29) 『稼亭集』권1, 雜著 趙苞忠孝論, "苞以區區節義 惟知食祿不避難之爲是 以不知助桀富桀之爲非 知殺母是助之爲忠 以不知保身事親之爲孝".

으로 인재교육을 우선해야 한다는 명분하에 養賢庫의 비용을 6품 이
상의 관원들에게 내게 하였다. 이 때 密直인 高世가 자신은 武人이라
며 돈을 내지 않으려 하자, 안향은 재상들에게 다음과 같이 말하였다.

> 夫子의 도는 萬世의 규범이다. 신하가 군주에게 충성하고 아들이 아
> 버지에게 효도하며 아우가 형에게 공경함은 누구의 가르침인가? 만약
> 나는 무인인데 무엇이 괴로워 돈을 내어 그 生徒들을 양성하느냐고 말
> 한다면 이는 공자가 없어도 가하다는 것이다.[30]

그의 논리는 夫子인 孔子가 제시한 사회윤리인 忠·孝·恭을 절대
시한 것이다. 그리고 이를 위한 유교 보급을 위해 생도를 양성한다는
주장이다. 주목되는 점은 이러한 윤리가 문·무반의 차별이 없이 적용
되어야 함을 전제하고 있는 사실이다. 따라서 모든 관료는 사회윤리인
충효를 보편적으로 받아들여야 한다고 주장하였고, 특히 안향은 이를
위한 인재교육을 재상의 역할 중에서 가장 긴급한 것으로 인식하였다.
그만큼 주자학을 익힌 사대부들은 이 시기 관료의 역할과 책임감을 유
교에서 제시한 사회윤리와 결부시키고, 한편으로 이를 학교를 통해 함
양하려는 경향이 강해지고 있었다. 요컨대 이 시기에는 관료의 직분에
대한 인식이 심화되고 있었다.

이에 따라 군주와 신료와의 관계에 대한 윤리적 인식도 높아지게 되
어 이를 父子간,[31] 심지어는 奴主와의 관계[32]로까지 논의하기도 하였

---

30) 『高麗史』 권105-30, 列傳18 安珦, "夫子之道 垂憲萬世 臣忠於君 子孝於父
第恭於兄 是誰敎耶 若曰 我武人 何苦出錢 以養爾生徒 則是無孔子也 而可
乎".

31) 李齊賢은 이에 관해 "君臣之分 父子恩 造次顚沛不可諼"(『益齋亂藁』 권2,
詩, 在上都奉呈柳政丞淸臣吳贊成潛)이라고 하였다.

32) 원나라가 瀋王 暠를 국왕으로 만들려는 曹頔 등의 참소를 듣고 충혜왕과 洪
彬 등을 가둔 사건이 벌어졌다. 이 때 洪彬은 "曹頔은 王의 奴인데, 奴가 그
주인을 죽이려 하니 법이 용서할 수 없는 죄"라고 하였다(『高麗史』 권

다. 예를 들어 충혜왕대 左司議大夫인 趙廉은 원나라 사신이 자신을
영접하지 않은 국왕 문제로 兩府에 추궁토록 하여 이를 승인받자 다음
과 같이 上疏하였다.

　君臣은 일체이니 禍福을 같이하는 것입니다. 또한 신하가 군주를 위
　해 (잘못을) 덮어주어야 함은 자식이 아버지에 대한 것과 같습니다. 지
　금 兩府가 자신의 몸을 위해 君父를 버렸으니 법에 따라 論罪하기 청
　합니다.[33]

　그의 인식은 원간섭기 군신간의 관계를 보여주는 사례가 될 것이다.
사실 원제국 하에서 신료들은 관념상으로 제후의 처지에 있는 고려 군
주뿐 아니고 원나라 황제에 대한 직접적인 충성 관계로서 擬制되었다.
실제로 그들 중 일부는 원나라의 과거에 통과해 원의 관직을 제수받거
나, 또는 아예 원나라에 투신하여 환관 등으로 활동하는 경우도 많았
다. 또한 앞서 말했듯이 군주와의 사적 관계가 우선시되는 상황이었다.
　이러한 가운데 군주와 신료와의 관계에서는 위와 같은 상황이 벌어
질 가능성이 항상적으로 상존하였다. 그래서 사대부들은 관료의 직분
에 대한 윤리적 책임으로 충을 거듭 강조하게 되었던 것이다.
　아울러 관료들의 직분 수행에 필요한 덕목으로 염치가 강조되었
다.[34] 이것 역시 봉건사회에서 언제나 강조되어 온 덕목이기는 하다.
그럼에도 이 시기에는 권력을 이용한 타인의 토지나 노비 침탈, 재판

108-19, 列傳21 洪彬).

33) 『高麗史』 권109-32, 列傳22 趙廉, "君臣一體 禍福共之 且臣爲君隱 猶子爲
　　父 今兩府 私軀命 遺君父 罪請論如法".

34) 염치는 중국처럼 관료제가 발달한 곳에서는 일찍부터 주요 덕목으로 제시되
　　었다. 이 덕목이 등장한 시기는 春秋時代이다. 『管子』 第1, 牧民에서 "國有
　　四維 …… 何謂四維 一曰禮 二曰義 三曰廉 四曰恥 禮不踰節 義不自進 廉
　　不蔽惡 恥不從枉"이라고 했다. 여기서 지적한 '禮義廉恥'는 고려왕조 이후에
　　도 계속적으로 강조된 관료의 덕목이었다.

이나 행정권의 남용뿐만 아니라 사적 인사운영의 극대화를 통한 폐해로 인해 더욱 강력히 요구되는 사안이 되었다.

예컨대 인사운영에 대해 충렬왕은 이전에 李混·尹珤가 銓選을 주관하면서 자신의 아우나 아들을 임용하는 것에 대해 사양한 경우를 들면서,

> 지금의 銓選을 주관하는 자는 먼저 좋은 벼슬을 친척에게 주고는 寡人에게는 이를 알리지도 않으니 하물며 감히 사양하겠는가? 이는 바로 염치가 날로 없어지고 世道가 날로 추락하는 때문이다.[35]

라고 말하였다.

충렬왕은 문란한 인사임용의 원인을 담당자의 염치와 世道로 지칭되는 윤리 부재로 보았던 것이다. 이처럼 염치는 관료에게 필수적 덕목으로 강조되었다. 그래서 공민왕대 知奏使로 銓注를 맡은 元松壽는 사적 임용을 피하여 국왕이 자신의 座主인 尹澤의 손자 두 명을 임용하라는 명령에도 한 사람만을 등용하여 존경받았다고 한다.[36] 당시 이를 특기한 것은 관료층 내부의 '염치'라는 윤리의 고양이 중요하다는 인식이 기록자들에게 전제되어 있었기 때문일 것이다. 그만큼 관료들의 직분에 따른 윤리 확립은 중요한 문제로 부각되어 갔으며, 이를 개인의 수양과 연결지어 인식하게 되었다.

이 시기에 불교배척에 앞장 선 崔瀣는 '염치'가 없는 풍토에 대해 다음과 같이 개탄하였다.

> 우리 나라 사람들은 성질이 매우 거만하며 또한 학문에 힘써 기품을 기르지 않는다. 그러므로 혹 세상에 따라 입신하면 처자를 잘 먹이고

---

35)『高麗史』권108-8, 列傳21 李混, "今之主銓選者 先以美官授親戚 不令寡人知之 況敢辭乎 此所以廉恥日喪 世道日降也".

36)『高麗史』권107-9, 列傳20 元松壽.

입게 하려 꾀하니 용렬한 사람은 이를 옳다고 하나 君子의 論에는 어긋남이 있다. …… 中道를 능히 행해 홀로 복귀하여 介然히 自處한다면 廉士라고 말하지 않겠는가.37)

그는 자신의 이익을 위해 출사하려는 풍토를 개탄하면서 이를 막기 위한 방도로서 학문을 통한 수양을 암시하고 있다. 이처럼 고려후기 사대부들은 주자학적 사유에 입각하여 개인의 학문 탐구를 도덕 수양과 연결시키고, 점차 출사에 필요한 전제조건으로 내세우게 되었다.

그래서 출사에 필요한 忠 역시도 하나의 수신 덕목으로 인식하였던 것이다. 원간섭기에 대표적 문벌로 성장할 기반을 닦은 趙仁規도 자식들에게 이를 강조하였다.

> 임금을 섬기는데 마땅히 충성을 다하며,
> 사물을 대하여선 마땅히 지성스러울지라.
> 바라노니 밤낮으로 부지런히 닦아,
> 낳아 준 아비를 욕되지 않게 하라.38)

그는 事物에 대한 것, 즉 학문 내지 일처리에 대한 至誠과 군주에 대한 忠을 일치시키고 끊임없이 수련할 것을 권유하였다. 그리고 이것을 父에 대한 孝와 일치시킨 것이다. 그가 이러한 시를 남긴 이유는 자신이 몽고어 실력을 바탕으로 해서 출세할 수 있었다는 경험 때문일 것이다. 그리고 그 자신이 가문을 배경으로 하여 출세한 것이 아니므로, 후손들이 자신의 사회적 지위를 유지하는 방법은 군주에 대한 충

---

37) 『拙藁千百』권1, 故司憲持平金君墓誌銘, "東方性多慢 又不力學以養氣 故或圖隨世立身 飽煖妻孥 庸人是之 而有乖於君子之論 …… 迺能中行獨復介然自處則不曰廉士哉".

38) 『東文選』권19, 五言絶句 示諸子, "事君當盡忠 遇物當至誠 願言勸夙夜 無忝爾所生".

에 의존하는 것이 되어야 한다고 인식하였을지도 모른다.

　이처럼 원간섭기 이후 충은 하나의 보편규범으로서 지배층 내에서 요구되고 있었다. 거기에는 단지 사회윤리적 차원의 문제가 아닌 사적 인사운영 등으로 인한 폐해를 해결하려는 방법으로 여겨지는 사정이 깔려 있었다.

　또한 충은 군신간의 관계를 규정하는 규범으로서만이 아니라 관료의 역할과 책임을 규정하는 근거로서 확충되었던 것이다. 고려말기 사대부의 직분론은 이를 바탕으로 확립될 수 있었다. 예컨대 정도전이 재상의 직에 대한 구체적인 내용을 규정하게 된 것[39]도 이러한 충의 규범을 실현시키려는 고민에서 출발했다고 생각되기 때문이다. 이처럼 관료들의 직분론이 윤리와 결부되어 발달한 점이 고려전기와의 차이이다.

　아울러 충의 규범을 수신의 출발인 학문 탐구와 연속선상에서 놓고 있는 점도 같은 맥락에서 파악할 수 있다. 이는 유교의 ‘盡己至爲忠’이란 명제의 확대해석이겠지만, 결국에는 주자학적 수신론을 수용한 결과이기도 하다. 또한 사대부로서의 정체성을 규범적 내지 윤리적 측면에서 찾아가는 방법이기도 하였다.

2. 正統論의 형성

1) 朱子學的 歷史認識의 擡頭

　고려후기에는 당연한 명제 같지만 주자학적 역사인식이 대두되었다. 그리고 이것은 『春秋』의 재해석을 통한 正統繼承論과 밀접한 연관을

---

39) 『三峯集』 권9, 經濟文鑑 相業.

지니고 있었다. 이와 같은 정통계승 의식이 고려전기에 없었던 것은 아니다. 김부식의 『삼국사기』나 이규보의 「동명왕편」 등은 각기 신라와 고구려를 은연중에 정통으로 인식하고 있었다.[40] 그럼에도 이들의 의식은 정통론이란 차원에서 제기된 것이 아니며, 계승관계의 중요성에 대한 인식 역시 미흡했던 것이다.

그런데 고려후기에 들어와 李承休는 이러한 정통계승관계를 『帝王韻紀』에서 처음으로 정리하고자 하였다. 그는 군주에 대한 충의 일환으로 이 책을 찬술하였고, 군주가 이를 읽어 통치행위에 도움이 되기를 의도하였다.[41] 말하자면 저술 목적은 이 책이 君主修身에 이용되어 자신이 원하는 유교적 통치원리가 현실에 적용될 수 있게 하는 데 있었던 것이다.[42]

그렇다면 이승휴는 어떤 역사서술을 통해 이를 실현하려 했는가?

> 이리하여 예로부터 지금까지의 황제들이 이어온 역사, 즉 중국은 盤古로부터 金까지, 東國은 檀君으로부터 우리 本朝에 이르기까지의 그 시작한 근원을 책에서 두루 찾아내어, 같고 틀림을 비교하여 그 요긴함을 추려 諷詠으로 詩를 지으니 그 서로 계승하고 주고받으며 일어남이 손바닥을 가리키듯 분명합니다. 무릇 구성하고 말하고 행동하는 것의 취사가 마음에 환하게 될 것입니다.[43]

그는 自國史뿐 아니라 중국사까지 서술 범위를 확대했는데, 이는 이전의 역사책인 『삼국사기』나 『삼국유사』 등과는 다른 점이었다. 다시

---

40) 河炫綱, 「高麗時代의 歷史繼承意識」, 『梨花史學研究』 8, 1975.

41) 『帝王韻紀』, 帝王韻紀進呈引表.

42) 金仁昊, 「李承休의 歷史認識과 現實批判論의 方向」, 『韓國思想史學』 9, 1997, 15쪽.

43) 『帝王韻紀』, 帝王韻紀進呈引表, "遂乃古往今來 皇傳帝受 中朝則從盤古而至於金國 東國則自檀君而泊我本朝 肇起根源 窮搜簡牘 較異同而撮要 仍諷詠以成章 彼相承授受之興立 如指諸掌 凡肯搆云爲之取捨 可灼於心".

말해서 이 책에는 중국사를 통해서도 필요한 교훈을 얻어야 한다는 현실인식이 반영되었다고 볼 수 있다.

이처럼 그가 중국사까지 서술 범주를 확대한 이유는 당시 그가 경험했던 현실에서 찾을 수 있다. 송나라의 멸망과 원나라의 건국으로 고려왕조는 중국과 어떤 국제관계를 맺어야 하는가라는 현실적 과제에 직면해 있었다. 이것이 원나라 使行이란 개인적 경험과 결합되면서 그는 중국적 세계질서를 새롭게 인식해야 할 필요를 느꼈던 것이다.

아울러 그는 '왕조가 시작한 근원'을 찾아내어 이를 상호 비교하면서 그 정통계승관계에 주목하였다. 유교적 관점에서 볼 때 한 왕조의 시작이란 역사에서 교훈성이 가장 큰 부분이다. 따라서 무인집권기가 끝나고 원나라와 새로운 관계를 정립해 나가게 되는 충렬왕대에 이승휴는 현재적 관심과 새로운 질서의 재편에 대응하는 고민을 『제왕운기』 안에 담으려 했던 것이다. 여기서 왕조를 잇는 정통계승 문제가 부각되었다.

이와 관련해 주목되는 것이 春秋論이다. 춘추론은 공자가 지었다는 『춘추』에 담긴 논리이다. 이 논리는 흔히 春秋筆法이라고 해서 經文의 一字一句 사이에도 겉으로는 간결하고 객관적으로 기술된 데 불과한 사건이나 인물에 대해서도 기술자의 襃貶을 감추어 서술하는 방식에서 출발한다.[44]

그러나 『춘추』의 서술법은 이후 역사서술의 방법론에만 그친 것이 아니다. 宋代 이후에는 이것이 춘추학이라고 불릴 만큼 발전되었다. 원래 춘추론의 지향은 명분을 중시하고 왕실을 존중하며 반역자를 筆誅하는 데 있었다. 그래서 북송대에는 歐陽修 등이 이를 정통론과 결합시켰으며,[45] 성리학의 발흥과 함께 胡安國이 『춘추전』 30권을 저술

---

44) 竹內照夫 지음, 金衡鍾 譯, 「春秋와 春秋筆法」, 『中國의 歷史認識』上, 창작과비평사, 1985, 163~164쪽.

45) 陳芳明 지음, 李範鶴 譯, 「宋代 正統論의 形成과 그 內容」, 『中國의 歷史認

하면서 춘추론은 그 절정에 이르게 된다.[46] 이와 같은 송나라의 춘추 연구경향은 고려에도 일정한 영향을 주었을 것이다.[47] 특히 유교적 입장에서 역사를 서술할 때에는 이에 관한 고민이 있었을 것이라고 여겨진다.

이승휴도 춘추필법에 대한 고려를 하였다.

그 선한 일은 法이 되겠고, 악한 일은 勸戒가 될 것이니, 오로지 그 일에 따라서는 『춘추』와 같이 될 것이다. 이 책을 이름하여 『제왕운기』라 하니 대체로 2,370言인데, 대개 忠臣 · 孝子가 임금과 아비를 모시는 뜻이 들어 있는 것이다.[48]

그는 유교적 勸戒主義를 바탕으로 역사를 서술하면서, 서술 방법으로 춘추필법을 이용하였다. 그리고 그 목적은 공자가 주창한 것처럼 효와 충을 이용하여 혈연적 관계와 사회적 직분인 신민의 위치에 따라 명분을 준수케 하는 데 두었다. 따라서 이 책을 서술한 중요한 목적 중의 하나가 여기에 있는 셈이다.

識』下, 창작과비평사, 1985.

46) 이에 관해서는 侯外廬 외 지음, 박완식 옮김, 「제2편 6장 胡安國『春秋傳』의 이학특색」, 『송명이학사』1, 이론과실천사, 1993을 참조.

47) 춘추필법 자체는 유교적 역사서술의 기본방법 중 하나이므로 유교문화가 유입되면서 들어왔을 것으로 예상된다. 이것이 송대에 들어와서는 『춘추』 연구를 통한 춘추론의 발달로 나타난다. 이 경향은 성리학의 발전에 따른 정통론과도 깊게 연관된다. 고려의 경우에도 송나라와 끊임없이 교통하였으므로 이러한 경향에 무지하지는 않았을 것이다. 특히 대표적 춘추연구가였던 胡安國의 『春秋傳』이 정도전에게 영향을 주었음이 확인된다. 그는 林衍정권에 참여한 李藏用에 대한 평가에서 이 책을 기반하여 자신의 논지를 펼쳤다(『高麗史』권119-18 · 19, 列傳32 鄭道傳). 이런 춘추론이 고려후기에 어떻게 전개되는가는 별고를 요하는 문제이다.

48) 『帝王韻紀』上卷 幷序, "其善可爲法 惡可爲誡者 輒隨其事而春秋焉 名之曰 帝王韻紀 凡二千三百七十言 皆忠臣孝子 衛於君父之義也".

이에 그는 춘추론과 관련된 견해로 卽位年稱元法이 아닌 踰年稱元法을 써야 한다고 주장하였다.

史臣이 말한다. "기묘년 정월에 군사를 내어 商을 멸하고 이 해를 원년으로 삼았으니 그야말로 이치를 얻은 것이다. 이하 여러 나라가 정월에 얻지 아니한 자가 혹 전대 나라의 말년을 그 원년으로 삼은 이가 있는데 이것은 춘추의 의리를 잃음이 매우 심한 것이다."49)

유년칭원법은 『춘추』의 一年不兩君의 의례에 따라 즉위 다음 해를 원년으로 하는 것으로, 이미 『삼국사기』의 논찬에서도 이를 '不刊之典'이라고 논한 바 있다.50) 그러나 실제로 이승휴가 사용한 것은 유년칭원법이 아니라 즉위년칭원법이었다.51) 그는 자신이 제시한 춘추 의리를 따르지 않았던 것이다.

그가 춘추의 유년칭원법을 따르지 않은 이유에 대해서는 밝히지 않고 있다. 그런데 이 점은 그가 중시한 정통의 계승이란 측면에서 보아야 할 것 같다. 역설적이지만 이승휴는 정통의 계승을 보다 정확하고 사실적으로 전달해야 한다고 보았기에 즉위년칭원법을 사용한 것으로 여겨진다. 사실의 전달을 중시한 이유는 그가 시를 통해 편년체의 방식으로 역사를 서술했기에, 정통관계의 相傳이 보다 정확히 전달될 필요가 있었기 때문일 것이다.

그렇다면 이승휴가 중국왕조의 정통계승을 어떤 기준으로 선택하였

---

49) 『帝王韻紀』 上卷, "史臣曰 己卯正月 徂征克商 以是年爲元 正得其理 已下諸國 不以正月而得之者 或有以前國之末年爲其元者 失春秋之義遠矣".

50) 『三國史記』 권1, 新羅本紀1 南解次次雄, "論曰 人君卽位 踰年稱元 其法詳於春秋 此先王不刊之典也". 그러나 『삼국사기』에서는 즉위년 칭원법을 따랐다.

51) 예컨대 漢의 뒤를 이은 魏의 경우는 東漢 말년인 庚子(220)를 원년으로 하였고, 唐의 경우에도 隋나라 말년인 戊寅(618)을 원년으로 하였다(『帝王韻紀』 上卷).

는가를 알아볼 필요가 있다. 왜냐하면 그가 정통 相傳의 기준을 중국 역사서에서 구했을 수도 있기 때문이다. 이에 관해서는 다음 자료가 참고된다.

> 趙宋은 周를 이어 汴京에 도읍하니
> ……
> 聖君과 賢相들이 서로가 다스려서
> 기반은 솥발 선 듯 王業은 길고 길며
> 문물제도 빛이 나고 전쟁이 그치었다.
> 溫公이 『通鑑』 지어 흥망 역사 밝혔는데
> 임금님은 밤의 독서 열심히도 하셨으니
> 나라 다스리는 데에 무슨 어려움이 있으랴.
> 글자마다 하늘 감동시키고 귀신을 울렸구나.
> 백성 소리 위에 통하고 임금 은혜 고루 나가
> 德化는 퍼져 가되 밝고 멀리 미쳐 가다.[52]

이승휴는 宋代를 태평성대와 가까운 시기로 보고 이에 관해 기록한 司馬溫公(司馬光)[53]의 『資治通鑑』을 칭송하였다. 그리하여 그는 이 책의 독서가 통치에 얼마나 도움이 되었는가를 강조하였는데, 이러한 생각은 『제왕운기』를 지은 목적과 상통하고 있다. 이러한 점에서 『자치통감』의 역사관은 그에게 영향을 주었을 것이다.

　　① 이승휴의 정통계승 :
　　　盤古・天皇・地黃・人黃・有巢氏・燧人氏 → 三皇・五帝 →

---

52) 『帝王韻紀』 上卷, "趙宋承周 都汴京 …… 聖君賢相相經緯 盤安鼎峙業靈長 文章郁郁干戈止 溫公作監明興亡 乙夜九重常玩味 於爲國乎何有哉 字字動天仍感鬼 下情得達上恩均 化日舒長明遠泊".

53) 司馬光(1019~1086년)의 字는 君實, 號는 迂叟, 陝州 夏縣 涑水鄕人이다. 그가 舊法黨의 영수로 활약했음은 잘 알려진 사실이다.

　　夏 → 商 → 周 → 秦 → 漢 → 魏 → 晉 → 宋 → 齊 → 梁 →
　　陳 → 隋 → 唐 →五代 → 宋 → 金 → 元
② 사마광의 정통계승 :
　　周 → 秦 → 漢 → 魏 → 晉 → 宋 → 齊 → 梁 → 陳 → 隋 →
　　唐 →五代

　위의 비교를 보면 사마광이 설정하지 않은 상고시대를 제외하고는
대체로 일치한다. 따라서 이승휴의 정통계승관은 주로 사마광을 추종
했다고 볼 수 있다.

　그런데 사마광의 정통론은 南宋의 朱熹에 의해 비난받은 바 있었다.
주희는 삼국시대의 정통 설정에서 사마광이 魏를 정통으로 삼아 의리
를 잃었다고 비판했었다. 이승휴는 그 사마광을 본떠 魏를 정통으로
삼았을 뿐만 아니라 이민족이 세운 왕조인 金과 元을 정통계승왕조로
인정하였다.

　이승휴도 자신의 정통계승의 설정에 대해 주변에서 이의가 제기될
것이라고 예상했다. 그래서 그는 史臣이 답하는 형식으로 자신의 입장
을 표명하였다. 조금 길지만 그가 「正統相傳頌」에서 말한 것을 살펴보
면 다음과 같다.

　　어떤 이는 나무라기를, "劉氏의 宋과 拓跋氏의 魏가 나란히 서서 魏
도 天子旗를 세웠는데, 어찌 魏는 빼고 宋만 정통으로 올렸는가"라고
하였다. 史臣이 답하길, "魏는 비록 天子旗를 세웠으나 雲中에서 갑자
기 일어나 오랑캐에서 왕노릇 했을 뿐이거니와, 宋은 晉으로부터 受禪
하여 中華에서 왕노릇 하였으니 비록 魏와 세력은 비슷하며 南北史라
일컬었다 해도 名器에 이르러서는 어찌 논급할 수 있겠는가"라고 하였
다. 그러자 "楊氏의 隋는 宇文氏의 周室을 끊고 원년을 세웠으며, 金
은 遼軍을 무너뜨려 원년을 세웠으니, 이는 傍傳이 아니냐"라고 하였
다. 답하길, "저 두 나라는 처음에는 비록 傍傳으로부터 일어났으나,
隋는 陳氏의 陳을 평정하고 金은 趙氏 宋을 이겨 그 正脈을 얻어, 마

침내는 천하를 통일할 수 있었으니 어찌 傍傳이라 하겠느냐"라고 하였
다.54)

질문은 두 가지로 제기되었다. 첫째는 세력이 비슷했던 魏와 宋 중
후자를 정통으로 한 이유와 둘째로는 隋·金의 경우는 힘으로 국가를
세웠음에도 정통으로 인정한 이유이다.

이승휴는 첫째 질문에 대해 송이 정통왕조인 晉에게 受禪하여 중화
에 국가를 세웠다는 점에서 정통성을 인정한다고 했고, 둘째 질문에
대해서도 역시 정통왕조였던 송을 무너뜨리고 계승해 천하를 통일했
다는 점을 강조하였다.

따라서 그의 정통론은 단순히 形勢만을 기준으로 한 것이 아니며,
앞선 정통왕조를 어떤 형태로든 계승해야 한다는 논리임을 알 수 있
다. 단 그 계승은 유교적인 선양이든 무력에 의한 평정이든 관계가 없
다. 따라서 이 논리는 金이나 元과 같은 이민족이 이전 왕조에 이어 중
화를 장악하고 천하를 통일하였을 때 정통왕조로 인정받을 수 있는 근
거가 된다. 그러한 점에서 그의 정통론은 주자와 같은 義理에 의한 도
덕적 계승론과는 다르다고 할 수 있다. 그러나 元이 중국을 장악한 현
실에서 이러한 정통론은 현실적인 국제관계를 인정하기에 합당한 논
리였다. 이러한 현실인식의 논리 하에서 이승휴는 고려왕조가 정통왕
조인 元의 諸侯國이라는 관계를 긍정하는 가운데 자신의 정통론을 세
운 것이다. 따라서 그의 정통론은 시대적 현실을 반영한 새로운 역사
인식에 대한 요구에서 나온 것이라 할 수 있다.

이와 같은 그의 정통론은『춘추』에 대한 새로운 해석을 바탕으로 한

---

54)『帝王韻紀』上卷, 正統相傳頌, "或難曰 劉宋與托跋魏並立而魏立天子旌旗
何出魏而以宋登於五統乎 史臣答 魏雖立天子旌旗 暴起雲中 王戎狄而已 宋
則受晉禪 王於華夏 雖餘魏勢均力等 稱爲南北史 至於名器 豈可暇也曰 然
則楊隋斷宇文周而立 金國敗遼軍立元 妓非傍傳與 答彼二國 初雖自傍傳
而起 隋平陳陳 金克趙宋得其正脉 而卒能一統天下 烏可謂之傍傳乎".

송대 사대부들의 그것과도 맥락을 같이한다. 그렇지만 아직 주자학 단계에까지 발전되지는 못하였는데, 이는 이제현의 등장을 기다려야 했다.

이제현의 역사편찬 활동은 당시 다른 儒者들보다 활발하였다. 그는 충목왕이 즉위한 이후에 자신의 개혁안을 제출하고 이후 민지의『편년강목』보완작업[55)]에, 공민왕대에는 정계에서 은퇴한 후에 國史의 찬수에 몰두하는[56)] 등 활발한 편찬 활동을 벌였다. 그 결과 현재 그가 남긴 것은 고려왕들에 대한 史贊과 忠憲王世家 및 諸妃와 宗室傳의 序, 金就礪에 대한 行軍記, 櫟翁稗說 등이 있다.[57)]

이처럼 그는 고려왕들의 행적과 왕실을 중심으로 하면서 김취려와 같은 인물에 이르기까지 폭넓은 관심을 지녔다. 그 밖에도 그는 櫟翁稗說에서 고려시대 여러 인물의 일화나 제도와 관련된 것들을 수록하고 있어, 그의 관심 범위가 주로 고려왕조사에 두어져 있었음을 알 수 있다.

이러한 그의 관심 범위는 우선 앞 세대였던 이승휴가 중국왕조에까지 범위를 넓혀 역사를 서술한 사실과 대비된다. 그 이유는 이승휴가『제왕운기』에서 당시 새롭게 재편된 국제질서 하에서의 고려왕조의

---

55) 충목왕은 민지의『편년강목』이 충선왕의 명령으로 편찬되었으나 빠진 내용이 많아 李齊賢·安軸·李穀·安震·李仁復 등에게 이를 보완하라는 교서를 내렸다(『高麗史節要』권25, 忠穆王 元年 10월). 따라서 이 때 개혁주체로 등장한 신진사대부의 대부분이 이 작업에 참여하고 있다. 당시 충목왕의 어린 나이를 감안한다면, 이것은 이제현 등의 발의에 의해 이루어졌을 가능성이 크다.

56)『高麗史』권110-39, 列傳23, 李齊賢. 이때의 작업은 그가 책임자로 史官과 三館을 모아 자신의 집에서 이루어졌으며, 홍건적 침입 등으로 유실된 國史를 재편찬하는 것이었다. 그 결과 중 일부가『益齋亂藁』에 남아 있는 太祖부터 肅宗까지의 史贊으로 추정된다.

57) 그에 관한 개략적인 내용은 鄭求福,「李齊賢의 歷史意識」,『震檀學報』51, 1981이 참조된다.

위치에 대한 고민을 자신의 역사인식에 반영했다면, 이제현은 고려왕실과 관련하여 당면한 국내문제에 보다 관심을 지녔기 때문이라 여겨진다.

한편 그의 서술 방법도 기존의 역사서들과는 다른 특징을 지녔다. 그가 사용한 서술체는 忠憲王世家나 기타 宗室傳 등에서 볼 때 紀傳體임을 쉽게 알 수 있다. 물론 기전체적인 서술은 앞서 나온 『삼국사기』에서부터 존재한 것이다. 그러나 양자에는 차이가 있었다. 『삼국사기』가 국왕에 대한 것을 본기에 넣은 반면, 이제현은 이를 세가로 처리한 것이 그것이다. 그리고 이러한 서술법은 공민왕 6년에 그가 참여한 국사에도 반영되었을 것으로 추정된다.[58]

여기서 이제현의 서술법이 김부식의 그것보다 유교적 명분론에 철저함을 느낄 수 있다. 요컨대 이제현은 원나라 제후국으로서의 고려라는 위치를 보다 분명히 하고 있다. 그 바탕에는 주자학적 사유가 깔려 있었다. 따라서 그는 고려국왕의 역사를 본기가 아닌 세가로 정리했고, 이러한 서술 방법의 변환은 元에 의한 국제관계의 새로운 정립에 따른 결과이다.

그리고 이러한 서술상의 변환은 이후에 나온 『고려사』 편찬방식에도 영향을 주었다. 이전의 『삼국사기』에는 왕비나 종실에 대한 열전이 들어 있지 않았다. 그런데 이제현은 인간의 상하관계에 입각하여 세가 이후의 열전에 이것들을 편성하였다.

문제는 그가 무슨 이유로 왕비와 종실 열전을 편성했는가에 있다. 단지 역사를 편찬하는 데 있어 기전체 방식에 충실하기 위한 것만은 아니었을 것이기 때문이다.

그는 그 이유를 다음과 같이 지적하고 있다.

---

58) 「충헌왕세가」는 충목왕 2년(1346)에(「李齊賢墓誌銘」 참조), 고려 태조부터 숙종까지의 실록은 공민왕 6년(1357)에 편찬되었다. 이 중 전자는 현재 문집에 남아 있으며, 태조부터 숙종실록은 없어지고 현재는 史贊만이 존재한다.

① 夫婦가 있은 뒤에 父子가 있고, 부자가 있은 뒤에 君臣 상하가 있게 된다. 예의가 여기에서 시행되는 것이니, 부부는 인륜의 근본이므로 국가의 治亂이 이에 말미암지 않음이 없다.[59]

② 국가제도에 종실을 諸王으로 칭한 것은 마치 漢의 여러 劉氏와 唐의 여러 李氏와 같으니 同姓을 뜻한 것이지 벼슬이 아니다. 親尊에게는 公이란 벼슬을 봉하고 그 다음은 侯를, 소원한 자에게는 伯을, 어린 자에게는 司徒·司空을 봉해서 안으로는 생활을 넉넉하게 하고 밖으로는 위세가 높게 하되, 그들로 하여금 벼슬을 하여 백성을 다스리지 못하도록 하였으니, 祖宗이 친척을 보호하기 위하여 한 것이다. 金寬毅의『王代宗錄』과 任景肅의『瓊源錄』은 宗女와 宗子를 함께 열기하여, 그 世譜를 펼쳐 보면 혼란해서 분별할 수 없으니 …… 그러나 표장하여 드러내니, 이 어찌『춘추』에서 魯나라 일이라 해서 숨겼던 법이 아니겠는가? 宗女는 비록 친근하고 귀하다 하더라도 부인의 外父母家는 생략해도 좋다.[60]

①에서 그는 인륜 확립이란 차원의 문제를 지적하였다. 이것은『예기』의 夫婦有義에 근거한 것이지만,[61] 유의할 것은 국가의 治亂 여부를 부부윤리와 연계시킨 점이다.

그가 이러한 생각을 한 이유는 일차적으로는 원간섭기에 왕실혼인의 중요성을 인식하게 된 점에서 찾을 수 있다. 그것은 원간섭기 이후

---

59)『益齋亂藁』권9下, 史傳序 諸妃傳序, "有夫婦然後有父子 有父子然後有君臣上下 而禮義有所措 夫婦人倫之本也 國家理亂 罔不由之".

60)『益齋亂藁』권9下, 史傳序 宗室傳序, "國家之制 宗室稱諸王 猶漢諸劉 唐諸李 謂同姓而 非爵也 親而尊者 爵爲公 其次爲侯疎者爲伯 幼者爲司徒司空 內足以贏其生 外足以尊其勢 不使之莅臨民 祖宗所以保親戚也 金寬毅王代宗錄 任景肅瓊源錄 宗女與宗子並列 討其世譜 棼然莫之辨也 …… 表而出之 又豈春秋諱魯之法乎 宗女雖親且貴 婦人外父母家 可略也已".

61)『禮記』권44, 昏義, "敬愼重正而后 親之 禮之大體 而所以成男女之別 而立夫婦之義也 男女有別而后 夫婦有義 夫婦有義而后 父子有親 父子有親而后 君臣有正".

에 이루어졌던 고려왕실과 원나라 황실과의 혼인이라는 문제에서 비롯된다. 주지하듯이 원나라 공주와 고려국왕 간의 결혼은 국내에 여러 현실문제를 던져주었다. 당시에 왕비가 원나라 출신이라는 정치적 배경을 이용해 정치·사회적 폐단이 야기되고 있었던 것이다. 예컨대 충렬왕의 妃는 元 世祖의 딸인데 결혼 후에 자신의 私屬人인 怯怜口를 데리고 들어왔다. 이들은 賜牌를 받아 토지탈점에 앞장섰으며,[62] 왕비 자신은 궁실을 수리하기 위해 민들에게 많은 폐해를 주었다.[63] 이제현은 이러한 역사적 경험 등을 통해 왕비에 대한 규범의 필요성을 느꼈을 것이다. 그러므로 그는 諸妃傳을 편술하여 왕실 내의 규범확립을 지향함으로써 국왕을 정점으로 한 위계적 관계의 확립을 의도했다고 본다.

둘째로는 왕실의 권위회복에 필요한 君主修身과 그에 따른 윤리 확립을 고려할 수 있다. 이러한 인식은 주자학적인 군주수신론을 바탕으로 한 것이다. 주지하듯이 이는『대학』에 나오는 수신·제가·치국·평천하의 명제를 군주에게 적용한 것이다.[64] 그 결과 이제현의 태도는『고려사』찬자들에게 계승되어[65] 后妃列傳 序文에도 거의 비슷한 내용으로 반영되었다.[66]

한편 그는 宗室傳 편찬에 대해 ②에서 그 목적을 두 가지로 내세웠다. 첫째로는 왕족들에게 기반을 제공하되 實職을 주어 정치에 참여시

---

62) 『高麗史』권28-22, 世家28 忠烈王 3년 2월 己巳.

63) 『高麗史節要』권19, 忠烈王 2년 12월.

64) 이를 구체화시켜 군주수신론으로 정립한『大學衍義』에서는 治家를 治國으로 연결하고 家 내의 부부관계의 확립을 강조했던 것이다(『大學衍義』권1-5·6, 帝王爲治之序). 단 이제현이 이 책을 보았던 것은 아니며, 이러한 방향을 지향하고 있음을 나타내 준다고 하겠다.

65) 邊太燮,『「高麗史」의 研究』, 三英社, 1982, 100쪽.

66) 『高麗史』권88-1, 列傳1 后妃, "盖夫婦人倫之本也 國家理亂 罔不由之 可不愼歟 故作后妃傳".

키지는 않는다는 것이다. 둘째는 金寬毅의 『王代宗錄』과 任景肅의 『瓊源錄』과 같이 앞서 편찬된 책들이 지닌 문제, 즉 世譜를 알기 어렵다는 점이다.

그가 내세운 宗室傳의 편찬 이유는 크게 왕실의 정통계승의 확립 및 권위회복 문제와 결부시켜 이해할 필요가 있다. 특히 그는 두번째 이유로 전대에 편찬된 책들에서는 그 世譜를 알 수 없다는 점을 들었는데, 이는 당시의 역사적 경험과 결합되어 중요한 정치적 의미를 지닐 수 있었다.

국왕의 왕위계승이 원의 정치적 간섭에 좌우되는 상황에서 이 문제는 관료들에게 중요한 문제로 부각되었기 때문이다. 앞서 무인집권기에 왕위계승이 집정자에 의해 왜곡되어 父子간의 계승으로만 이어질 수 없었던 경험과 함께,[67] 특히 원간섭기에 이를 둘러싼 정치적 갈등은 왕실계보의 정리가 필요하다는 인식을 던져주었을 것이다. 이에 이제현은 주자학적 정통관에 입각해 왕위계승이 적장자로 제대로 계승되는 관례가 확립된다면 이러한 정치적 갈등을 피할 수 있을 것이라고 보았는지 모른다.

더구나 이제현은 종실 내부에서 원나라 황제나 기타 정치세력과 각기 상호 연관되어 일어나는 왕위계승의 갈등문제를 종실의 정치관여 금지로 실현시키려 했을 것이다. 예컨대 충선왕은 원나라에 있을 때에 충숙왕에게 왕위를 전해 주고 王暠에게는 藩王을 물려 주었는데, 후일 王暠가 왕위를 탐내어 曹頔의 亂이 발생하기도 하였다.[68] 이처럼 원간섭기에 행해진 종실의 정치참여는 왕위계승을 둘러싼 정치적 갈등과 내분으로 이어질 소지를 갖고 있었다. 따라서 이제현은 종실의 정치적 관여를 최소화하는 것이 좋다고 보았던 것이다. 물론 실제적으로

---

67) 집권 이후 18대 毅宗에서 19대 明宗으로의 계승은 물론 20대 神宗도 형제간의 계승으로 이루어졌다.

68) 『高麗史』 권91-10, 列傳4 宗室2 江陽公滋 附 藩王暠.

는 종실의 정치참여가 고려말기까지 계속 문제시되었다.[69]

그리고 이제현의 논의에서 유의할 점은 자료 ②의 마지막 부분인 宗女의 外家에 대한 계보 생략이다. 그는 이것이 앞서 金寬毅나 任景肅이 宗女를 같이 열거한 정리방식과는 다르다고 하였다. 이와 같이 외가를 생략한 이유로 고려왕실 내에서 많이 이루어졌던 근친혼 내지 동성혼을 감추기 위함이라고 제시하였다. '『춘추』에서 魯나라 일이라 해서 숨겼던 법'[70]이라는 주장이다. 이러한 사실은 그가『춘추』의 필법을 따르고 있다는 점과 함께 주자학적 윤리관, 즉 이전에는 문제가 되지 않았던 同姓婚 등을 문제삼고 있음도 알려준다.

원래 이 문제가 제기된 것은 충선왕의 복위교서(1308)에서였다. 교서의 내용은 원나라 至元 28년(1291, 충렬왕 17)에 충선왕이 원에 갔을 때 원 세조가 同姓不婚은 '天下의 通理'라고 하여 이를 개혁할 것을 요청하였는데, 지금부터 시행하라는 것이었다.[71] 여기서 '통리'란 유교적 보편윤리를 가리키므로, 교서에서는 동성혼이 이에 어긋남을 지적하고 금지시킨 것이다.

이러한 점에서 이제현은 고려왕조 고유의 관행보다는 원제국의 보편질서에 입각해 이를 바꾸어야 한다고 인식했음을 알 수 있다. 요컨대 그의 논리는 주자학적 규범이 통시대적이고 공시적인 보편성을 지니므로 이를 따라야 한다는 의미를 내포한다.

이 점은 고려왕실의 위상과 국왕의 역할에 대한 인식과 연결될 소지가 많았다. 다시 말해서 고려왕실과 국왕이 비록 제후의 위치에 있지만 고려 내에서 최고의 위상을 지니면서 규범을 실현하는 존재가 될 것을 염두에 두었을 가능성이 크기 때문이다.

---

69)『高麗史』권77-18, 志31 百官2 宗室諸君, "恭讓王二年 憲府上疏曰 宗親不任以事古之制也 近年多帶成衆愛馬 倉庫宮司提調 乞皆停罷 以尊王".
70)『益齋亂藁』권9下, 史傳序 宗室傳序. 공자가 노나라를 父祖의 나라라 해서 불미스런 일은『춘추』에 기록하지 않았다는 것을 본받았다는 의미이다.
71)『高麗史』권33-24, 世家33 忠宣王 복위년(충렬왕 34) 11월 己未.

한편 그는 신료의 역할도 역사 속에서 찾아보려고 하였다. 이 사실은 그의 역사편찬에서 많은 분량으로 남아 있는 金就礪에 대한 行軍記[72]에서 확인된다. 이 행군기는 高宗 당시 거란의 遺族인 金山王子의 침입을 물리칠 때, 당시 합동작전을 수행한 몽고 장수들과 우호적인 관계를 수립한 김취려의 5년간의 활약을 기록한 것이다. 이를 서술한 목적은 그의 史論에 잘 나타나 있다.

> 나는 다음과 같이 논한다. 국가의 덕이 쇠퇴하지 않았는데도 혹 화란의 얼이 싹트게 되면, 반드시 才智가 뛰어난 신하가 나와 임금의 신임을 받으면 시국의 간난을 크게 구제하니, 대개 사직의 神靈이 남모르게 돕기 때문이다. 우리 태조께서 나라를 세움으로부터 高宗에 이르기까지 3백여 년 동안이었는데, 崔氏 부자가 대대로 정권을 잡아 안으로는 강한 군사를 두고 권력을 마음대로 행사하되 지모가 깊은 사람은 반드시 써주지 않았고, 밖으로는 피로한 군사를 주어 싸우게 하면서 공이 많은 사람이 대부분 의심을 받게 되었으니, 이 때를 당해서는 훌륭한 일을 하고자 하여도 또한 어렵다.[73]

그는 여기서 두 가지 점에 유의하였다. 첫째로는 국가의 화란이 있으면 이를 막을 뛰어난 신하가 등장한다는 것이다. 김취려는 그러한 사례 중의 하나였다.

반면 집권자인 최씨 부자는 權臣으로 대비시켜 부정적으로 평가하고 있다. 그러한 평가의 요인은 그들의 權力擅斷과 인사운영에 있었다. 아울러 이제현은 김취려가 자신의 공로를 자랑하지 않은 점을 군

---

72) 『益齋亂藁』권6, 記 門下侍郎平章事判吏部事贈諡威烈公金公行軍記.

73) 『益齋亂藁』권6, 記 門下侍郎平章事判吏部事贈諡威烈公金公行軍記, "論曰 國家德未衰 而禍亂之萌或作 必右魁傑才智之臣得君委用 弘濟時艱 盖社稷 之靈有以陰相之也 自我太祖啓宇 至于高王 三百有餘年矣 崔氏父子繼世秉 政 內擁堅甲 以專威福 而謀深者必不用 外委羸兵 以責功戰 而功高者多見 疑 當斯之時 欲以有爲 其亦難矣".

자의 마음이라 하고, 또한 당시 몽고에게만 절을 하고 金에게는 하지 않아 尊王의 義를 밝혔다고 평가하였다.

요컨대 이러한 평가와 내용은 신료가 지녀야 할 충의가 어떤 것인가에 초점이 맞추어져 있다. 곧 사직을 도운 김취려는 충의를 지닌 모델로, 그리고 최씨 집정자들은 권신으로 보아 충의에 어긋나는 것으로 평가하여 주자학적 가치관에 입각한 것임을 드러내 준다.

따라서 그가 행군기를 정리한 이유는 당시에 필요한 관료상인 충의적 윤리를 갖춘 신하를 역사적 사례로서 선정하여 鑑戒로 삼으려 한 데서 찾을 수 있다. 이에 그가 선정한 김취려는 尊王의 義를 실현한 전형이 되는 셈이다. 이처럼 이제현은 자신이 생각한 새로운 관료상을 역사적 사례로 제시하려 하였다.[74]

그런데 그가 생각한 충의의 내용은 명분에 충실한 것이었다. 그는 군주에 대한 무조건적 충성은 생각하지 않았다. 이 점에 관해서는 項羽의 신하였던 范增을 논한 곳에서 확인된다.[75] 이제현은 범증과 漢의 韓信・張良・蕭何를 비교해 달라는 질문에 범증을 매우 낮게 평가하였다. 이 때 질문자가 범증이 장차 항우가 망하리라는 것을 알면서도 배신하지 않은 것은 옳은 것이 아닌가 하고 묻자, 이제현은 이를 부정하고 대의를 좇아 漢에 귀순한 陳平보다도 못하다고 답변하였다. 이 문답으로 볼 때, 이제현이 생각한 충은 한 군주에 대해 명분에 맞는 것이라야 가능하며 한 개인에 대한 사적 복종만으로는 불충분하다고 보았던 것이다.

이상과 같이 이제현은 왕실 및 신료들의 직분과 그들의 덕목에 대해 주자학적 명분론과 윤리의식 하에서 그에 관한 鑑戒를 역사 속에서 찾고자 하였다. 그러한 점에서 그의 역사편찬 활동은 자신들의 지향을

---

74) 여기에는 그가 현재의 종주국인 元(몽고)과 처음 우호적 교섭을 하였다는 점도 선정 이유 중의 하나일 것으로 생각된다.

75) 『益齋亂藁』 권9下, 論 范增論.

역사 속에서 확인하고 개혁방안의 근거를 마련하는 작업이었다.

그러나 그가 역사편찬의 대상으로 가장 유의한 것은 역시 군주였다. 군주에 대한 편찬물로는 현재 忠憲王(고종)에 대한 세가와 태조부터 숙종에 이르는 역대 왕들에 대한 史贊76)이 남아 있다. 그러나 충헌왕 세가도 고종만이 아니라 실제로는 태조부터 충선왕에 이르기까지의 각 군주에 대한 간략한 내용이 같이 수록되어 있다. 즉 충헌왕세가가 교훈이 될 만한 각 군주의 역사적 사실과 평가를 채록한 반면에, 사찬 은 평가만을 담고 있다는 차이가 있다. 따라서 양자의 기록은 상호 보 완적이라고 생각된다.

이러한 세가와 사찬을 통해 그가 목적한 바는 올바른 군주상의 확립 이라고 할 수 있다. 우선 그가 당시 올바른 군주상의 정립을 추구한 이 유부터 검토할 필요가 있다. 그것은 말할 것도 없이 그가 평생 동안 겪 었던 역사적 경험에서 찾아야 한다.

이제현은 충선왕부터 공민왕에 이르기까지 원간섭기에 재임한 대부 분의 군주들을 거쳤다. 그런데 자신이 겪은 상당수의 군주가 왕위계승 을 둘러싼 갈등뿐 아니라 특히 자신의 사적 기반을 공적인 국가체제 속으로 편입시키면서 일반 관료나 민에게 많은 폐해를 끼쳤다. 심지어 충혜왕의 경우에는 국왕 자신이 상업행위를 하였으며77) 수많은 비도 덕적 행위를 일삼았다.

따라서 그는 올바른 군주상의 확립과 그에 따른 군주수신론의 마련 에 유의하였다. 그것은 군주수신론이 단지 군주 개인의 도덕능력의 함 양이라는 범주에 끝나는 것이 아니라 통치운영에 필요한 제반 규범과 방식까지 논의하는 것이므로, 이를 통해 통치운영방식을 개선할 수 있

---

76) 이 사찬은 그가 공민왕 6년에 致仕한 후 자신의 집에서 국사를 편찬할 때 이 루어진 것으로 추정된다. 이 때 이제현은 白文寶, 李達忠과 함께 紀年傳志를 만들기로 하고 자신은 태조부터 숙종에 이르는 부분을 담당하였다(『高麗史』 권110-41, 列傳23 李齊賢).

77) 전병무, 「고려 충혜왕의 상업활동과 재정정책」, 『역사와 현실』 10, 1993.

기 때문이었다.

이러한 그의 인식이 역사편찬에도 반영되었을 것이며, 그 결과물이
史贊 등이라고 생각된다. 실제로 그의 사찬 내용을 보면 이와 같은 목
적의식이 드러나고 있다. 예를 들어 光宗에 대한 사례를 보면 다음과
같다.

> 光王이 雙冀를 등용함은 가히 賢人을 세웠다고 말해도 무방한 것인
> 가? 쌍기가 과연 어진 사람이었다면 어찌 군주를 선하게 이끌지 못하
> 고 참소를 믿고 형벌을 함부로 쓰는 데 이르지 못하게 하지 않았을까?
> 과거를 신설하여 선비를 뽑은 일 같은 것은 광왕이 文으로 풍속을 교
> 화하려는 뜻을 가졌고, 쌍기도 광왕의 뜻을 받들어 그 뜻을 이루게 했
> 음을 볼 수 있으니, 보탬이 없다고 할 수는 없다. (그러나) 그가 창도한
> 것은 浮華한 문장뿐이었으므로, 후세에 그 폐단이 매우 많았다.[78]

이 내용은 광종이 당시 중국 귀화인이던 쌍기를 등용하여 과거를 시
행한 일에 대한 평가이다. 그의 비판은 쌍기의 등용 자체에 대한 문제
와 이후 과거 시행의 결과에 대한 것으로 압축된다.

이제현은 군주의 통치에 필수적이라 생각되는 '立賢', 즉 인재등용이
란 측면에서 쌍기의 등용을 비판적으로 보았다. 그가 立賢의 필요성을
강조하고 있는 것은 다른 시기 儒者들과 마찬가지인데, 특히 쌍기 등
용이 잘못이라고 평가한 것은 최승로 상소문을 그대로 계승하고 있다.
아마도 그는 최승로가 내린 고려초기 군주들에 대한 평가에 동의했던
것 같다. 이에 그는 成宗에 대한 사찬에서 최승로의 5朝 政蹟評을 모
두 수록하였다.

---

78) 『益齋亂藁』 권9下, 史贊, "光王之用雙冀 可謂立賢無方乎 冀果賢也 豈不能
納君於善 不使至於信讒濫刑耶 若其設科取士 有以見光王之雅 有用文化俗
之意 而冀亦將順以成其義 不可謂無補也 惟其倡以浮華之文 後世不勝其
弊".

그런데 주목되는 것은 이제현이 최승로의 평가를 계승했으면서도 그와 다른 점이 있다는 사실이다. 이 점은 쌍기 등용 이후에 이루어진 과거제에 대한 평가에서 드러난다. 과거제의 시행 자체에 대해서는 이제현도 이를 풍속교화라는 측면에서는 긍정적으로 보아 최승로와 크게 다르지 않다. 그러나 그는 과거가 시행되었지만 策問이 빠지고 詩賦論을 통해 관료를 선발함으로써[79] 사람들이 문장 꾸미는 일에만 몰두하고 국가경영 등의 문제에 소홀하게 되었다고 비판하였다.

이러한 그의 비판은 앞서 보았던 충선왕과의 문답 내용과 상통한다. 충선왕이 현재 학자들이 승려를 좇아 章句만을 외우고 있다고 비판했을 때, 이제현은 학교를 설립하여 '실학'인 주자학을 익혀 해결하도록 권유했었다.[80] 이를 통해 그는 학문 탐구인 수신과 국가경영의 능력을 겸비할 수 있는 경세적 성격의 사대부를 창출하려고 했던 것이다.

따라서 그의 역사인식은 현실문제에 대한 해결방안인 경세론과 하나의 연관성을 갖고 있었다. 경세적 의식에 입각하여 역사를 바라보고 이를 통한 鑑戒를 지향했던 것이다. 그 결과 이제현은 같은 유학자이면서도 최승로와는 다른 인식을 지니게 되었다. 이 바탕에는 그러한 인식을 뒷받침하는 현실문제의 해결 방향과 학문의 차이 등이 내재해 있었다.

이제현은 고려후기 이래 사회변화에 따라 새로운 경세론이 필요해진 상황에서 그 문제의 해결을 군주 및 신료들의 위상 설정과 새로운 역할에 두고 있었다. 그의 역사인식은 이러한 문제의식과 주자학을 바탕으로 전개되었던 것이다.

아울러 그의 역사인식은 정통론으로 표출되는 춘추론의 논리를 기반으로 삼고 있었다. 특히 그는 앞 세대인 이승휴의 그것을 발전시켰

---

79) 『益齋亂藁』 권9下, 史贊, "取士用詩賦論三題 不策問時政 視其文章 髣髴唐之餘弊云".
80) 『櫟翁稗說』 前集1 ; 앞의 절 참조.

다. 이승휴가 『제왕운기』를 통해 중국과 한국의 왕위계승 관계를 설정
하려 했음은 앞서 언급하였다. 여기서 그는 춘추론에 기반하여 尊王의
실현을 목표로 하면서 정통계승 관계를 분명히 하려고 했다. 그러나
그의 정통론은 사마광의 그것을 계승한 것으로, 의리에 입각한 주자와
는 달랐다. 이 점은 이승휴의 역사인식이 북송대 성리학의 수준과 단
계를 반영하고 있음을 의미하는 것이다.[81]

이제현은 이러한 이승휴의 인식을 비판하였다.

　慶陵朝(충렬왕) 때 頭陀山人 이승휴가 지어 올린 『제왕운기』에, "덕
은 어찌하여 4년 만에 그쳤느냐. 봉새가 날아와 상서를 바쳤었네" 하였
는데 실록을 상고하면 그 일은 볼 수 없고 다만 속담에 전하길, ……
덕왕 한 시대에는 경성에 까마귀가 없었다. 대개 봉새로 말하면 날짐
승의 어른인데, 뭇 까마귀에 쫓겨갔다면 어찌 봉새라 할 수 있겠는가?
대개 『제왕운기』는 믿을 수 없는 것이다. 덕왕은 居喪 중에 아들로서
효도를 다하고, 정사를 하는 데는 그 아버지가 하던 일을 고치지 않고,
옛 신하 徐訥, 王可道, 崔冲, 黃周亮 같은 이를 임용하니, 조정에는 속
이고 숨기는 자가 없고 백성은 생업에 편안하였으므로, 비록 봉새가
아니라 할지라도 존호를 德이라 한 것이 또한 마땅치 아니한가?[82]

이는 고려 9대왕인 德宗에 대한 사론이다. 이제현은 이승휴의 『제왕
운기』에 나오는 봉새와 관련된 祥瑞 현상을 비판하였다. 비판의 요지
는 실제로 당대에 그러한 현상이 없었다는 것과 그보다는 덕종의 덕치
실현에 보다 주목해야 한다는 내용이다.

81) 「李承休의 歷史認識과 現實批判論의 方向」, 『韓國思想史學』, 9, 1997 참조.
82) 『益齋亂藁』 권9下, 史贊, "慶陵朝 頭陀山人李承休進帝王韻紀 有曰 德何止
四年 鳳鳥來呈瑞 考之實錄 未見其事 唯俚俗相傳言 …… 德王一代京城無
烏 夫鳳羽族之長也 爲群烏所逐 豈曰鳳哉 盖韻記之無稽耳 德王居喪 能盡
子之孝 爲政不改父之道 任用舊臣徐訥 王可道 崔冲 黃周亮之儔 朝廷無其
弊 而民安其生 雖微鳳鳥 尊號曰德 不亦宜乎".

그의 비판은 양자의 역사인식의 차이에서 기인하는 것으로, 이승휴가 민간에 전해진 내용을 그대로 옮긴 데 비해 이제현은 이것의 합리성 여부를 검토해야 한다고 보았다. 다시 말해 이 차이는 이승휴가 봉새가 날아왔다는 神異한 일도 수록해야 한다는 神異史觀的 입장이라면, 이제현의 그것은 보다 유교적인 합리성을 지닌 것이다.

특히 그가 중시한 점은 神異한 사적의 수록보다는 주자학적 이념에 걸맞는 군주의 치적 여부였다. 요컨대 그는 덕종의 효의 실현과 그에 따른 부친대의 정책 준수 및 舊臣 등용이라는 요소가 神異한 사적보다는 중요하다고 보았던 것이다. 그러한 점에서 이제현은 이승휴보다 주자학적 이념에 훨씬 충실하다고 볼 수 있다.

이와 같은 측면은 그의 춘추론에 대한 시각에도 이어진다.[83] 대표적인 사례가 원나라에 갔을 때 則天武后의 능 앞에서 느낀 그의 생각이다.

> 歐陽永叔이 武后를 唐紀 속에 넣은 것은 대개 司馬遷과 班固의 잘못을 이은 것으로 그 과실이 더욱 크다. 呂氏는 비록 천하를 자기 마음대로 다스렸지만 어린 아들을 내세워 漢나라의 왕통이 있음을 밝혔는데, 무후는 李氏를 억제하고 武氏를 높였으며 唐이란 이름을 없애고 周라고 칭한 다음, 宗社를 세우고 年號를 정했으니 凶逆이 이보다 더 심할 수 없다. 마땅히 이것을 밝혀서 후세를 경계하여야 할 것인데, 도리어 높인단 말인가. 또 唐紀라 하면서 周의 연호를 썼으니 옳다고 할 수 있는가? 혹자는 "일을 기록하는 자가 반드시 연호 밑에 일을 기록하는 것은 역사의 條綱으로 하여금 문란하지 않게 하려고 하는 것인데, 만약 그대의 말과 같이 한다면 中宗이 폐위를 당한 뒤에는 그 연호를 빼버리고 쓰지 않을 것이니 천하의 일을 어디에다 붙여 기록하겠는

---

83) 그는 문집에서 몇 군데에 걸쳐 『춘추』를 인용하고 있다. 이에 입각해 보면 그는 『春秋左氏傳』과 『春秋公羊傳』을 주로 읽었음을 알 수 있다(『益齋集』 拾遺, 宗廟昭穆位次議).

가?" 하였다. 나는 답하길, "魯 昭公이 季氏에 쫓겨나 乾侯에 있을 때
에도『춘추』에 한 번도 소공의 연호를 쓰지 않은 적이 없었으니, 房陵
(中宗의 陵號)의 폐위가 어찌 이와 다르겠는가. 역사를 저술하면서
『춘추』를 본받지 않는다면 나는 그것이 옳은지 모르겠다" 하였다.84)

이제현은 시 앞에 긴 序를 붙여 자신의 생각을 밝혔다. 그는 漢의
呂氏와 唐의 측천무후를 비교하면서 후자를 簒逆으로 보고, 이러한 평
가가 명분에 합당하다고 보았다. 특히 이 점에서 그는 歐陽永叔(歐陽
修)이 올바로 역사를 기록하지 않았다고 보았다.

이는 구양수와 같은 북송대 성리학자의 역사인식에 대한 비판이라
는 점에서 주자와 마찬가지다. 또한 이러한 점은 이제현이 이 시의 끝
에 썼듯이 나중에 주자의 感遇詩를 본 결과 인식을 같이하고 있어 놀
랐다는 점에서도 확인된다.

여기서 말한 '구양수와 같은 역사인식'이란 위 자료에서 보이는 '或
者'의 질문으로 대변된다고 여겨진다. '혹자'는 의리와 명분에 철저한
기록보다는 事實 자체의 정확한 전달이 보다 중요하다는 입장이다. 물
론 '혹자'가 정통계승이나 명분준수라는 측면을 간과했다는 뜻은 아니
다. '혹자'의 질문은 '연호'와 관련해 제기되고 있어, 이를 명분에 맞지
않는다고 빼버린다면 사실 기록이란 차원에서 문제가 생긴다는 것이
다.

결국 이제현의 비판은 철저히『춘추』의 의리·명분에 입각한 역사
인식을 해야 한다는 입장이며, 주자의 그것과 동일한 셈이다. 이상과

---

84)『益齋亂藁』권3, 詩 則天陵, "歐陽永叔 列武后唐紀之中 盖襲遷固之誤而益
失之 呂氏雖制天下 猶名嬰兒 以示有漢 若武后則抑李崇武 革唐稱周 立宗
社而定年號 凶逆甚矣 當擧正之 誅無窮 而反尊之乎 謂之唐紀而書周年可乎
或曰 記事者 必首年以繫事 所以使條綱不紊也 如子之說 中宗旣廢之後 將
闕其年而不書 天下之事 當何所繫之哉 曰魯昭公爲季氏逐 居乾侯 春秋未嘗
不書昭公之年 房陵之廢 與此奚異 作史而不法春秋 吾不知其可也".

같은 그의 역사인식이 현실문제와 갖는 연관성은 다음의 사례에서도
증명된다. 그는 춘추론적인 역사인식을 과거의 策問으로 출제하였다.

　　제왕의 계통은 사철이 서로 교대하는 것과 같아서 문란할 수가 없으
　며 天命과 人心의 돌아감을 또한 속일 수 없다. …… 祖龍(秦始皇)과
　巨君(王莽)은 분명 정당한 정통의 왕위가 아니라고 하겠다. 그런데 子
　長(司馬遷)이 秦을 帝紀로 찬술하고 溫公(司馬光)이 新을 천자의 紀
　年으로 포함하여 엮은 것은 무엇 때문인가? …… 그리고 漢雉(漢의 呂
　后)·唐照(則天武后)를 帝紀에 나열하였으니, 孟堅(班固)·永叔(歐陽
　修)의 史筆이 과연 춘추필법을 얻었다 하겠는가?[85]

　그가 책문에서 제기한 문제는 왕위계승의 정통성과 역사서술법에
관련된 것이다. 그는 왕위계승을 자연질서의 '理'와 동등하게 보았다.
이를 『춘추』의 의리 계승과 관련시킨 것이다. 그러므로 그는 의리에
맞지 않는 秦과 新을 정통왕조로 인정하지 않았다. 이러한 그의 생각
은 앞서 말한 현실에서의 정통적 왕위계승 문제와 결부되어 있었다.
　아울러 그의 비판은 五德終始說에 의한 운수에 따른 왕위계승보다
는 자연질서인 理에 따른 천명과 인심에 의존해야 한다는 것으로 요약
된다. 이는 성리학적 군주관의 원칙을 보여주고 있다는 점에서 중요하
다. 따라서 그의 출제 의도는 관료로 선발되어 정치계에 나서게 될 과
거 응시자들에게 당시 현실에서 왕위계승의 정통성 확립의 중요성을
강조하려는 데서 찾을 수 있다.
　이처럼 그의 역사인식은 군주, 왕실, 관료 등과 같은 지배층 내부의
역할과 위상에 대한 규범 설정에 필요한 鑑戒를 찾는 것에 바탕을 두

---

85)『益齋亂藁』권9하, 策問, "問帝王之統 若四時之相代 有不可紊 天命人心之
　所歸又不可誣也 …… 祖龍居君 見謂紫色蛙聲 餘兮閏位 而子長述秦之紀
　溫公紀新之年 何也 …… 漢雉 唐照 列于帝紀 孟堅 永叔之筆 爲得春秋之法
　乎".

었다. 그리고 그 규범과 원칙은 주자학적 사유에 기반한 것이기도 하다. 무엇보다 그가 이러한 규범을 찾으려 했던 이유는, 당시 원간섭기의 정치현실에서 발생하고 있는 문제들을 해결할 수 있는 원리와 방법을 역사 안에서 찾을 수 있을 것이라 믿었던 데 있다. 이것이 그의 경세론으로 이어지게 됨은 물론이다.

2) 불교비판론의 유형과 성격

고려후기 이래 불교비판론은 대체로 지금까지 두 가지 유형을 지니는 것으로 보아왔다. 그것은 주로 고려말기에 이르기까지 불교의 존재를 인정하되 그것이 지닌 사회적 폐해를 비판하는 儒佛同道論과 그 존재까지 부정하려는 斥佛論이 병존했다는 이해이다.[86] 그런데 기존 연구에서는 유학자이면서 불교의 존재를 인정하는 이유가 분명치 않았다. 이에 여기서는 이규보와 최해, 백문보를 중심으로 여러 논자들의 불교관을 검토하여 이를 살펴보고자 한다.

먼저 이규보의 불교관은 무인정권의 불교계 운영과 관련지어 살펴보아야 한다. 특히 최충헌 정권은 기존 불교계의 개편작업을 감행하여 禪宗 중심의 교단체제를 구축하려 하였고, 이에 知訥의 定慧結社에 관심을 가지고 지원하였다.[87] 그리고 崔瑀의 경우에는 談禪法會를 통

---

86) 이는 李丙燾의 立論 이래 대개의 성과들이 이를 바탕으로 했다고 생각된다. 이에 관한 최근의 성과로는 다음 논저가 참고된다. 김해영,「鄭道傳의 排佛思想」,『淸溪史學』1, 1984 ; 李丙燾,『韓國儒學史』, 亞細亞文化社, 1987 ; 宋昌漢,「金子粹의 斥佛論에 대하여 - 恭讓王 3년 5월의 상소문을 중심으로 - 」,『歷史敎育論集』13·14합, 1990 ; 宋昌漢,「朴礎의 斥佛論에 대하여 - 恭讓王 3년 5월의 상소문을 중심으로 - 」,『大邱史學』29, 1986 ; 李南隨,「白文寶의 性理學 受容과 排佛論」,『韓國史研究』74, 1991 ; 都賢喆,「고려말기 사대부의 불교인식과 대응」,『역사와 현실』20, 1996 ; 李廷柱,『麗末鮮初 儒學者의 佛敎觀 - 鄭道傳과 權近을 中心으로 - 』, 고려대 박사학위논문, 1997.
87) 蔡尙植,『高麗後期佛敎史硏究』, 一潮閣, 1991, 16~17쪽.

해 불교세력의 재편을 꾀하려고 시도하였다.[88] 이규보는 특히 담선법
회에 관해 많은 글을 썼는데,[89] 여기에는 그의 불교에 대한 시각과 당
시 집권층의 의도가 드러나고 있다고 생각된다.

그는 다른 儒者들처럼 불교경전에 대한 공부와 승려들을 통해 불교
를 이해하고 있었다. 그가 본 불교경전은 『楞嚴經』,[90] 『法華經』[91] 등
이었다. 그 밖에도 그는 많은 승려들과 교유하면서 불교를 알게 되었
을 것이다. 그 중에서 松廣寺主 夢如,[92] 僧統 守其[93] 등은 당대 불교
계를 대표하는 인물들이다. 夢如는 修禪社(松廣寺)의 3대 법주로 무인
정권과 밀접히 연관되어 있었으며, 守其의 경우에는 開泰寺 승려로 大
藏經 경판에 간여했었다.[94] 이처럼 이규보는 불교계의 핵심 인물들과
교류를 갖고 있었다.

이러한 그는 불교에 대한 신앙이 깊었으며 스스로 居士라고 칭하기
도 하였다.

거기에다 더 높게 쌓아올린 자는 拔公과 崔公이요, 斯文에 의탁하여
그 공을 새기려는 자는 居士 春卿이다. 居士도 또한 儒者로서 止觀을
배운 사람이다. 이들이 모두 합력하여 일을 원만하게 마치게 되었던
것이다.[95]

---

88) 金光植, 『高麗武人政權과 佛敎界』, 民族社, 1995.

89) 『全集』 권25의 昌福寺 등의 여러 勝文과 結社文 등이 대표적이다.

90) 『後集』 권6, 古律詩 誦楞嚴六卷有作.

91) 『全集』 권19, 雜著 法華經頌止觀贊 幷序.

92) 『後集』 권12, 書 寄松廣社主禪師夢如手書.

93) 『後集』 권5, 古律詩 誦楞嚴經初卷首偶得詩寄示其僧統.

94) 蔡尙植, 『高麗後期佛敎史硏究』, 一潮閣, 1991.

95) 『全集』 권24, 記 醫王寺始創阿羅漢殿記, "增至尨業者 拔公崔公之謂也 託斯
文而欲勤此功山者 居士春卿也 居士亦儒衣 而學步止觀者也 合是而能事畢
矣".

이것은 醫王寺의 阿羅漢殿을 지은 일에 대한 記인데, 여기에 나오
는 '春卿'이란 이규보의 字이다.96) 그는 자신을 '유자'지만 '거사'라고
불렀으며, 불교의 定·慧를 닦는 수도방식인 止觀을 배웠다고 하였다.
이처럼 이규보는 儒와 佛을 구분하면서도 상호 대립되는 것으로 보지
않았다. 이는 동시기 다른 문인이나 관료들도 마찬가지였다.97)

그렇지만 이규보는 佛·儒의 궁극적 진리가 같으면서도 차이가 있
다고 하였다. 그가『능엄경』을 보면서 "儒와 佛은 비록 같지만 약간의
차이가 있어 때때로 法主(僧統인 守其를 지칭)에게 간략히 의문나는
것을 물어본다"98)고 하였기 때문이다. 이는 그가 儒佛同道論的 입장
을 지니면서 스스로는 유가에 바탕하고 있음을 보여준다.

그는 불교의 道가 지향하는 경지를 마음의 '空'으로 보았다. 源宗이
란 승려가 지방에 나가면서 詩와 書를 지어 달라고 끈질기게 요청하
자, 이규보는 다음과 같이 말하였다.

　道의 경지는 空하여 東西의 구별이 없으니, 무릇 浮屠는 반드시 마
음을 虛舟같이 하고, 자취를 浮雲과 같이 하여, 東이든 西이든 떠나든
머무르든 그것을 생각하지 않는 것이다. …… 무릇 내가 無心하게 대
하면 비록 有情한 물건이라도 無情하게 되고, 내가 유의하게 대하면
비록 無情한 물건이라도 도리어 有情하게 되는 것이다.99)

그의 요지는 마음의 空을 닦아야 하는 승려가 인간관계에 얽매일 필
요가 없다는 것이다. 이러한 입장은 『반야경』의 핵심인 空에 입각한

96)『全集』年譜.
97) 李源明,「高麗 武臣執權期 儒·佛交涉」,『高麗時代 性理學 受容 研究』, 국
　　학자료원, 1997.
98)『後集』권5, 古律詩 誦楞嚴經初卷首偶得詩寄示其僧統.
99)『全集』권21, 序 送雲上人南遊序, "道境至空 無有東西 凡浮屠者 必虛舟其
　　心 浮雲其跡 不以東西去住爲想者也 …… 雖有情之物 泯然無情 我以有想
　　傾之 雖有情之物 反爲有情".

것으로,[100] 그의 불교에 대한 이해 정도를 보여주는 사례이다. 또한 인간의 '情'을 마음의 작용으로 생각하고, 이를 수련하여 空에 이르게 한다는 논리는 불교로만 그치는 것이 아니라 성리학의 無慾을 위한 수련으로 발전시킬 요소를 지닌 것이기도 하다.[101]

원래 그가 불교의 止觀을 배운 계기는 天壽寺의 大禪師인 智覺에게서 『법화경』을 익히게 되면서였다. 지각은 자신과 만날 때마다 불경보다는 술만 마시는 이규보에게 이렇게 권유하였다.

그대의 주정은 나이가 젊은 탓이니, 장차에는 반드시 스스로 반성하게 될 것이다. 옛날 사대부는 『법화경』을 많이 읽어 修心의 요법을 삼았는데 그대도 그렇게 하겠는가?[102]

이에 이규보는 감동하여 그에게 불경과 지관을 배우게 되었다. 유의할 것은 지각이 불경 익히는 일을 사대부의 修心의 요체로 보았다는 점이다. 이는 아직 유교 내부의 수신을 위한 논리가 미흡함을 말해주며, 또한 '사대부'인 儒者가 불교에 대해 갖는 매력이 될 것이다. 그러한 점에서 불교를 통한 수심이라는 견해는 불교를 수신, 유교를 치국의 방편이라고 이해한 최승로[103]와 상통하기도 한다.

또한 그는 불교를 신앙의 측면으로도 수용하였다. 당시 유행하던 修

---

100) 勝又俊教 · 古田紹欽 編, 「般若經 - 空の世界 -」, 『大乘佛典入門』, 大藏出版, 1980.
101) 성리학이 불교의 영향을 받았음은 주지의 사실이다. 특히 體用의 논리, 즉 본체와 현상과의 관계를 규정한 이것은 불교의 因果論과 밀접히 관련되어 있다(시마다 겐지 지음, 김석근 · 이근우 옮김, 『주자학과 양명학』, 까치, 1992, 8쪽). 그리고 空의 논리와 주자학적 사유와의 관련은 守本順一郎 지음, 김수길 옮김, 1985, 『동양정치사상사연구』, 동녘, 1985가 참고된다.
102) 『全集』 권19, 雜著 法華經頌止觀贊 幷序, "子之狂 年少使然 行必自省 但古之士大夫 多讀法華經 爲修心之要 子亦爾耶".
103) 『高麗史』 권93-19, 列傳6 崔承老, "行釋敎者 修身之本 行儒敎者 理國之源".

禪社의 禪思想은 功德信仰까지 포용하고 있었는데,[104] 이는 이규보에게도 나타난다. 그는 王輪寺의 丈六金像이 보인 영험을 수습하는 記를 다음과 같이 작성하였다.

    그러나 세속 사람의 보통 눈으로 본다면 어찌 놀라고 신기하게 여겨서 신앙심을 극도로 내지 않겠는가? 신앙심이 지극하면 부처는 문득이에 응하고 그 靈應도 또한 더욱 나타나리니, 이것은 세상에서 시끄럽게 전하는, 아무 절 아무 불상은 큰 영험이 있다는 따위이다.[105]

부처의 영험이 신앙심의 결과라는 것이다. 그에 따라 이 절의 불상과 관련된 영험한 얘기를 몇 가지 적어 놓았는데, 그 중에는 자신이 살던 시기의 侍中인 崔謹에 관련된 것도 있어 이규보 자신도 이러한 영험을 신앙적 차원에서 흡수하고 있음을 보여주고 있다. 그래서 그는 "대개 浮屠를 福田이라 하는 것은 중생의 복을 마치 良田에 곡식을 심듯이 하는 것뿐"[106]이라고 불교의 역할을 이해하였다.

그런데 핵심적인 것은 이규보가 파악한 불교의 사회적 기능이다. 이것에 대한 이해가 불교비판론의 차원과 연결되기 때문이다. 이규보는 첫째로 불교의 교화 기능에 주목하였다. 앞서 말했듯이 최우 정권은 談禪法會를 이용해 불교세력을 재편하였고, 이러한 가운데 자신의 지지기반을 확보하려 했었다.[107] 그런데 담선법회의 참여 대상은 불교계에만 국한되는 것이 아니었다. 이 곳에 참여한 교화 대상은 지배층에

---

104) 蔡尙植, 『高麗後期佛敎史硏究』, 一潮閣, 1991, 20쪽.

105) 『全集』 권25, 記 王輪寺丈六金像靈驗收拾記, "然以世之凡眼見之 則安得不驚駭且異 而篤生精信之心耶 精信之心篤 則佛輒應之 而其靈應又益顯矣 是世所譁傳某寺某佛像有大靈驗者類是已".

106) 『後集』 권12, 雜著 水嵒寺華嚴結社文, "且凡號浮屠爲福田者 盖種群生之福 如種穀於良田耳".

107) 金光植, 『高麗武人政權과 佛敎界』, 民族社, 1995, 196쪽.

서 일반민까지 전 계층에 걸쳐 있었다.

　① 그래서 이에 縉紳大夫로부터 士庶에 이르기까지 분주히 달려와
서 설법을 자세히 듣고는 존경하고 기뻐하므로 그 法味가 골수에 깊이
젖어가지고 돌아가지 않는 자가 없으니, 이것이 어찌 三韓이 만세토록
극도로 태평을 누릴 조짐이 아니겠는가?
　② 아, 세상이 저하되어 풍속이 야박하자, 公卿·宰輔가 된 이들은
순수한 仁義禮樂만으로는 민속을 교화시킬 수가 없어서, 반드시 佛法
을 참용하여 邪心을 끊게 되므로, 그 膏澤이 나라를 鎭定하고 城壁을
튼튼하게 한 데에서 나게 되니, 이것은 또한 집정자가 사용하는 하나
의 奇策인 것이다.108)

이처럼 법회 참여자는 모든 계층에 걸쳐 있었다(①). 그리고 설법을
통한 교화의 목적은 삼한의 태평이었다. 이는 중앙정계의 정쟁에 따른
끊임없는 집권층의 변화와 지방사회에서의 농민반란을 거쳐 몽고침입
까지 이른 상황에서 사회적 안정을 지향하는 바램이었다. 요컨대 불교
를 이용한 전체 계층의 통합과 사회안정 방안이라고 할 수 있다.

특히 그는 현재의 사회를 풍속이 야박해진 상태로 파악하고 있으며,
이를 교화하기 위해서는 유교적인 仁義禮樂만으로는 부족하다고 보았
다(②). 이처럼 그는 불교를 사회적 교화라는 차원에서 인정하고 집정
자의 통치에 이용할 것으로서 이해하였다.

그는 고려사회를 지탱하는 불교신앙의 보편성을 통해 민심을 수습
하고 이를 사회안정으로까지 연결시켜야 한다고 생각하였다. 사회안정
이란 요소는 고려 성립 이후 불교의 사회적 기능 중에서 가장 중요한

---

108) 『全集』 권25, 勝文 大安寺同前勝, "① 於是乎自縉紳大夫 至于士庶 奔赴諦
　　聽 瞋拜踊躍 於其法味也 無有不浹肌膚淪骨髓而歸之者 是豈三韓萬世大平
　　極理之漸耶 ② 嗚呼 世及下衰 風俗洗漓 爲公卿宰輔者 不可純以仁義禮樂
　　化民成俗 必參用佛法 靜截人心 膏潤由生 於以鎭國 以作金城之固 此亦執
　　政者之一段奇策也".

것이었으며, 이규보는 이를 기반으로 불교에 긍정성을 부여한 것이라고 여겨진다.

두번째로 그가 주목한 불교의 기능은 국가의 안녕을 비는 護國的 성격이다. 이는 불교의 종교적 힘을 이용해 국가의식을 고취하거나 외적의 침입을 막을 수 있다는 것이다.

①국왕의 나라에 나서 그 국토에서 생산되는 곡식을 먹으면서 겨자씨만큼도 세상에 도움을 주지 못하는 것은 貧道일 뿐이다. 일신을 돌아보건대, 그 은혜를 만분의 일도 갚을 수 있는 것은 없고, 다만 약한 힘으로나마 불교의 무너진 기강을 수습하여 이것으로 국가에 복을 빌려고 주야로 생각할 뿐이다.109)

②앞으로의 안녕을 생각하면 內敎를 독실히 높여야 하겠으므로 이에 동명왕의 옛나라에 精한 절을 세우고 이로써 西쓰의 遺風을 넓혀서 모든 梵福을 資賴하려 하니, 돌아보건대 이는 先王의 지극한 誓願이 있어서나 後嗣가 어찌 가벼이 하겠습니까?110)

①은 승려를 대신하여 지어준 結社文이다. 이 시기에는 知訥의 定慧結社처럼 많은 신앙결사가 조직되고 있었고, 무인정권은 이들을 포섭하기 위하여 노력하고 있었다. ①은 그러한 경향 속에서 華嚴結社를 만들면서 지은 글이며, 승려로서 국가와 어떤 관계를 가져야 할 것인가를 서술하고 있다. 이규보는 그러한 승려의 입장을 대변하여 이들이 고려국 내에 거주한다는 것을 전제로 하여 국가의 복을 빌어야 하는 존재로 여겼다. 이처럼 승려들이 고려에 태어나 그 국토의 곡식을 먹는다는 것은 일종의 王土思想의 발로였다.111) 이 점에서 최승로가 말

109)『全集』권25, 雜著 華嚴律章疏講習結社文, "夫生國君之土 食國土之毛 無芥子許有補於世者 貧道是以 環顧一身 無可效萬一者 但日夜思欲以區區微力 繕縫佛敎之頹綱 以此奉福朝家耳".
110)『全集』권39, 佛道疏 西京興福寺講華嚴文, "言念前寧 篤崇內敎 迺春東明之古國 立此精藍 寔弘西竺之遺風 資諸梵福 顧先願之有至 豈後嗣致輕".

했던 "(승려) 如哲이 과연 능히 타인에게 복을 주는 자라면 그가 살고 있는 水土도 聖上의 소유이고 朝夕으로 먹는 음식도 역시 聖上이 주신 것이니 반드시 보답하려는 마음을 가졌을 것"[112]이라는 말과 동일한 의도를 지닌 것이라고 할 수 있다. 이러한 것은 일종의 국가의식이라 할 수 있다.

그에 따라 국가의 안녕도 內教인 불교를 통해 가능하다는 논리를 내세웠다(②). ②와 관련된 興福寺[113]는 태조 이래 계속되어 온 왕실의 西京經營[114]이란 맥락에서 세워진 절로 생각되는데, 불교를 이용한 지역안정을 목적으로 하였다.[115] 이와 같이 이규보는 절의 설치 목적을 '邊方과 宗社'[116]의 안정으로 보았다. 그의 목적 설정은 "부처가 고려왕조를 호위하기 때문에 사찰을 창건해야 한다"는[117] 태조 훈요 제1

---

111) 이것은 7세기 신라의 圓光이 唐에 乞師表를 쓰면서 거절 못한 이유로 든 "자신이 大王의 土地에 있고, 大王의 水草를 먹기에 감히 命에 따르지 않을 수 없다"(『三國史記』 권4, 新羅本紀4 眞平王 30년)고 한 것과 동일한 맥락이라 하겠다. 이런 사유를 유교경전에 입각한 국토의식이라기보다는 신라중심의 천하관 내지 대왕의식의 산물로 보고 이후 불국토사상을 거쳐 왕토사상으로 발전했다고 보는 입장도 있다(李仁在, 『新羅統一期 土地制度 研究』, 연세대 박사학위논문, 1995, 30~31쪽).

112) 『高麗史』 권93-14, 列傳6 崔承老, "臣愚以爲哲 果能福人者 其所居水土 亦是聖上之有 朝夕飲食 亦是聖上之賜 必有圖報之心".

113) 이 절은 平壤府 남쪽 百步에 위치한다(『新增東國輿地勝覽』 권51, 平壤府 古蹟).

114) 河炫綱, 「高麗時代의 西京」, 『韓國中世史研究』, 一潮閣, 1988.

115) 흥복사에서 행해진 『화엄경』 강론은 신라말기 해인사를 중심으로 한 華嚴神衆信仰과 관련이 있을 것으로 추측된다. 화엄신중신앙은 당시 전란으로 인해 승려의 緇軍 등장과 같은 군사적 배경과 관련 깊다. 이러한 점으로 인해 이 신앙은 몽고침략 이후 고려에서 다시 유행하였다(南東信, 「羅末麗初 華嚴宗團의 대응과 『(華嚴)神衆經』의 성립」, 『外大史學』 5, 1993).

116) 『全集』 권39, 佛道疏 西京興福寺講華嚴文, "邊陲靜謐 永無雞檄之飛 宗社安營 寢享龍圖之久".

117) 『高麗史節要』 권1, 太祖 26년 4월. 이에 관해 이규보는 태조가 五百禪字를

조의 논리와 맥락을 같이하는 것이다.

원래 불교의 호국적 기능은 삼국시대의 불교수용 이래 존재해 왔지만, 특히 이규보 당시에는 몽고침입에 따른 대처방안으로 모색되었다. 대장경 조판은 이를 위한 작업이었다. 이에 관해 이규보는 고종 24년 (1237) 대장경 판각 때에 쓴 君臣의 祈告文에서,

원하건대 諸佛聖賢 三十三千은 간곡하게 비는 것을 양찰하셔서 신통한 힘을 빌어주어 완악한 오랑캐로 하여금 멀리 도망하여 다시는 우리 국토를 밟는 일이 없게 하여, 전쟁이 그치고 중외가 편안하며, 母后와 儲君이 무강한 壽를 누리고 三韓의 國祚가 만세토록 유지되게 해주신다면, 제자 등은 마땅히 노력하여 더욱 法門을 보호하고 부처의 은혜를 만분의 일이라도 갚으려고 합니다.[118]

라고 하였다. 그가 기원한 바는 부처의 힘으로 몽고병을 몰아내는 일과 이를 통해 國祚를 연장하겠다는 것이다. 이것은 신앙적 차원이긴 하지만, 국가의 불교보호 목적을 잘 보여주고 있다. 물론 여기에는 불교 승려의 전투 참여와 이를 통한 방어라는 실제적 목적과 기능이 작용하고 있었다고 생각된다.[119] 또한 불교행사를 통해 군대의 사기를 올리게 하는 것도 중요한 기능 중 하나였다. 과거 거란군의 침입으로

크게 열어 거란병이 물러갈 수 있었다고 하여 禪宗이 주는 이익을 찬양하였다(『全集』권25, 牓文 大安寺同前牓).

118) 『全集』권25, 雜著 大藏刻板君臣祈告文, "則伏願諸佛聖賢三十三千 諒懇迫之祈 借神通之力 使頑戎醜俗 斂蹤遠道 無復蹈我封疆 干戈載戢 中外晏如 母后儲君 享壽無彊 三韓國祚 永永萬世 則弟子等當更努力 益護法門 粗報佛恩之萬一耳".

119) 몽고침입에 敵將인 살리타이를 죽인 金允侯의 경우가 승려로 참전한 대표적인 경우라고 하겠다(『高麗史』권103, 列傳16 金允侯). 고려시대 사찰에는 나름대로 무장조직이 존재하였으며, 무인집권 이후 이들은 정치적 변란을 일으키기도 하였다. 따라서 불교의 호국성은 단지 신앙적 차원에만 그치는 것이라 보기 어렵다.

인한 疏에는 法會를 통해 사기를 북돋워 적군을 물리치게 될 것이란 기원이 드러나 있다.[120] 이처럼 그는 불교를 이용한 호국적 기능을 중시하였다. 여기에는 불교조직의 승병 동원과 같은 실질적인 목적도 내재해 있었다.

한편 또 다른 불교의 사회적 기능으로 그는 병의 치료라는 면에 주목하였다. 예컨대 그는 불교의 힘으로 전염병을 구제하려는 道場文을 작성하였다. 여기서 그는

> 돌아보건대 時令이 和氣를 상하여 온 백성들이 疫疾에 걸렸나이다. 임금은 백성이 아니면 국토를 지킬 수 없으니 불쌍히 여겨서 구원하려는 마음을 어찌 감히 늦추겠습니까? 하늘의 재앙은 오히려 피할 수 있는 것이므로 가만히 기도할 要所를 헤아려 보니, 마땅히 法寶에 의탁하여 부처님의 음덕을 빌어야 하겠습니다.[121]

라고 하여, 국가적 차원에서 불교의 힘에 의탁해 전염병을 극복하길 기원하고 있다. 여기에서도 그는 신앙적 차원과 함께 불교 승려들의 醫術的 기능[122]까지 염두에 두었을 것이다. 승려 중에는 의술을 익힌 사람들이 많았는데, 충렬왕대 贊成事인 趙簡의 종기를 수술로 고친 醫僧[123]의 경우가 대표적 사례이다.[124]

---

120) 『全集』 권41, 釋道疏 爲相府禳丹兵大集神衆道場疏.

121) 『全集』 권39, 佛道疏 東林寺行疫病祈禳召龍道場文, "顧時令之傷和 亘民居而被疾 后非衆罔與守 敢寬矜恤之心 天作孽猶可違 竊計禬禳之要 宜投法寶".

122) 許興植, 「佛敎와 融合된 社會構造」, 『高麗佛敎史研究』, 一潮閣, 1986, 23쪽.

123) 『高麗史』 권106, 列傳19 趙簡.

124) 이 시기 전쟁 등을 겪으면서 의술의 보급이 시급한 과제로 대두되었다. 고종 13년(1226)에 이규보가 序를 쓴 『어의촬요방』의 편찬·보급은 이러한 시대적 요청에 따라 정부가 추진한 사업이다(『全集』 권21, 序 新集御醫撮要方序). 이런 사업 추진은 결국 여말선초에 불교의 의료 기능을 국가적 차원에서 흡수하려는 노력으로 귀결된다.

마지막으로 그는 사원과 관련하여 국가통치의 차원에서 院의 기능
에 유의하였다. 개경 근처에 새로 만들어진 龍寶院에 대해 그는 다음
과 같이 언급하였다.

여기는 上都에서 가까운 곳이고 또 南壤의 중요한 경계입니다만, 민
가와의 거리가 가장 멀어 이 때문에 항상 도적떼가 끊이지 않았습니
다. 무릇 말이나 사람에 의해 수송되는 것이 다 국가나 가정이 우러러
기다리는 물자이거늘, 산과 물을 지나 멀리 와서 막상 서울에 닿아서
는 도로 남의 소유가 되고 마니, 한갓 물자만 빼앗길 뿐이 아니고 심지
어 사람까지 해를 당했던 것입니다. 듣기에 매우 슬픈 감이 들어 그 구
제할 방도를 생각한 나머지, 僧院을 세워 사람이 끊이지 않고, 눌러 祈
福의 장소를 만들어 역시 부처님 음덕에 귀의하게 할 것을 여러 善知
識과 더불어 大願의 정성을 발했습니다.125)

院은 대사찰에 소속되어 숙박시설의 역할을 담당하였다.126) 龍寶院
은 도적으로부터 물자수송을 보호하기 위해 인적이 드문 곳에 세워졌
다. 운송되는 물자는 조세와 공물 등의 수취물과 상업유통에 따른 물
건 등이었을 것이다.

따라서 院은 해당 지역의 도적방지와 수취물 등의 보호 기능을 통해
국가운영에 도움이 되고 있었다.127) 이와 같은 院은 사원의 무장조직
을 이용하여 도적을 방지하고 아울러 국가적 반란 등을 방비한다는 사

---

125) 『全集』 권41, 釋道疏 龍寶院新創慶讚疏, "眷上都之邇畿 有南壤之要會 其距
民居也最隔 故爲賊種之常栖 凡馬馱人負之所輸 皆國用家資之攸仰 備經山
水 邈自遠來 垂蹈京師 反爲他有 非惟物之見掠 甚則人亦被戕 聞之大嗟 思
所可救 宜開僧院 使不絶於人煙 鎭作福場 亦得依於佛蔭 與善知識 發大願
悰".

126) 李炳熙, 「高麗後期 寺院經濟의 硏究」, 서울대 박사학위논문, 1992, 104쪽.

127) 金富軾의 「惠陰寺新創記」(『東文選』 권64)에도 이 절이 위와 같은 목적으로
창건되었음이 기록되어 있다.

회적 기능을 지닌 셈이다.128) 고려왕조가 성립된 이후에 사원의 무장
력이 약화되긴 했겠지만, 龍寶院 같은 경우에는 官을 통해 이를 관할
하고 유지되었다고 여겨진다.129)

요컨대 이규보는 위와 같이 국가통치와 관련해 불교의 사회적 기능
에 주목하면서 이를 긍정하고 있었다. 그가 지은 結社文이나 기타 글
들이 비록 집정자 등의 요구에 따른 것이긴 하지만, 본인이 불교의 사
회안정과 국가보전의 순기능에 동의하지 않았다면 위와 같이 착안하
지는 않았을 것이다. 이것이 고려전기의 다른 유자들과의 공통점이었
다.

그러나 그는 불교 승려들의 사회적 폐해에는 비판적이었다. 우선 불
교 승려들의 직분을 다음과 같이 보았다.

대저 浮屠 중에 한 번 靑山에 들어가면 나물 먹고 물 마시며 일생을
마치도록 紅塵을 밟지 않는 자가 있는데, 이는 실로 중의 직분이 그래
야 하는 것이다. 그러나 大道로써 본다면 역시 孤立獨行하여 一世의
細節을 지키는 데 불과할 뿐이니, 어찌 족히 논하랴? 達人은 그렇지
않고 능히 物과 함께 어울리되 物에 물들지 아니하고, 능히 세상과 함
께 살아가되 세상에 집착하지 아니한다.130)

---

128) 그러한 사원의 기능은 신라통일기 말엽에 각처의 草賊이나 群盜의 사원습격
    에 대비한 자체의 무장조직에 있었을 것이다. 대표적인 경우로는 海印寺나
    鳳巖寺 등을 들 수 있다(하일식, 「해인사전권과 묘길상탑기」, 『역사와 현실』
    24, 1997, 28〜29쪽).

129) 사원의 무장능력이 어느 정도인가는 현재 알 수 없다. 다만 龍寶院의 경우에
    는 이 곳에 집을 지어 승려들이 거처하는 한편, 하나의 마을을 형성해 使令
    까지 갖추었다고 한다. 따라서 그와 같은 무장력이 사원의 독자적 의지만으
    로 유지되는 것이 아니며, 寺下村의 건설을 통해 官이 개입되어 이를 통할하
    였음을 시사해 준다.

130) 『全集』 권21, 序 送瓚首座還本寺序, "夫浮屠有一入靑山 草喫泉吸 竟一生不
    迹紅塵者 是誠髡首被淄者之所職然也 然以大道觀之 此亦孤立獨行 守一世
    之細節耳 又安足尙哉 達人則不爾 能與物推移而不染於物 能與世舒卷而不

승려의 직분은 원래 산 속에서 수도에 전념해야 하지만 세상에 참여해 일정한 역할도 해야 한다는 것이다. 다만 속세에 물들지 않고 초월해 있어야 한다는 주장이다. 그것은 앞서 보았던 불교의 사회적 기능에 맞추어 승려의 역할을 설정하였기 때문일 것이다.

문제는 승려들의 사회적 행태와 관련되어 제기되었다.

그렇다면 浮屠들이 불상을 만드는 것은 바로 그 직책이니, 우리 儒家者流가 공자의 상을 그려서 받드는 일과 같다. 그러나 그 사이에는 나와 같이 불도를 그다지 좋아하지 않는 자나 무료한 자들이 있어, 浮屠를 가장하고서 절을 짓고 불상을 만들겠다고 큰소리 치나 그 실상은 자신들의 생활만을 목적으로 한 것이다. 이럴 경우에는 사람에게 믿음을 사야만 하므로 먼저 奇行을 하기에 힘쓰되, …… 혹은 겨울에 눈길을 맨발로 걸어 높은 소리로 염불을 하면서 이 길 저 길을 따라 가가호호를 샅샅이 찾아다니되 따르기를 기뻐하지 않는 자가 있을 경우에는 권유 또는 강압하여 한 푼의 돈, 한 치의 포백이나마 기필코 받아내고야 만다.131)

이규보는 승려의 불상 제작을 유가들이 공자의 상을 받드는 일과 마찬가지라고 보아 인정하였다. 그런데 승려들 중 일부가 사찰이나 불상 營造를 핑계로 자신의 사익을 취한다는 데 문제가 있었다. 그들이 기행으로 많은 施主를 얻어내려 한다는 것이다. 그는 이것은 승려의 직분에 어긋나는 행동이라고 보았다.

이미 불상이나 사찰 조성에 따른 문제는 최승로가 지적한 바 있었

滯於世".

131)『全集』권24, 記 妙香山普賢寺堂主毗盧遮那如來丈六塑像記, "然則浮屠者之營造佛像 乃其職也 如吾儒家者流 繪畵夫子之像 而宗事之也 雖然 其間有予所不悅者 若無賴男子 假形浮屠 聲言營寺造佛 而其實自奉者是已 此則規有以取必於人 先務爲奇行 …… 或冬月洗足踏雪 大其聲唱其願 徇路行唱 乃至千門萬戶 無所不踐 有不隨喜者 輒諭之强之 必取銖金寸帛".

다.132) 그런데 이규보와 동시대에 살았던 林椿 역시 이를 느끼고 있었
다.

　① 이러므로 임금과 부모를 위하여 복을 빌거나 死生·禍福이 관계
되는 경우에 만일 祈求하면, 반드시 형편에 따라 이에 답하였다. ……
소원대로 따라오지 않음이 없으니, 그림과 불상의 功을 버리고 사람에
게 믿음을 일으키게 하기가 어렵다.
　② …… 아아, 세상에 이름난 승려라고 하는 자들은 거할 때에는 큰
집에 있다가 나갈 적에는 살찐 말을 타고 부처를 팔아서 利를 도모하
지만 하나의 터럭만한 善行을 경영하지 않는 자가 많다.133)

　임춘은 신앙적 차원에서 禍福之說과 이를 위한 수단으로 불상 등의
기능을 인정하였다(①). 본래 불상 등의 조성은 사람들의 신앙심을 일
으키는 수단이 되는 것인데, 현재에는 이를 담당한 승려들이 부처를
팔아 자신의 이익만을 도모하며, 실제로 선을 행하지 않는다는 주장이
다.
　이러한 그의 인식은 이규보와 비슷하다고 생각된다. 양자의 공통점
은 당시 유자들이 불교가 지닌 종교성과 사회적 기능을 인정하면서도
이러한 범주에서 어긋나는 행동에는 비판적이라는 것이다.
　이는 불교가 국가통치의 순기능적 역할을 담당할 수 있는가로 요약
된다. 왜냐하면 사찰이나 불상의 조성에는 그에 따른 민의 노동력 징
발이나 施主를 빙자한 재물 수취가 뒤따르기 때문이다.

---

132) 최승로는 적선을 이유로 사찰을 건축하면서 백성을 동원하는 것과 佛經 필사
　　와 불상 조성에 金銀 등의 사용으로 인한 사치풍속의 성행 등을 문제로 지적
　　하였다(『高麗史』 권93, 列傳6 崔承老).
133) 『西河集』 권5, 記 妙光寺十六聖衆繪象記, "① 是以 欲奉福於君親者 與死生
　　禍福之際 苟有祈求 必隨機答之 …… 願無不從 則捨此繪塑之功 而使人起
　　信 蓋亦難矣 …… ② 噫世之名浮屠者 居則邃宇 出則肥馬 賣佛祖以漁利 而
　　不營一毫之善者 多矣".

이규보는 불교승려 문제와 관련해 明宗 17년에 있었던 승려 日嚴 사건에 대해 비판적인 시각으로 이를 논하였다. 이 사건134)은 全州에 거주하던 일엄이 죽은 사람을 살리는 등의 이적을 행한다는 보고에 명 종이 그를 京師로 초빙하면서 발생하였다. 당시 지배층은 물론 서민들 까지 그를 惑信하여 여러 가지 사회문제가 일어나게 되었다. 이에 명 종이 그의 간사함을 알고 다시 江南으로 보냄으로써 일은 마무리되었 다. 이규보는 명종의 이와 같은 지혜를 찬양하면서,

　　이 즈음에 명종이 만일 大內로 맞아들여 예우했다면 일국이 胡風으 로 변하여 남녀가 혼거해서 음란이 막심한 지경에 이르렀을 것이다. …… 다만 당시에 佛骨을 맞아들이는 일을 간하던 韓吏部와 같은 諫 官이 한 사람도 없었던 것이 한스러울 뿐이다.135)

라고 평가하였다. 그는 명종이 군주란 위치에서 현명하게 판단한 사실 과 함께 왕실의 잘못된 불교숭앙이 가져올 폐해를 인식하고 있었던 것 이다.136)

　둘째로는 당시 諫官의 불교 숭앙에 대한 비판이 없었다는 사실을 비판하였다. 여기서 韓吏部란 唐나라 때 「論佛骨表」를 통해 불교의 폐해를 비판한 韓愈를 지칭한다. 강조할 점은 한유의 글이 이후 고려 말기 사대부들의 불교비판의 원론으로 주로 이용되었다는 사실이다. 여기서 「논불골표」에서 제시한 불교비판의 초점은 인륜의 絶滅에 있 었다.

　이처럼 이규보는 이전과 달리 「논불골표」를 통해 풍속과 인륜 문제

---

134) 『高麗史節要』 권13, 明宗 17년 9월.
135) 『全集』 권22, 雜文 論日嚴事, "上若迎入大內 痛加禮敬 則一國變爲胡風 以 至男女雜處 淫亂必甚矣 …… 但恨當時無一諫官如韓文吏諫迎佛骨者耳".
136) 왕실의 불교 惑信에 따른 문제는 무인집권기에 최충헌의 封事十條 등으로 제기되었다. 이런 인식은 당시 지배층 내부에서 공통된 것이라 볼 수 있다.

라는 시각으로 불교에 접근하면서 이후 불교비판론의 시작을 예고하고 있었다. 한유를 통한 그의 비판적 시각은 이후 전개될 불교비판론이 유교의 정통성 확립과 밀접한 관련을 갖고 있음을 시사하는 것이라고 하겠다.

이후 원간섭기에 들어와 불교배척론을 강하게 주창한 논자는 崔瀣이다. 그는 불교를 처음으로 '異端'이라 규정하였다. 그의 불교비판은 우선 유교에 대한 교리적 정체성에서부터 시작된다. 그는 이승휴의 아들인 李衍宗[137]과 충렬왕 29년에 치른 과거시험의 同年으로, 그에게서 부친이 살았던 삼척의 두타산 看藏庵을 중영한 記를 부탁받았다.[138] 여기서 최해는 불교에 대해 다음과 같이 말하고 있다.

　내가 보건대 천하 사람들이 부처를 받드는 것이 지나쳐서 배와 수레가 닿는 곳마다 탑과 사당이 서로 마주보게 되었고 그 무리들이 모두 權門에 붙어 富를 오로지 하여 民에게 해독을 끼치고 사대부를 종처럼 보기 때문에 우리 儒者로서는 취하지 않는 바 되었으니, 이것이 어찌 부처의 마음이겠으며 부처의 허물이겠는가. 무릇 부처는 선을 좋아하고 不善을 미워하니 그 明心見性의 說에 나아가 살펴보면 우리 유가와의 거리가 얼마나 되겠는가. 達人과 君子가 그 도에 맛을 들여서 즐거워하고 버리지 못하는 것이 또한 까닭이 있도다.……[139]

---

137) 최해는 「頭陀山看藏庵重營記」에서 이승휴의 아들(林宗, 曇昱, 德孺) 중 막내의 청에 의해 이 글을 작성한 것이라 하였다. 그런데 『高麗史』 李承休列傳에는 아들이 두 사람(林宗, 衍宗)이라고 하여 최해의 기록과 차이가 있다. 최해에 의하면 둘째 아들이 승려가 되었다고 한 것으로 보아, 열전에서 둘째 아들을 누락시킨 것으로 보이며 첫째 아들은 두 기록이 같으므로 막내인 이덕유가 이연종으로 여겨진다. 아니면 '德孺'는 이연종의 號일 가능성이 있다.

138) 두타산 간장암에 대한 記는 최해와 친분이 있던 安軸도 남기도 있다(『謹齋集』 권3, 看藏菴記). 그러나 안축의 記는 최해의 그것과 똑같은 내용을 담고 있다. 이 글은 모두 충숙왕 10년(1323)에 지은 것이다.

139) 『拙藁千百』 권1, 頭陀山看藏庵重營記, "僕竊見天下奉佛大過 舟車所至 塔廟相望 其徒皆附權擅富 蠱毒斯民 而奴視士夫 故爲吾儒所不取焉 是豈佛之

그의 논점은 현재 불교계의 정치·사회적 문제와 유교와의 교리적 상동성에 대한 지적에 있다. 우선 첫번째 제기된 당면문제는 많은 사찰의 영건과 함께 승려 등이 권문세가와 결탁하여 사적 이익만을 추구하면서 민에게 해를 끼치고 자신들과 같은 사대부도 하위의 인간처럼 부린다는 점이다.

특히 일부 사원세력들과 중앙정계의 결탁은 승려의 선발이나 승직의 제수 등으로도 이루어지고 있었다. 예컨대 최해와 인적 관계가 있던 鄭誧140)는 남원의 梁大學이란 사람의 아들이 僧科에서 수석으로 합격하자 이를 축하하면서, "무릇 세상의 중이란 이름을 가진 자들이 選魁를 중히 여겨 근래 이래 權豪의 힘을 많이 빌려서 되는데, 해당자가 아니면 혹 떼지어 욕 보이곤 한다"고 하였다.141) 이처럼 당시 사대부들 사이에서는 불교에 대한 부정적인 인식이 점차 확대되고 있었다.

아울러 최해는 사찰이 일으키는 사회적 폐해에 대해서

① 근래에 와서는 그렇지 않아 산중의 암자도 해마다 百이나 불어나며, 그 큰 절로 말하면 보덕사, 표훈사, 장안사 등이 있어 모두 官의 힘을 얻어 건립하여 웅장한 殿閣이 산골짜기에 가득 차고 金壁이 휘황하여 사람의 이목을 현란하게 하며, 常住의 經費에도 재물을 맡은 창고가 있으며, 寶를 맡은 官이 있고 소속된 良田이 州郡에 널려 있으며, 또 江陵·淮陽 두 道의 年租가 관에 들어올 것을 다 산으로 수송하게 하여 비록 흉년을 당하여도 조금도 감해 주는 일이 없으며, 매양 사람을 보내어 해마다 衣粮과 油鹽 등속을 지급하여 반드시 빠짐없이 살

過歟 夫佛好爲善 不好爲不善 就其明心見性之說而觀之 似亦祖吾儒而爲者 達人君子有味其道 樂而不捨者 亦有以夫".

140) 그는 최해에게서 수업한 인물이며, 이제현의 문생이기도 하다. 『雪谷集』을 지었다(高惠玲, 「崔瀣(1287~1340)의 생애와 사상」, 『李基白古稀紀念 韓國史學論叢』上, 一潮閣, 1994, 886쪽).

141) 『東文選』 권35, 序 贈妙瓊上人詩序, "凡世之僧名者 以此選魁爲重 邇年來多借力於權豪而爲之 苟非人 或多群辱之".

피고 그 중들은 役에 도망가도 살피지 않고 民은 徭役을 피하여, 항상 수천만 명이 편안히 앉아서 먹기만을 기다리니, 한 사람도 雪山의 고행을 같이하며 道를 얻었다는 자가 있다는 말을 듣지 못했다.

② 또한 심한 자는 사람이 한 번 이 산을 보면 죽어서도 지옥에 가지 않는다고 속여, 위로는 공경으로부터 아래로 서민까지 처자들과 더불어 다투어 가서 예배하여 겨울철의 눈보라나 여름철의 장마로 길이 막힐 때를 제외하고는 구경꾼이 길에 줄지었으며, 겸하여 과부·처녀가 따라가서 산중에 묵는 일도 있어 추한 소문이 가끔 들리지만 사람들이 해괴하게 여기지 않고, 간혹 近侍가 命을 받들고 驛馬를 달리어 降香하는 일이 있어, 歲時에 끊어지지 아니하니, 관리들은 그 세력을 두려워해 분주히 命을 기다리며 供億하는 비용도 萬을 헤아리며, 산에 사는 民들도 應接하기에 지쳐 심지어 욕하며 하는 말이, "이 산은 어째서 다른 地境에 없는가"라는 자까지도 있다.[142]

라고 지적하였다.

그는 금강산의 경우에도 불교사찰이 남설되고 그 사치가 극에 달했다고 보았다. 그러나 중요한 문제는 이들 대사원이 주변 지역에 대해 갖는 영향력이었다. 그것은 사원 자체가 회계와 이자증식을 위한 기구(倉庫, 典寶)를 두고 江陵·淮陽 지역을 실질적으로 지배한다는 문제였다. 사찰들은 관으로 들어갈 租를 모두 자신들이 수취하는 한편, 衣粮과 油鹽을 주변지역의 민호들에게 지급하는 것으로 보아 이들을 전호처럼 자신들의 토지경작과 役使에 부렸다고 생각된다. 이에 사원의 승려들은 자신뿐 아니라 사원에 소속된 佃戶 내지 佃客들이 국가에 바쳐야 할 요역까지 면제받게 하였다.

이것은 당시 田主들에 의한 佃客農民이나 佃戶들의 私民化 현상과 궤를 같이하는 것이다. 특히 이러한 현상은 賜牌로 인한 토지분급 지역에서 두드러져,[143] 충렬왕대 嬖幸인 廉承益의 경우는 사패로 수백

---

142) 『拙藁千百』 권1, 送僧禪智遊金剛山序.

결의 토지를 받고 齊民을 유인해 그 전호로 만드는 한편 근처 民田까지 수조하였다. 그 결과 州縣의 부세가 官에 들어오지 않게 되었다.[144] 결국 금강산 주변의 사찰들도 이와 비슷한 경영 양태를 보였다고 생각된다. 따라서 최해는 국가운영이란 차원에서 사원 문제에 접근하였다.

둘째로 그는 ②를 통해 불교가 지닌 사회적 문제를 지적하였다. 지배층 이하 모든 사람들이 불교에 대한 惑信으로 생기는 풍속의 문제였다. 그는 유교적인 男女有別의 실현이 사찰 내에서 이루어지지 않는데도 당시 사람들이 이 문제에 무감각하다는 데 원인이 있다고 보았다.

그러나 이에 관해 당시에도 국가의 조치가 없었던 것은 아니다. 충숙왕 8년 5월 監察司가 내린 금령 중에는 禪敎寺院 주지들의 토지 산물에 대한 쟁탈로 인한 절의 훼손과, 도성 안의 부녀들이 산사에 올라가 승려들과 간통하는 행위에 대한 처벌조치가 포함되어 있었다.[145] 최해가 위의 글을 쓴 것이 충숙왕 16년이므로, 감찰사의 금령조치 이후에도 사찰의 사회적·경제적 문제가 계속 심각했음을 알 수 있다.

그와 같은 원인은 최해가 지적했듯이 近侍의 降香 등과 같은 사찰과 왕실 등의 관계 때문이었다. 당시 왕실의 불교숭앙으로 승려에 대해 과한 벼슬을 주기도 했고, 충선왕의 경우는 충숙왕에게 불법을 숭상하라고 諭示하기도 하였다.[146] 이러한 왕실의 불교숭앙은 중앙권력의 지원을 의미하므로, 지방관료들도 불교사찰의 전횡에 대해 제대로 조치할 수 없었을 것이다. 이처럼 당시 불교문제에는 정치구조적 문제

---

143) 朴京安, 『高麗後期 土地制度研究』, 혜안, 1996 ; 朴晉勳, 「高麗末 改革派士大夫의 奴婢辨正策 - 趙浚·鄭道傳系의 方案을 중심으로 - 」, 『學林』19, 1998.

144) 『高麗史』권123-9, 列傳36 嬖幸1 廉承益. 이에 관해서는 앞 장 참조.

145) 『高麗史』권85-9, 志39 刑法2 禁令 忠肅王 8년 5월, "一 近年 禪敎寺院 住持利其土生 專事爭奪 以致隳壞寺宇 甚者 犯奸作穢會 莫之恥 今後禁理 一 城中婦女 無尊卑老少 結爲香徒 設齋點燈 群往山寺 私於僧人者 閒或有之 其齊民罪 坐其子 兩班之家罪 坐其夫".

146) 『高麗史節要』권24, 忠肅王 원년 정월.

까지 포함되어 있었다. 결국 최해의 비판은 국가운영의 측면에서 불교
가 미치는 기능적 차원의 문제를 비판한 것이 된다.

그런데 최해는 유교의 정통성 확립이란 차원에서 불교를 인식하였
다. 그는 불교를 '이단'이라고 하여 유교와 대립된다고 보았다.

> ① 묻겠다. 하늘이 民을 낳으니 民은 秉彝가 있다. 천하의 理는 하나
> 일 뿐이니 달리 道를 구함은 이른바 이단이다. 지금 동방에서 道로 사
> 람을 교화하려는 자는 儒가 外典이 되니 어찌 버리지 않으랴 한다. 이
> 말이 한 번 나오니 화답하는 자가 날로 늘어 오직 그 무리만 좇아 믿는
> 것이 아니고 스스로 儒라고 이름하는 자도 좇아서 미혹되었다.
> ② 옛적에 秦이 法으로 愚民에 임하여 먼저 儒生을 없애니 …… 綱
> 常이 땅에 떨어지고 천하에 民이 없게 되었다. 韓愈가 말하길 君子가
> 자신을 행함에 우러러 하늘에 부끄럽지 않고 굽어보아 타인에 부끄럽
> 지 않으며, 안으로 마음에 부끄럽지 않으면 어찌 스스로 그 道를 훼손
> 하고 사악함을 따르겠는가?[147]

이 책문에서 그는 천하에 통용될 수 있는 理로 유교의 도를 상정하
고 그 외에는 이단으로 보았다. 이 때 도는 유교의 綱常이며 민의 통치
에 가장 필수적인 요소라는 것이다. 그런데 현재 상태는 유교보다 불
교 쪽의 세력이 강한데, 그 원인은 중국의 秦 이후 법치를 행한 것에
있다는 주장이다.

이러한 그의 주장은 唐나라 유학자 한유에 근거하였을 것이다. 한유
는 「原道」에서 이단의 발생에 관해 공자 사망 이후 秦의 焚書坑儒와
漢나라의 黃老學 및 魏·晉·梁·隋의 불교로 인한 것[148]이라 보았

---

147) 『拙藁千百』 권1, 問擧業諸生策二道, "① 問 惟天生民 民有秉彝 天下之理
　　一而已矣 岐而求道 寔曰異端 今夫以道敎人於東方者 謂儒爲外 盍共捨諸
　　斯言一出 和者日衆 不唯其徒趣信 至如自名以儒者 從而惑焉 ② 昔秦任法
　　愚民 先去儒生 …… 則綱常隊地 天下無民矣 韓子謂君子行己 仰不愧天 俯
　　不愧人 內不愧心 安得自毀其道 以從於邪……".

다. 그리고 道의 핵심을 仁義와 道德으로 규정하고, 道統에 입각한 정
통론을 제기하였다. 이후 그의 문제제기는 송대 성리학자에게 계승되
었다. 최해는 이와 같은 한유의 군자수양론을 인용해 당시 예비관료들
에게 군자로서 유교의 정통과 도를 지키는 방법을 물었던 것이다. 그
리고 그 내용은 앞서 본 이규보보다 한 차원 발전시킨 것이기도 하였
다. 이러한 점에서 불교비판론은 유교의 정통성 논리로 진전되고 있었
다.

이에 관해 최해는 정통론의 입장에서 다음과 같이 술회하였다.

내 일찍이 이르길 儒를 알고 佛을 모르면, 佛에 해가 없으나 佛을 알
고 儒를 모르면 부처가 될 수 없으니 세상에 불교를 설하는 자가 말하
길 불교를 위해 먼저 親愛를 끊는다고 하니 무릇 人道는 親親에서 근
원하니 滅親하면 사람이 없어져 누가 부처가 되랴.149)

儒와 佛을 구분한 그는 인간사회의 기본원리가 유교에 있다고 보았
다. 그 이유는 불교가 가족관계[親愛]를 부정하여 인간사회의 현실과
괴리되는 데 있었다. 단 그는 종교로서의 불교의 역할을 나름대로 인
정하였다.150) 동시에 그는 앞서 본「頭陀山看藏庵重營記」에서 불교의
지향이 善을 좋아하고 明心見性의 說 자체가 유가와 닮았다고 하여
불교 자체에 긍정성을 부여하기도 했다.151) 그의 明心見性說에 대한
평가는 성리학의 인성론152)인 心性에 대한 논리를 일정하게 이해하고

---

148)『唐宋八子百選』권5, 原道.
149)『拙藁千百』권1, 送盤龍如大師序, "……予嘗謂知儒而不知佛 不害爲佛 知佛
而不知儒 則不能爲佛 而世之說佛者曰 爲佛先湏弃絶親愛 夫人道原於親親
滅親無人 誰爲佛者 以是求佛……".
150)『拙藁千百』권1, 禪源寺齋僧記.
151) 이 같은 생각은 최해가 자신과 친분이 있던 李衍宗의 부탁으로 써 준 글이라
는 점을 감안해야 할 것이다. 최해는 이연종의 부친인 이승휴가 불교를 긍정
한 것에 대한 설명이 필요해서 위와 같이 서술했다고 볼 수 있다.

있음을 보여준다.

유교에 바탕한 그의 생각은 사회유지의 기본원리로 人道가 상정되며, 이는 가족 내지 혈연관계에서 출발한다는 것이다. 요컨대 그는 유교윤리에 입각한 사회관계를 원리로 삼아야 한다는 입장이었다. 그런데 이 입장은 이후 고려말기 척불론의 기본논리로 제시되었다는 점에서 의미가 있으며, 백문보 등에게도 계승된다. 결국 최해는 유교의 정통론적 사고에 입각한 첫 논자로서 앞서 검토한 이규보보다는 발전된 정통론을 지녔던 것이다.

그리고 그의 논지를 이어받은 백문보는 불교문제를 역사인식과 결부시켜 이해하였다. 우선 그의 사상적 위치에 관해 權近은

우리 집안 文正公(權溥)이 비로소 朱子四書로써 立白해 간행하여 後學을 권장하자 그 사위 益齋 李文忠公(이제현)이 스승으로 섬겨 친히 배워 義理의 學을 제창하여 한 세상의 儒宗이 되었다. 그리고 稼亭(이곡), 樵隱(이인복) 諸公이 따라서 흥기시켰으며, 淡庵 白公(白文寶)이 이단을 물리치는 데 더욱 힘썼다.[153]

그는 權溥 이래 이제현을 거쳐 李穀, 李仁復 등으로 義理之學인 주자학이 계승되어 왔으며, 그 중에서도 백문보가 이단인 불교배척에 노력했다고 보았다. 이 내용은 권근이 생각하는 주자학의 정통계승 관계이므로 실제와는 차이가 있을 수 있다. 그러나 적어도 백문보가 다른 사람보다 이단인 불교배척에 노력했음은 인정할 수 있다.

---

152) 성리학의 인성론은 인간의 본질에 대한 탐구에서 비롯된 것으로, 이것이 불교의 영향을 많이 받았음은 주지의 사실이다. 특히 주자에 이르면 인성론은 本然之性과 氣質之性이라는 축을 통해 인간 본질뿐 아닌 사회 자체의 차별성까지 설명하는 논리가 되었다.

153) 『三峯集』序, "吾家文正公溥 始以朱子四書 立白刊行 勸進後學 其甥益齋李文忠公 師事親炙 以倡義理之學 爲世儒宗 稼亭樵隱李仁復諸公 從而興起 淡庵白公文寶 闢異端尤力焉".

반면에 그와 동시대에 살았던 이제현의 불교인식은 대체적으로 이규보와 비슷한 儒佛同道論的인 입장154)이었다. 그는 儒·佛·道 三敎에 대해 "불교와 도교·유교의 진리는 같은데, 억지로 분별한다면 서로 미혹만 되리"155)라고 하면서 양자의 근본적인 추구의 동일성을 인정하였다. 아울러 고려말기 정도전 등이 주로 비판한 불교의 인과법칙156)도 인정했던 것이다.157)

그에 따라 이제현은 불교가 慈悲와 喜捨를 근본으로 하여 각기 仁義와 같은 것이라고 보았다.158) 요컨대 그는 유교와 불교의 추구 방향이 동질한 것으로 보았던 것이다.159) 이 점에서 이제현의 시각은 불교의 기능을 인정하는 가운데 사회적 폐해, 특히 국가권력과의 관계를 통해 생기는 문제에 비판적이었음을 다음에서 확인할 수 있다.

　　근세에 浮屠들은 일을 경영하려면 반드시 권력가의 힘을 빌리며, 백

---

154) 최근 그의 불교인식은 儒佛'異趣'라는 관점에서 보아야 한다는 주장이 제기되었다. 이에 따르면 그는 儒·佛을 뚜렷히 구별하면서도 양자의 기능을 인정하는 조화적 불교관을 지녔다는 것이다(邊東明, 『高麗後期性理學受容硏究』, 一潮閣, 1995). 그러나 중요한 점은 당시 논자들이 불교의 사회적 기능을 어떻게 인식하느냐에 달려 있다고 본다.

155) 『益齋亂藁』 권3, 詩 菊齋橫坡十二詠 廬山三笑, "釋道於儒理本齊 强將分別自相迷".

156) 『三峯集』 권5, 佛氏雜辨 佛氏因果之辨.

157) 『益齋亂藁』 권7, 碑銘 大都南城興福寺碣, "佛敎之因果 修善獲報 猶漑根食實 用能誘掖群迷 以就功德 …… 自時以往 上以奉福朝廷 下以需利生靈 天宮旣見身子之繩 大風不爐貧女之燈 果報之說 其亦有徵哉".

158) 『益齋亂藁』 권5, 序 金書密敎大藏序, "臣腐儒也 其文不足以稱旨 然而竊念佛氏之道 以慈悲喜捨爲本 慈悲仁之事也 喜捨義之事也 然則其爲書之太旨亦可槩見矣 所謂數千萬卷者 以萬乘之勢 爲之非難 其書旣多 其費亦廣 未免浚民以充其用 恐非佛氏之意也".

159) 이 점은 동시기 유자인 李穀의 경우도 마찬가지다. 그는 "대체로 聖人의 好生之德과 佛者의 살생하지 말라는 경계는 동일한 仁愛이며 동일한 慈悲"(『稼亭集』 권6, 金剛山長安寺重興碑)라고 하였다.

성에게 해독을 끼치고 국가에 피해를 주어 빨리 완성하려고만 하고, 복을 심는다는 것이 결국 원망을 사는 길임을 모르는데, 木軒大師는 그렇지 않아 말이 지성에서 나왔으므로 대중들이 즐겁게 일을 하여 털 끝만치도 국가재물을 허비하지 않고, 약간의 백성의 힘을 빌리지 않고 그 이룬 사업이 이처럼 훌륭하니 이것은 마땅히 기록하여야 한다. 이 절을 창건한 것은 대개 태조께서 왕실과 나라에 이롭도록 하려 한 것 이요, 梁氏처럼 아첨한 것이 아니니……160)

그의 비판은 승려와 권세가가 결탁함으로써 끼치는 民과 國家에 대한 피해에 초점이 맞추어져 있다. 따라서 불교비판의 목적은 고려 태조 이래의 불교가 지닌 사회적 기능으로서 왕실과 국가를 이롭게 하는 일을 회복하는 데 두었다. 요컨대 국가체제의 운영이란 차원에서 불교의 사회적 긍정성을 복귀시키려 한 것이다.

반면 백문보는 최해의 불교배척론을 계승하였다. 우선 그의 불교에 대한 인식은 당시 고승인 懶翁語錄에 대한 序에서 드러난다. 그는 공민왕 12년 나옹의 문인에게서 책의 序를 부탁받았다.

道가 같지 않아 서로 도모할 길이 없으니, 나의 業이 유학으로 부처의 이치를 모르니 어찌 그 글을 쓰리요? 옛적에 曾子가 진실로 文으로 부처를 도왔으나 반드시 비판함에 이르렀으니 식자들이 이를 거부하지 않았다. …… 대개 理는 象이 있으며, 象은 數가 있으니 六六은 天地의 數이다. 천지의 기운이 합해 어울리고 만물이 和醇함은 모두 春風의 和氣에서 나오는 것이다. 이른바 一本에서 만 가지 달라짐[萬殊]은 역시 이 마음으로 움직이거나 그치게 하지 않는 것이 없으니 나옹의 한 구절의 形容 외에 다른 데 있으랴.161)

---

160)『益齋亂藁』권6, 記 重修開國律寺記, "余惟近世浮屠之流 有所經爲 必假勢於權豪之家 毒民病國 徒務亟成 而不知種福爲斂怨也 木軒大師則不然 言發于誠 衆樂爲用 不糜國秋毫之財 不藉民倉頃之力 其所樹立如是 是可書也 而玆寺之始創 太祖盖欲以利乎家邦 非如梁氏之爲者……".

여기서 그는 불교와 유교가 각기 다른 도임을 밝히고 있어, 최해처럼 유·불을 뚜렷하게 구분하고 있다. 또한 그는 본질인 '理'의 발현이 '象'으로 나타나는데, 그 표현은 숫자로 이루어진다고 하였다. 이 논리는 원래 『周易』의 해석 중에서 邵雍의 象數學을 바탕으로 한 것이다. 그래서 그는 소옹이 주장한 萬化와 萬事가 모두 마음에서 시작한다[162]는 논리를 차용하였다.

이처럼 백문보는 유교와 불교를 달리 보면서도, 자신이 나옹어록의 序를 짓게 된 것은 수련의 필요성 때문이라고 변명하고 있다. 물론 그가 이 글을 지어 준 배경에는 序에서 밝혔듯이 守侍中을 지낸 鐵城府院君 李嵒[163]의 권유도 작용했을 것이다.

그러나 그는 자신의 업을 유교로 보았으며, 또한 불교에 대해서도 척불론의 입장을 지녔다. 이에 그는 공민왕 12년 5월 무렵에 올린 척불소를 다음과 같은 전제 하에 출발하였다.

① 생각건대 국가가 대대로 東社를 지켜 문물과 예악은 옛날의 유풍이 있으나, 불의의 왜구 침입이 누차 있었고, 홍건적이 수도를 함락해 乘輿가 南狩하게 되었으니 말은 가히 마음이 아프다고 이를 만하다. 지금 어지러운 후에 民들이 살지 못하여 마땅히 관대한 은혜를 베풀어 살아남은 백성에게 끼쳐야 한다.

② 또한 天數가 순환하여 주기가 다시 시작되니 700년을 하나의 작은 주기[小元]로 하고 3600년을 큰 주기[大周元]로 하니, 이것이 皇·帝·王·覇와 理·亂·興·衰의 기간이다. 우리 동방은 단군 이래 지

---

161) 『淡庵逸集』권2, 懶翁語錄序, "道不同不相爲謀 予業儒不識佛理 何能冠其辭乎 昔曾子固以文助佛 必至詆訾 而識者莫有拒之 …… 蓋理有象象有數 六六是天地之數 天地氤氳 萬物和醇 皆不出於春風和氣 所謂一本萬殊 亦莫非此心可動可止 而不外乎懶翁一句形容".

162) 候外廬 외 지음, 박완식 옮김, 『송명이학사』1, 이론과실천사, 1993, 235쪽.

163) 『高麗史』권111, 列傳24 李嵒. 그의 생몰년은 충렬왕 23년(1297)~공민왕 13년(1364)이며, 初名은 李君侅이다.

금까지 3600년으로 이미 周元이 會하게 되었다.164)

그는 ①에서 현재의 국가위기를 설명하고 이를 ②의 역사논리와 결합시켰다. 즉 ①에서는 대외적인 침입으로 혼란기가 되었음을 시사하고, 이로 인한 현재 民의 문제를 제기하였다. 주지하듯이 이 상황은 주로 홍건적의 침입으로 연출된 것이다. 홍건적의 침입은 공민왕 8년에 시작되어 2차 침입 때인 동왕 10년 12월에는 개경이 함락되고 국왕이 福州로 피난하는 지경에 이르렀다.165) 이 두 차례의 침입은 고려국토에 상당한 피해를 주었다. 또한 이들을 토벌하기 위한 각종 인원과 물자의 동원은 국가재정의 심각한 위기와 농민의 재생산기반의 파괴를 가져왔던 것이다.

또한 이 당시에 왜구의 침입도 더욱 심화되어 공민왕대에는 침입 횟수가 대폭 증가하였으며, 피해지역 역시 전국으로 확산되었다. 이러한 상황은 지배층 내부에도 심각한 위기감을 불러일으킬 정도였다.

위에서 보면 백문보는 국가의 위기극복을 민과 연결해 보는 유교적 爲民論에 입각해 있었다. 이러한 그의 의식은 단지 고려왕실을 '국가'의 범주로 국한하기보다는 더 넓게 인식하고 있음을 보여준다. 고려의 사직이 아닌 '東社'로 표현함이 이를 말해 준다.

그에 따라 그는 ②에서 국가의 역사를 단군 이래 3600년으로 보았던 것이라고 생각된다. 요컨대 그는 『삼국유사』와 『제왕운기』의 인식을 받아들여 단군을 역사의 시작으로 보았다. 그러한 점에서 그의 인식은 당대사인 고려왕실의 역사 이해에 중심을 두려 했던 이제현과는 다르

---

164)『淡庵逸集』권2, 斥佛疏, "① 伏以國家世守東社 文物禮樂 有古遺風 不意冠患屢作 紅巾陷京 乘輿南狩 言之可謂痛心 今當喪亂之後 民不聯生 宜霈寬恩 以惠遺黎 ② 且天數循還 周而復始 七百年爲一小元 積三千六百年爲一大周元 此皇帝王覇理亂興衰之期 吾東方自檀君至今已三天六百年 乃爲周元會".

165)『高麗史節要』권27, 恭愍王 10년 12월.

다고 볼 수 있다.

또한 그의 인식에서 중요한 점은 현재의 문물과 예악에 古風이 남아 있음을 주지시켜, 유교적 입장에서 역사를 해석하려 했다는 사실이다. 그의 유교적 문명관을 보여주는 대목이다. 여기에는 과거의 문물과 예악을 복구해야 한다는 목적의식이 배어 있었다.

그의 복고지향은 현 시기를 새로운 역사주기의 시작으로 보는 점과 관련이 깊다. 그는 700년을 小元, 3600년을 大周元이란 단위로 설정하고, 그 사이에 皇・帝・王・覇와 理・亂・興・衰의 시기를 거친다고 하였다.

그런데 이 인식은 원래『주역』의 상수학적 변화원리를 역사에 대입시킨 것이다. 그는 앞서 말한 북송의 성리학자인 邵雍166)의『皇極經世書』의 도식을 자기 나름대로 이해하여 적용하였다. 소옹의 역사연표는 元・會・運・世 등의 시간개념으로 역사 사실을 배열하고, 이를 皇・帝・王・覇의 4단계로 구분지었다. 이 때 元・會・運・世는 春・夏・秋・冬처럼 끊임없이 순환하고 변한다는 이론이다.167)

그러나 백문보는 이것을 그대로 적용시키지는 않았다. 원래 소옹은 1元을 12會 360運 432世로 하여 1世를 30년으로 한 12만 9600년이 1元이 된다고 보았던 점에서 백문보의 元(3600년)과는 단위에서 차이가 난다. 그러한 점에서 백문보는 소옹의 논리에서 영향을 받긴 했지만 다른 기준을 갖고 있었다.

이 사실은 백문보의 易學에 대한 독자적 이해 수준을 짐작케 해 준다. 그는 이미 15세 때에「易學說」을 지었을 정도로 나름대로『주역』에 대한 이해가 있었다. 또한 자신의 號인 '動齋'도『주역』과 관련해

---

166) 邵雍(1011~1077)의 字는 堯夫, 시호는 康節로 河北 范陽人이다. 그는 『주역』의 표상을 象數에 입각해 풀어 낸 인물이다.

167) 候外廬 외 지음, 박완식 옮김,『송명이학사』1, 이론과실천사, 1993, 252~253쪽.

지은 것이며,168) 그의 문인이던 金九容169)의 號인 '惕若齋'에 대한
說170)도 『주역』 乾掛에 대한 해석을 바탕으로 써 주었다.171) 이처럼
백문보는 『주역』에 대한 해석을 바탕으로 현재의 역사단계를 설정하
고 있었다.

그런데 그의 인식에서 주목되는 점은 현재의 시점에 대한 이해이다.
그는 현재를 새롭게 문물을 정비한 국가체제가 시작되어야 할 시기라
고 보았기 때문이다. 그것은 대외침략 등으로 피폐해진 국가를 재건하
는 데 있어 유교문명을 바탕으로 재건한다는 점이 전제된 것이다. 이
는 결국 이제까지 국가운영에 긍정적으로 작용했던 불교의 기능을 부
정한다는 의미이다.

그래서 그는 유교에 입각한 사회건설을 위해 먼저 다음과 같은 제안
을 하였다.

> 마땅히 堯舜, 六經의 道를 높이고 功利禍福의 說을 행하지 말아야
> 합니다. 이와 같으면 上天이 순조롭게 돕게 되고 음양이 때에 맞아 國
> 祚가 연장될 것입니다. 바라건대 예종이 淸讌·寶文閣을 세운 故事를
> 염두에 두시고 天人道德의 說을 강구하시여 聖學을 밝히십시요.172)

그는 군주에게 천인도덕의 설인 유교를 택하고 공리화복의 설인 불
교를 버리라고 설득하였다. 이를 위한 구체적인 방법은 12세기에 건립

---

168) 『淡庵逸集』 권3, 動齋說, "動也者 吉凶悔吝之所由生 雖成人未嘗不致意於
此 …… 乾之象曰 天行健 君子以自强不息 行而健 動之至也".
169) 『淡庵逸集』 권3, 門人錄. 문인록에는 그 외에도 李崇仁, 權思福, 李茂方, 尹
紹宗 등이 올라 있다.
170) 『淡庵逸集』 권2, 惕若齋說.
171) 李男隨, 「白文寶의 性理學 受容과 排佛論」, 『韓國史硏究』 74, 1991, 34쪽.
172) 『淡庵逸集』 권2, 斥佛疏, "堯舜六經之道 不行功利禍福之說 如是則上天純
祐 陰陽順時 國祚延長 願念睿廟置淸讌·寶文閣故事 講究天人道德之說 以
明聖學".

된 淸讌·寶文閣의 사례에 입각한 經筵의 설립이다. 그는 군주의 수신이 유교를 통해 이루어지도록 권유한 것이다. 이러한 생각은 이제현이 제시한 서연 설치의 주장과 비슷하지만, 주로 군주수신의 측면에만 집중되어 있다는 면에서 그의 지향과는 차이가 있다.[173]

그가 군주수신을 위해 불교를 배척한 것에는 공민왕의 행적도 하나의 요인이 되었을 것이다. 공민왕은 즉위 후부터 불교계를 자신의 기반세력으로 포섭하려 했었다. 예컨대 공민왕은 원년부터 부처탄신일에 궁중에서 燃燈하고 잔치를 하는[174] 한편, 자신의 생일에도 內殿에 道場을 설치하고 3일간 기도를 올리기도 하였다. 이 때 당시 재상들이 생일을 축원하려 하였으나, 공민왕은 연회에 들어갈 비용으로 地藏寺 승려 1천 명에게 음식을 먹이게 하는 등 불교행사를 대대적으로 거행하였다.[175] 이러한 불교행사는 고려시대 국왕들에게 흔한 일이기도 하지만 공민왕은 이를 궁중에서 지속적으로 열었다는 점에 유의할 필요가 있다.

더구나 주목되는 것은 같은 달에 益和縣의 승려 普愚(普虛)를 궁중으로 불러들여 法에 대해 질문한 일이다.[176] 이 때 보우는 부처를 섬기는 것보다 국가통치를 위한 군주의 修明敎化가 중요하다고 지적하고, 새 절의 창건보다는 태조가 창건한 절만을 수축하라고 권유하였다.[177] 여기에서 당시 공민왕이 새로운 불교사원을 수축하고자 한 사실도 확

---

173) 이제현은 서연의 기능을 군주와 신료 간의 정치적 논의의 장까지도 염두에 두었다. 이 점에 관해서는 4장 1절 참조.

174) 『高麗史』 권38-8, 世家38 恭愍王 원년 4월 庚戌.

175) 『高麗史』 권38-8, 世家38 恭愍王 원년 4월 戊寅.

176) 공민왕과 보우와의 관계는 兪瑩淑, 「圓證國師 普愚와 恭愍王의 改革政治」, 『韓國史論』 20, 국사편찬위원회, 1990에 잘 정리되어 있다.

177) 『高麗史』 권38-9, 恭愍王 원년 5월 己丑, "虛曰 爲君之道 在修明敎化 不必信佛 若不能理國家 雖致勤於佛 有何功德 無已則 但修太祖所置寺社 新勿新創".

인된다.

공민왕이 새로운 사원수축을 꾀한 이유는 다음과 같이 생각된다. 즉 공민왕은 재위 5년에 보우를 王師로 봉하고 圓融府를 설치해 그 곳에 여러 관속을 두어 각 절의 주지임명권을 부여하고 師弟의 예를 행하였 다.[178] 아마도 공민왕은 그를 중심으로 하여 당시 불교계의 재편을 꾀 하려 했던 것으로 생각된다. 공민왕의 의도는 새로운 왕실사찰의 건립 을 통해 자신의 기반을 확보하는 한편, 기존 불교계의 주지임명권을 장악해 권세가들과 그들의 願堂과의 결합을 약화시키려 했던 것으로 추정된다. 주지하듯이 고려후기 권세가들은 사원과 결합하여 자신의 수조지나 농장 관리에 이를 이용했기 때문이다.

주로 왕실이나 자신의 기반을 확보하고자 한 이러한 공민왕의 의도 는 그가 취한 불교정책에 대한 비판 속에서 알 수 있다. 그 대표적인 것이 백문보가 척불소를 올리기 2년 전에 御史臺에서 올린 상소이 다.[179] 이 상소에서는 불교 승려들이 罪福之說로 과부와 부모 없는 딸 을 승려로 만들어 욕심을 채우는 등의 풍속퇴폐 및 鄕役의 吏와 公私 奴婢가 부역을 피해 불문에 들어가는 문제 등을 지적하였다.

이 상소의 주체는 어사대지만, 그 내용은 백문보의 척불소로 이어지 는 부분이 많다. 백문보는 불교를 '禍福之說'로 보고 다음과 같이 지적 하였다.

　신라가 처음 불법을 숭상했는데 백성들이 기뻐 출가하고 鄕驛의 吏 들이 모두 徭賦에서 도망하였고, 大夫의 한 자식은 역시 모두 祝髮하 여 근년에 이르러 그 폐가 더욱 심해졌습니다. 이에 군주에 아첨하고 民에 해를 주며 세상을 미혹하여 재물을 축내고 있습니다.[180]

---

178)『高麗史』권39-3, 世家39 恭愍王 5년 4월 戊辰, 癸酉, 乙酉.
179)『高麗史節要』권27, 恭愍王 10년 5월.
180)『淡庵逸集』권2, 斥佛疏, "新羅始崇不法 民喜出家 鄕役之吏 悉逃徭賦 大夫 有一子 亦皆祝髮 至于近年 其弊尤甚 媚君害民 惑世蠹財".

백문보는 출가에 따르는 폐해가 국가운영에 어떻게 영향을 미치는
가를 설명하였다. 특히 그의 지적은 중앙과 지방의 지배층인 대부와
향리의 출가를 문제시하고 있다는 점에서 특징이 있었다.

그의 주장은 사실상 어사대의 상소가 있던 다음 해 10월에 監察大
夫 金續命과 右獻納 黃瑾 등이 올린 것과도 비슷하였다. 그들은 불교
문제에 대해,

> 나라를 다스리는 道는 오로지 經史에 있는 것이지 佛書를 보고 나라
> 를 다스렸다는 말은 듣지 못했습니다. 전하께서는 지나치게 불교를 믿
> 으시어 중의 무리들이 이로 인해 청탁하여 私慾을 채우니, 원컨대 이
> 제부터는 중의 무리가 궁중에 출입하는 것을 금하시고, 다시 경연을
> 열어 날마다 나라 다스리는 도리를 물으시며, 항상 성현의 글을 보시
> 고 이단의 말을 듣지 마십시요.181)

라고 하였다. 이러한 논지는 治道의 방도를 유교로 설정하고, 이를 위
한 군주수신의 방편으로서 경연 설치를 촉구한 점에서 동일한 것이었
다. 또한 이것은 멀리는 무인집권기 최충헌이 제출한 봉사 제6조에서
승려들이 왕궁을 배회하면서 국왕의 총애를 빙자해 곡식으로 민들에
게 고리대를 해 이익을 취하므로 이들의 궁궐출입을 금지시키라고 촉
구한 것182)과 연장선상에 있다고 할 것이다.

다만 원간섭기 이후 이것은 불교 자체를 이단으로 여기고 불교가 담
당한 사회적 기능을 유교가 담당케 하려는 시도로 변화된다. 요컨대
백문보의 12년 상소는 앞서 행해진 사대부들의 논리를 집약시켜 반영
하고 있다.

181) 『高麗史節要』권27, 恭愍王 11년 10월, "治國之道 專在經史 未聞以佛書 致
治者也 殿下過信佛法 群髡緣此干謁濟私 自今願斷緇流出入禁闥 復開經筵
日訪治道 常觀聖賢之書 勿雜異端之說".
182) 『高麗史』권129-5, 列傳42 叛逆3 崔忠獻.

그 결과 백문보는 출가에 대한 제한을 제기하여 이를 국가의 통제 하에 두려고 하였다. 그 방안으로 제시한 것이 官에서 승려가 되는 허가증인 度牒을 통해 출가를 제한하되, 三丁이 부족한 경우는 허락하지 말라는 것이다.[183] 여기에는 고려전기 이래의 출가 제한을 확인하고 이를 고수하려는 의도가 내포되어 있었다. 원래 출가는 고려전기 靖宗 2년(1036)에 4子 중에서 1子에게 허용되다가[184] 文宗 13년(1059) 3子 중 1子로 변경된 이래,[185] 이 원칙이 후기까지 고수되었다.[186]

아울러 향리의 피역 현상이 심화되자, 충숙왕 12년 2월에는 州縣의 吏는 3子가 있어도 승려가 되지 못하게 하였고, 자식이 많은 경우라도 반드시 관에 고하여 도첩을 받아 한 아들만 가능토록 조치하였다.[187] 이러한 조치들은 避役을 위해 승려가 되는 숫자의 증가로 인한 국역체제의 붕괴를 막기 위한 것이었다. 그리고 이러한 조치의 발효는 불교가 지닌 국가체제 유지 기능의 상실을 의미하는 것이기도 하였다.

따라서 백문보의 출가 제한은 고려전기 이래의 원칙을 재확인하는 한편, 상실된 국가의 불교통제 능력을 도첩제의 운영을 통해 회복하려 한 것이었다. 그것은 총체적으로는 고려전기 이래 국가체제 유지에 기여한 불교가 사회적 기능을 상실했다고 파악하고 이를 유교로 대처하려고 시도한 것이기도 하다. 이에 따라 그는 현 시점을 유교를 기축으로 한 사회건설기로 파악하고 이를 정통으로 삼으려 했다. 결국 이는 역사인식과 척불론 등장의 상호관련을 보여준다고 하겠다.

고려후기 불교비판론의 요체는 논자마다 불교의 사회적 기능과 개인의 종교적 기능을 어느 정도 인정할 것인가에 달려 있었다. 비판론

---

183) 『淡庵逸集』 권2, 斥佛疏, "自今官給度牒 始得出家 三丁不足者 并不聽".
184) 『高麗史』 권6-8, 世家6 靖宗 2년 5월 辛卯.
185) 『高麗史』 권8-14, 世家8 文宗 13년 8월 丁亥.
186) 李炳熙, 『高麗後期 寺院經濟의 研究』, 서울대 박사학위논문, 1992, 132쪽.
187) 『高麗史』 권85-17, 志39 刑法2 禁令 忠肅王 12년 2월, "州縣吏有三子者 毋得剃度爲僧 雖多者 須告官得度牒 許剃一子 違者 子及父母俱治其罪".

이 현상적으로 사회적 폐단이란 점에 집중되어 나타나는 것도 불교가 지닌 사회적 기능에 대한 긍정적 시각에서 유래된 것이기 때문이다. 따라서 불교를 이단으로 규정하고 불교가 담당한 기능을 유교로 바꾸어야 한다는 주장은 이 시기 사회운영원리를 유교윤리에 기준하여 전환하려는 시도에서 돌출된 것이었다.

그러한 점에서 최해에서 시작된 이단론은 백문보에 이르러 역사인식과 결부되어 새로운 유교 문명사회를 지향하려는 인식으로까지 발전되고 있었다. 이는 결국 이후에 전개된 조선사회의 운영원리에 대한 전망이기도 하다. 아울러 이들의 이단론은 유교를 정통으로 하려는 정통론과 깊은 연관을 지녔다. 주자학에 대한 이해의 심화가 이에 큰 역할을 한 것은 말할 필요도 없다. 그러나 이것이 정통론으로서 확고한 특징을 드러내기까지는 아직 시대적 요건이 뒷받침되는 고려말기까지 기다려야 했다.

제4장 經世論의 내용과 성격

고려후기 사대부들은 자신들의 현실인식을 바탕으로 경세론을 제기하게 된다. 이러한 경세론은 여러 논자에 의해 제기되었으며 다양한 형태로 나타났다. 그런데 사대부들은 자신들을 국가운영의 주체로 자부하였으므로, 경세론은 국가정책의 문제로 제기되었다. 이것은 이 시기 사대부이며 儒者라면 당연한 임무로 생각했기 때문이다.

여기서는 그 중에서도 원간섭기의 대표적 유자인 이제현과 백문보의 경세론을 중심으로 다루려고 한다. 원래 이제현은 이규보가 무인집권기에 국가운영의 여러 문제를 제기한 이래, 이를 주자학적 사유에 근거하여 새롭게 정립한 인물이다.[1]

그가 충목왕 즉위년에 都堂에 올린 상서문 등은 그의 경세론을 잘 보여주고 있다. 또한 백문보[2]는 이제현과 달리 무반가문 출신이며,[3]

---

1) 잘 알려진 대로 그는 충선왕의 친위관료인 4學士였던 李瑱의 아들이며, 고려 후기 대표적 世族이 되는 權溥의 사위이다. 특히 그는 원간섭기에 재위한 대부분의 군주에게 仕宦하여, 고려전기 최승로에 비길 만한 역사적 경험을 지녔다. 이런 점에서 그를 원간섭기의 대표적 관료라고 평할 수 있다.

2) 백문보는 충렬왕 29년(1303)에 태어나 공민왕 23년(1374)에 죽었다. 字는 和父, 號는 淡庵 또는 動齋이고, 본관은 稷山이다. 그의 생애와 정치활동에 관한 것은 다음의 논고가 참고된다. 閔賢九,「白文寶研究 - 政治家로서의 活躍을 中心으로 - 」,『東洋學』17, 1987 ; 李男隨,「白文寶의 性理學 受容과 排佛論」,『韓國史研究』74, 1991 ; 李瑛珍,「고려 후기 恭愍王代 白文寶의 현실인식 - 白文寶의 時政8箚子를 中心으로 - 」,『于松趙東杰先生停年紀念論叢 韓國史學史研究』, 1997.

자신의 대에 이르러 처음 과거에 입사한 신진사대부이다.[4] 그는 충목
왕 3년 整治都監에서 使로 근무하면서[5] 사업의 실질적인 기획과 업무
를 관장하는 위치에 있었던 것으로 추정되고 있다.[6] 이와 같은 경험을
바탕으로 그는 공민왕 재위기간에 여러 개혁안을 올리게 되었다.

그런데 이들의 경세론은 주로 '古制'의 운영원리에 입각하고 있었다.
이 '고제'는 대개 고려초기의 제도 내지 중국 三代, 특히 周制를 의미
한다. 그들은 고제의 운영원리를 하나의 보편원리 내지 개혁기준으로
제시하면서 당시 변화를 반영시키려 하였다. 그에 따라 이들의 경세론
은 군주의 역할과 위상의 정립, 관료체계 및 민에 대한 수취체계의 정
비 분야로 나타났다. 이 장에서는 각기 君主修身論, 人事運營 改善論,
租稅制 整備論으로 나누어 다루려 한다.

---

3) 『高麗史』 권31, 世家31 忠烈王 20년 12월 戊戌. 그의 선조에 관한 기록은
   『淡庵逸集』 권3, 行狀에 나타나는데, 여기에 따르면 文宗代에 활약했을 것으
   로 여겨지는 白良臣과 그의 白堅 사이에는 약 150년의 간격이 있다(閔賢九,
   「白文寶硏究 - 政治家로서의 活躍을 中心으로 - 」, 『東洋學』 17, 1987, 237
   쪽). 白堅은 충렬왕 20년 郞將으로 鵲肉을 진헌하기 위해 원나라에 파견된
   적이 있을 뿐(『高麗史』 권31, 世家31 忠烈王 20년 12월 戊戌), 특별한 기록이
   보이지 않는다.

4) 그의 집안은 본가만이 아니라 외가와 처가 모두 무반이라는 공통점을 지닌
   다. 그 중 외가는 寧海 朴氏로 무인집권기 이후에 크게 성장했다가 朴瑊 代
   부터는 다시 쇠퇴하기 시작했다(閔賢九, 「白文寶硏究 - 政治家로서의 活躍
   을 中心으로 - 」, 『東洋學』 17, 1987, 238쪽). 처가는 平海 黃氏이며, 장인인
   黃瑞는 재상인 評理에 올랐다. 그는 충렬왕 23년에 낭장으로 金畵甕器, 野
   雉, 耽羅牛肉을 진헌하고(『高麗史』 권31-16, 世家31 忠烈王 23년 정월 壬
   午), 충숙왕 11년 6월에 評理로 원나라에 가 황후 및 황태자를 책봉한 것에
   하례한 경험이 있다(『高麗史』 권35-15, 世家35 忠肅王 11년 6월 戊午). 한편
   백문보의 부친도 元에 진헌물을 바치러 갔었는데, 이는 양 집안이 국왕 및 원
   나라와의 관계 속에서 성장했음을 시사한다.

5) 정치도감은 判事 4인, 使 9인, 副使 7인, 判官 12인, 錄事 6인으로 구성되어
   있었다(『高麗史』 권77-28, 志31 百官2 諸司都監各色 整治都監).

6) 閔賢九, 「白文寶硏究 - 政治家로서의 活躍을 中心으로 - 」, 『東洋學』 17,
   1987, 248쪽.

1. 朱子學的 君主修身論

사대부들은 군주의 사적 기반의 확대와 그들의 비도덕성을 문제시
하였다. 이러한 문제들이 기존 정치운영체제를 이완시키는 요인이 되
었기 때문이다. 따라서 이들은 시대에 걸맞는 군주의 위상과 역할에
대해 고민하지 않을 수 없었다.

원래 전근대사회에서 군주는 정치운영의 핵심적인 요소이다. 유교는
이러한 군주의 위상과 역할에 대해 다른 어떠한 이념보다 체계적 논리
를 지닌 이념이었다. 따라서 유교의 군주수신론은 이를 위한 방법론이
면서 하나의 정치이념이라고 볼 수 있다.[7] 그런데 이것은 시대적 변화
에 따라 설정되는 군주의 위상이나 역할의 변화에 따라 달라지게 된
다.

고려전기의 군주수신론은 유교경전인『書經』洪範, 無逸, 說命篇이
나『禮記』月令篇 등을 기초로 한 수신의 도덕적 원칙과 그 역할의 제
시로 나타나고 있었다. 그것은 유교의 天人感應說을 바탕으로 한 것이
다. 그리고 실질적인 통치운영의 모범으로는 唐 太宗의 貞觀之治가
제시되었다. 이에『貞觀政要』는 군주수신의 규범서적으로 꼽혔으며,[8]
최승로도 역시 이 책을 중시하였다.[9] 그가 제기한 고려전기 군주수신
론의 특징은 수조권 분급과 관리로 이루어지는 분산적이고 다원적인
지배체제의 유지와 관련해, 군주에 의한 국가운영의 사적 성격을 억제
내지 조절할 수 있는 능력과 규범을 마련하는 데 있었다.[10] 따라서 군

---

7) 고려시대 군주수신론에 대해서는 다음의 논저가 참고된다. 金勳埴,「麗末鮮
　初 君主修身論의 性格」, 서울대 석사학위논문, 1984 ; 都賢喆,「高麗末期 士
　大夫의 理想君主論」,『東方學志』88, 1995.
8) 이 책이 고려에서 처음 이용된 것은 光宗代부터이다(『高麗史』권2, 光宗 元
　年 正月). 이후 12세기에 金仁存은『정관정요』의 주석을 달았다(『高麗史』권
　96-10, 列傳9 金仁存).
9)『高麗史』권93, 列傳6 崔承老.

주는 이를 위한 귀족세력의 대표자로 기능하도록 그 역할이 부여되었다.[11]

이 때 군주의 수신 방법은 다양하게 제시되었다. 예를 들어 자연재해에 대해 군주는 불교 내지 도교 행사를 통해서 대처하거나, 『書經』 등에서 제시한 규범 준수를 촉구받았다.[12]

그런데 무인집권기 이후 현실적인 군주의 권위와 위상이 변화하였다.[13] 군주의 위상은 집정자보다 형식적으로만 우위에 있을 뿐 정치적 역할은 저하되어 전체 관료층의 이해관계의 대표자로 기능하지 못하였다. 원간섭기 이후에도 군주는 소수의 측근자에 의존하거나, 일부 권세가의 이해를 대변하면서 제 기능을 다하지 못했다.

특히 원간섭기 군주들의 행태는 왕위계승을 둘러싼 부자간의 정치적 갈등이나 지배층 내부의 분열을 낳았다. 예컨대 부자관계였던 충렬왕과 충선왕의 갈등[14]은 유교윤리적 입장에서도 문제였지만 각 군주와 관련된 정치세력 간의 대립을 발생시켰다. 물론 그 갈등의 배경에는 원나라의 국왕임명권의 실질적인 행사와 그에 따른 조종이 큰 작용을 하였다.

그런데 정치적 갈등은 충혜왕의 경우에 曹頔의 亂과 같은 상호 무력충돌로까지 발전되고,[15] 일부 附元勢力들은 이를 이용해 征東行省을 통한 고려의 立省論까지 제기하여 고려왕조의 존립 자체를 위협하

---

10) 김인호, 「여말선초 군주수신론과 『대학연의』」, 『역사와 현실』 29, 1998, 82쪽.
11) 이를 뒷받침하는 유교정치논리는 天命論과 爲民論이다. 이는 군주의 행위를 일정한 규범으로 제한하는 역할을 담당하였다.
12) 李熙德, 『高麗儒教政治思想의 研究』, 一潮閣, 1984.
13) 제2장 1절 참조.
14) 이에 관해서는 金光哲, 「고려 충혜왕의 왕위계승」, 『釜山史學』 28, 1995가 참조된다.
15) 『高麗史節要』 권25, 忠肅王 後8년 8월. 여기에는 瀋王 暠의 왕위획득을 위한 노력이 배경으로 작용하였다.

기도 하였다.[16]

아울러 군주의 사적 기반의 확대는 일반 관료나 민들의 이해관계를 심각하게 침해하는 요소였다. 여기에 더하여 군주의 비도덕적 행위는 군주의 위상과 역할에 대한 고민을 심화시키는 계기가 되었을 것이다. 충혜왕은 그 대표적인 경우였다. 가령 그는 內廐를 지으면서 민가 100채를 철거하고 타인의 토지를 강탈하여 여기에 소속시켜 그 租를 운반하는 수레로서 매일 100대를 사용할 정도였으며,[17] 민간의 처녀나 관료들의 妻를 간통하거나 강간하기도 하였다.[18]

이러한 문제에 대해 이제현은 주자학적 군주수신론을 처음으로 제기한 논자이다. 그는 충혜왕의 뒤를 이은 충목왕에게 올린 都堂 上書의 개혁론 중에서 무엇보다 군주수신을 강조하였다.

그런데 여기서는 먼저 그가 이상으로 삼은 군주상을 살펴보려 한다. 그가 생각한 군주상을 이해해야만 그의 지향을 추출할 수 있기 때문이다. 원래 주자학에서는 중국 三代의 군주를 도덕적 聖人의 완성자로 보아 하나의 표상으로 삼았다. 이에 堯·舜·禹·湯이나 文王 같은 이들이 君主修身의 이상적 모델로 제시된다.

이제현은 이와 같은 주자학적 이상군주상을 염두에 두고 있었다. 그는 중국에 갔을 때 三王廟(禹·湯·文王)를 배알하고 각기 頌을 썼다.[19] 이 곳에서 그는 우왕이 9년간의 홍수에 자신을 돌보지 않고 백성을 위해 노력한 덕을 칭송하였다. 탕의 경우는 초야의 賢人을 등용하고 민심에 순응하여 백성들에게 믿음을 준 존재라고 보면서, 『대학장구』의 '日日新 又日新'을 인용하였다. 아울러 문왕 역시 모범적 존재

---

16) 이러한 입성론의 내용과 성격에 대해서는 金惠苑, 「원간섭기 立省論과 그 성격」,『14세기 고려의 정치와 사회』 민음사, 1994 참조.

17) 『高麗史』 권36-24, 世家36 忠惠王 後4년 乙亥, "作內廐 破人家百餘區 廣築墻宇 又奪人田屬之 命護軍韓範 收其租 輪車日用百兩".

18) 『高麗史』 권36-25, 世家36 忠惠王 後4년 4월 甲申 ; 같은 책, 동년 3월 己卯.

19) 『益齋亂藁』 권9下, 頌 謁三王廟各獻頌.

로서 국토의 2/3나 통치하면서 은나라 섬김에 허물이 없었음도 지적하
였다.

이처럼 그가 생각한 이상적 군주는 우·탕·문왕임이 확인된다. 주
목되는 것은 3왕이 모두 爲民에 노력한 점을 특기했다는 사실이다. 이
는 그가 생각한 군주의 역할을 부각시키기 위한 것으로 이해된다. 원
래 유자들이 이러한 군주의 爲民政治的 행태에 주목하지 않은 것은
아니지만, 이제현은 군주 자신이 스스로를 돌보지 않고 민을 위해 노
력하거나 賢人 등용 등에 노력했음을 강조했던 것이다. 이 점은 '日日
新 又日新'의 명제를 제시했듯이 군주수신으로 이룩해야 함을 염두에
둔 인식 하에서 나온 것으로 판단된다.

또한 이제현은 요·순을 聖人으로 간주하면서 그 역할을 다음과 같
이 지적하였다.

> 聖人이란 원래 하는 바가
> 民을 위해서이고 자신은 위하지 않네
> 그대는 堯舜의 일을 보라
> 하늘을 앞서도 하늘이 어기지 않았던 것을
> 털끝만큼이라도 人欲을 채우면
> 잠깐 사이에 화액이 닥친다네[20]

이 시는 그가 원나라 吐蕃으로 유배간 충선왕을 만나려고 중국에
갔다가 삼국시대 魏의 도읍인 鄴城을 지나면서 지은 것이다.

이제현은 위 시에서 군주의 통치가 民을 위한 것이어야 하며, 자신
의 욕심을 위한 경우에 화가 닥친다고 보았다. 그것은 본받아야 할 성
인인 요·순을 염두에 둔 것이다. 유의할 점은 여기서도 그가 聖人이
란 私欲이 없는 존재이며 무엇보다 위민통치에 노력한다는 사실을 강

---

20) 『益齋亂藁』 권2, 詩 鄴城, "聖人有所爲 爲民非爲台 君看唐虞事 先天天不違
毫釐涉人欲 顧眄生禍機".

조했다는 것이다. 이 사실은 앞서 말한 3왕과 동일한 것이라 보는 입장
이며, 주자학에서 사욕이 없는 도덕의 정점에 선 존재를 聖人이라 보
는 것을 염두에 둔 인식이다.

요컨대 이제현이 생각한 이상적 군주상은 중국 3대의 성인적 군주
이며, 그 역할은 위민통치였던 것이다. 그리고 그는 이에 따른 군주를
사적 욕심을 추구하지 않고 日日新하도록 수양하는 존재로 설정하였
는데, 그 특징은 정치와 도덕의 일치에 있었다. 이로써 유추하면 그는
원간섭기 군주들의 사적 기반의 확대나 비도덕적 행위가 자신들의 사
욕 추구에 있다고 보고, 이를 天理에 맞추어 위민통치로 돌려야 함을
시사하고 있다.

그런데 이제현은 3대의 군주를 규범으로 하면서도 통치운영에 대한
실제적 교훈 사례로는 주로 고려전기 군주들을 제시하였다. 그의 주관
심이 고려왕조의 재건에 있었기 때문이다.

이러한 면에서 그가 주목한 군주는 고려의 태조인 것으로 생각된다.
충선왕은 이제현과 같이 원나라에 있을 때에 태조의 規模와 德量이
중국 宋 太祖와 같다고 평가하였다.[21] 이제현은 이러한 충선왕의 평가
를 史贊에 반영시켰다. 이 때 충선왕은 태조가 천명으로 군주가 되었
음을 전제로 그의 통치 방향을 유교적 시각에서 술회하였다.

> 살리는 일을 좋아하고 죽이는 일을 싫어하며, 상줄 사람에게는 반드
> 시 상을 주고 죄진 사람에게는 반드시 벌을 주며, 功臣들에게는 성의
> 껏 대우하되 권세를 부여하지 않고, 창업하여 王統을 전한 것이 실로
> 송 태조와 마찬가지다.[22]

이는 유교적 군주로서의 통치규범이다. 말하자면 충선왕은 이를 염

---

21) 『益齋亂藁』 권9下, 史贊 太祖.
22) 『益齋亂藁』 권9下, 史贊 太祖, "其好生惡殺 而信賞必罰 推誠功臣 而不假以
權 創業垂統 固宜一揆矣 至若宋祖".

두에 두고 자신의 정책방향을 수립해야 할 것임을 시사하고 있다. 그
에 따라 충선왕은 자신의 즉위교서에서 哈丹의 침공시 방어를 잘한 原
州 지역인들의 포상과 공신 자손들의 대우를 최우선으로 내세워[23] 위
의 규범을 실현하려 하였다.

이제현은 태조 史贊에서 또한 충선왕이 '총명하고 古道를 좋아하여'
중국의 주자학자인 閻復·趙孟頫 등과 교유하였음을 병기하였다. 그
는 충선왕이 태조처럼 창업군주와 같은 자세로 정치에 임할 것을 기대
했음이 분명하다.

반면에 그가 태평성대의 군주로 꼽은 이는 文宗이었다. 그는 먼저
현종 이래 덕종, 정종, 문종까지 80년 동안 왕위계승이 순조로웠음을
칭찬하였다.[24] 이러한 평가는 그의 정통적 왕위계승에 대한 바램이 반
영된 것임을 알 수 있다.[25]

문종에 대해서 이제현은 다음과 같이 평가하였다.

> 문왕은 근검절약을 몸소 실천하고, 어질고 재주있는 이를 모두 등용
> 하고, 백성을 사랑하고 형벌을 신중히 하였으며, 학문을 숭상하고 노인
> 을 공경하였으며, 벼슬을 적격자가 아니면 주지 않고, 권력이 친근자에
> 게 옮겨 가게 하지 않아서, 비록 戚里의 친척이라 하더라도 功이 없으
> 면 상주지 않고, 총애하는 측근의 사람이라 하더라도 죄가 있으면 반

---

23) 『高麗史』 권33-4·5, 世家33 忠烈王 21년 12월 戊申.

24) 『益齋亂藁』 권9下, 史贊 文王, "臣齊賢曰 顯德靖文 父作子述 兄終弟及 首
尾幾八十年 可謂盛矣".

25) 다만 4왕의 왕위계승은 부자간만이 아닌 형제상속이 들어 있어 성리학적인
왕위계승관과는 다른 측면이 있다. 이제현이 주목한 점은 4왕의 순조로운 계
승과 함께 이들이 모두 능력있는 군주였다는 사실이다. 이는 4왕에 대한 평
가가 모두 긍정적이었다는 점에서 찾을 수 있다. 예컨대 顯宗의 경우는 흠잡
을 것이 없다고 하였으며, 덕종은 존호 그대로 德을 쓸 만하다고 하였다. 요
컨대 이제현은 능력있는 군주의 계승이란 측면을 혈연적 정통의 그것보다도
우위에 두고 있는 것으로 생각된다.

드시 처벌하였으며, 宦官과 給使는 십여 명에 불과하고, 內侍는 반드시 功能이 있는 자를 뽑아서 충당하였는데 역시 20여 명을 넘지 않았다. 그리고 冗官을 혁파하니 일이 간편하고 비용이 절약되어 나라가 부유하였으며, 大倉에는 해묵은 곡식이 쌓였고 집집마다 요족하고 사람마다 풍족하니, 당시에 태평성대라 일컬었다.26)

이 평가는 이제현이 지닌 군주수신과 통치 방향에 대한 생각을 집약적으로 보여준다. 그 내용은 군주 자신의 근검절약과 함께 인재등용, 위민통치, 권력구조, 재정절약 등으로 요약된다. 그리고 여기에서는 또한 앞서 본 태조 사찬의 賞罰 원칙도 좀더 풀어 설명하고 있다.

그런데 주목되는 점은 국왕의 측근세력 양성에 대한 비판적 시각이다. 그는 문종 시기에 宦官·給使 및 內侍의 숫자가 매우 적다는 사실에 유의하였다. 그리고 총애하는 측근이라도 죄가 있으면 처벌해야 한다고 말하였다. 물론 측근세력의 양성에 대해서는 어느 유자라도 비판했겠지만, 당시 군주들의 측근세력 양성과 이들에 의한 정치운영의 폐해를 경험한 이제현으로서는 절실한 문제일 수 있었다. 그리고 冗官 혁파와 비용절감의 문제도 동일한 차원에서 보아야 할 것이다.

문종대는 많은 관제가 개편 내지 제정되면서 고려전기 국가운영체제가 완비되는 시기이다. 이로 인해 '舊制' 내지 '古法'은 태조대의 제도를 제외하면 주로 문종대의 관제를 의미하는 것으로 생각된다. 이러한 점에서 이제현이 생각한 '고제'는 문종대의 것을 주로 의미한다고 볼 수 있다. 그러므로 그는 문종대의 제도를 이상으로 삼아 현실을 개혁하는 것을 목표로 삼았던 것이다. 그가 문종대를 태평성대로 본 이유는 여기에 있었다.27)

---

26) 『益齋亂藁』 권9下, 史贊 文王, "而文王躬勤節儉 盡用賢才 愛民恤刑 崇學敬老 名器不假於匪人 威權不移於近昵 雖戚里之親 無功不賞 左右之愛 有罪必罰 宦官給使 不過十數輩 內侍必選有功能者充之 亦不過二十餘人 冗官省而事簡 費用節而國富 大倉之粟 陳陳相因 家給人足 時號太平".

따라서 이제현은 이러한 통치를 이룩하기 위해 군주의 수신이 필요하다고 여겼다. 그는 군주도 사대부처럼 '君子'的인 존재가 되어야 할 것으로 생각하였다.

人君이 天命만 믿고 욕심을 멋대로 부려 법도를 파괴하면, 비록 나라를 얻었을지라도 반드시 잃고 마는 것이다. 그러므로 군자는 세상이 다스려졌을 때에도 장차 요란하게 될까 생각하고, 편안할 때에도 장차 위태하게 될까 생각하여, 종말을 처음과 같이 삼가서 天休에 답하는 것이다.[28]

이는 8대 국왕인 顯宗에 대한 평가이다. 그 요지는 천명으로 군주가 된 사실만 믿고 放縱한다면 국가를 잃게 되며, 이를 막기 위해 항상 삼가라는 것이다. 그 논리의 밑바탕에는 항상 수신하는 자세로 하늘의 평가인 天休에 응답하라는 권유가 깔려 있었다.

그렇다면 이러한 역사인식을 바탕으로 이제현은 군주수신을 어떤 방법으로 이룩하려 했는가 하는 문제가 남는다. 그는 충목왕이 어린 나이로 국왕이 되자 都堂에 상서하면서 군주수신을 핵심 과제로 제시하였다. 여기서 그의 논의의 핵심은 군주의 학문 수련에 있다.

…… 공경하고 삼가는 실상은 덕을 닦는 것보다 더한 것이 없으며, 덕을 닦는 데 있어 중요한 것은 학문을 하는 것보다 더한 것이 없습니다. 지금 祭主 田淑蒙이 이미 師가 되었으니, 다시 賢儒 두 사람을 가려서 숙몽과 함께 『孝經』, 『論語』, 『孟子』, 『大學』, 『中庸』을 講하게 하여 格物致知 誠意正心의 도를 익히게 하고, 衣冠子弟 중에서 正直謹厚하고 好學하며 禮를 사랑하는 자 10명쯤을 선발, 侍學으로 삼아

---

27) 그러나 문종대에 대한 비판이 없었던 것은 아니다. 그는 불교와 관련해 사찰 건립의 비용과다와 사치 등을 비판하였다(『益齋亂藁』 권9下, 史贊 文王).

28) 『益齋亂藁』 권9下, 史贊 顯王, "人君恃有天命 縱欲敗度 雖得之必失之 是故君子理思亂安思危 愼終如始 以對天休".

좌우에서 輔導하게 하여, 四書를 익힌 후 六經을 차례로 講明하게 함
으로써 驕奢, 淫泆과 聲色, 狗馬를 눈과 귀에 접하지 못하게 하여야
합니다. 이리하여 습관이 성품과 함께 완성되면 덕으로 나아감을 스스
로도 깨닫지 못하게 되는 것이니, 이것이 더없이 급한 當務인 것입니
다.29)

이제현은 군주로서의 덕을 갖추기 위해서는 학문이 가장 중요하다
고 보았다. 그리고 이를 위한 제도적 방법으로 현재 師傅인 田淑蒙 외
에 두 명을 더 배치하고, 衣冠子弟 중 10명을 선발해 侍學으로 삼아야
한다고 주장했다.

이 방법은 과거에 행하던 천재지변에 대한 消災道場의 설치나 『書
經』無逸, 洪範編에 입각한 규범의 준수와는 성격적으로 다른 것이었
다. 이제현은 국왕의 경우에도 사대부처럼 주자학적 공부법에 따른 四
書 중심의 학문수련을 요구했던 것이다. 그는 이에 따라 형식적인 형
태의 수신보다는 학문에 기반한 마음의 수련을 중시하였다. 요컨대 주
자학에서 말하는 군주의 心 수련이 정치능력과 연결된다는[修己治人]
인식 하에서 이에 필요한 공부[格物致知]를 우선시하고 있는 것이다.

원래 주자학적 군주수신의 목표는 聖人이나 賢人이 될 것이다. 이제
현은 이를 직접적으로 제시하지 않았지만, 그의 문인인 李穀은 天子,
諸侯, 卿, 士, 庶人에 대한 스승[師]이 각기 다름을 전제로 다음과 같
이 술회하였다.

句讀의 訓, 藝術의 敎, 德義의 傳은 편벽되어서는 안 될 것이다. 이

---

29) 『高麗史』 권110-34, 列傳23 李齊賢, "……以敬以愼 敬愼之實 莫如修德 修
德之要 莫如嚮學 今祭主田淑蒙 已名爲師 更擇賢儒二人 與淑蒙 講孝經語
孟大學中庸 以習格物致知 誠意正心之道 而選衣冠子弟 正直謹厚好學愛禮
者十輩 爲侍學 左右輔導 四書旣熟 六經以次講名 驕奢淫泆 聲色狗馬 不使
接于耳目 習與性成德造罔覺 此當務之莫急者也".

를 庶人과 비교하거나 卿, 大夫, 士와 비교해서 더욱 중시해야 한다. 聖人이나 賢人에 도달함을 기약할 것이니 더욱 힘쓰지 않으면 안 된다. 위로는 천자가 있고, 아래로는 卿, 士, 庶人이 있으니 더욱 조심하지 않으면 안 된다.[30]

그의 논리는 각 신분별로 수신에 필요한 스승과 배워야 할 부분이 다르다는 것이다. 여기서는 고려의 군주가 諸侯임을 전제로 세 가지를 익혀야 한다고 되어 있다. 이처럼 그의 군주수신론은 이제현이 제시한 사대부의 四書工夫라는 단일한 방법과 다르게 신분에 따른 차별성을 지니는 특징이 있다.[31] 그러나 양자의 수신에 대한 목표는 동일했을 것이라고 여겨진다. 그 목표가 聖人 내지 賢人으로 같다는 점이 위에서 확인된다.

반면에 주자학적 군주수신론은 고려시기에 불교 승려들이 내세운 군주수신론과는 달랐다. 승려들은 王師나 國師로 임명되어 궁궐에 출입하면서 불교교리에 입각한 修身法을 군주들에게 제시하였다. 그러한 점에서 공민왕의 王師인 보우의 군주수신법은 이를 이해하는 데 참고가 된다. 그는 공민왕이 法語를 청한 것에 대해 '마음[心]'을 '부처' 내지 '모든 법의 王'이라고 하면서 마음의 부처를 관찰하고 깨우쳐야 한다고 하였다.

전하께서 자기 부처를 관찰하셔야 합니다. 萬機하시는 餘暇에 殿上에서 바로 앉아 일체의 선악을 조금도 생각하지 마시고, 몸과 마음을 모두 버리되 금이나 나무로 만든 부처처럼 하시면, 났다 사라졌다 하

---

30) 『稼亭集』 권7, 師說贈田正夫別, "其句讀之訓藝術之敎德義之傳 尤不可偏廢也 比之庶人 比之卿大夫士 尤不可不重也 期至于聖若賢 尤不可不勉也 上有天子 下有卿士庶人 尤不可不愼也".
31) 그러나 이곡도 학문을 수신의 기본으로 했음은 물론이다. 이에 관해 그는 "군주를 섬기고 부모를 섬기며 修己治人은 모두 배움에서 얻어지는 것"(『稼亭集』 권2, 金海府鄕校水軒記)이라고 하였다.

는 망령이 모두 滅하고 滅했다는 생각마저 滅하게 되면, 어느 사이에
마음이 고요하여 움직이지 않아 의지할 곳이 없어지고, 몸과 마음이
갑자기 텅 비어 허공을 의지한 것같이 될 것입니다.[32]

이처럼 보우는 분별하는 마음을 없애고 자신의 부처를 찾아가도록
하는 방법을 사용토록 하여 禪宗의 '不立文字'적인 것을 제시하였다.
이 방법은 앞서 본 주자학의 학문에 입각한 '格物致知 誠意正心'의 수
신론과 직접적으로 대비되는 것이다. 주자학적 방법은 학문을 익혀 모
든 사물을 분별하고, 그 최종적인 근거를 윤리에 입각한다는 것이기
때문이다. 반면에 불교의 수신론은 마음에서 이러한 분별을 없애는 수
련을 제시하고 있다. 이처럼 양자의 논리에는 차이가 있었으며, 유자들
은 주자학적 방법을 통해 군주의 정치능력을 함양시키고자 하였다.

또한 군주수신의 타당성을 검증할 수 있는 제도적 장치가 요구되었
다. 이제현은 개혁안에서 세자를 대상으로 설치하는 東宮官과 비슷한
제도를 제시하였다. 당시 충목왕이 8세의 어린 나이로 왕위에 올랐기
때문에 그에 필요한 교육을 修身의 일환으로서 제기한 것이다.

원래 동궁관은 顯宗 13년에 師·保와 기타 屬官을 두는 것으로 출
발해 문종대에 太師·太傅·太保로서 종1품을, 그 외 3품관의 손자와
5품관 이상의 아들 20명을 뽑아 東宮侍衛公子로 임명하면서 제도적
발전을 이룩하였다.[33] 이것이 변화하여 충렬왕 2년에 世子詹事府로
바뀌었으며, 그 후 충선왕이 世子府로 변경시켜 고려전기와는 차이가
나게 되었다.[34]

---

32) 『太古集』 法語 玄陵請心要, "殿下應觀自佛 萬機之暇 正坐殿上 一切善惡
   都莫思量 身與心法 一時都放下 一如金木佛相似 則生滅妄念盡滅 滅盡的亦
   滅 閞爾之間 心地寂然不動 無所依止 身心忽空 如倚太虛相似".
33) 『高麗史』 권77-19, 志31 百官2 東宮官.
34) 『高麗史』 권77-20, 志31 百官2 東宮官. 충선왕의 세자부는 諮議 1인(정3품),
   翊善 1인(정5품), 伴讀 1인(종5품), 直講 1인(정6품), 丞 1명(종6품), 司直 1인

이제현의 방안은 고려전기의 동궁관제와 유사한 형태의 교육제도를 만드는 것으로, 고려전기 문종대의 三師 및 東宮侍衛公子와 유사한 형태를 지향했던 것이다. 이 방안은 전숙몽 이외에 賢儒 두 사람을 더 선발하여 三師로 만들고, 衣冠子弟 10명을 侍學으로 국왕 주변에 배치하여 일종의 東宮侍衛公子처럼 지배층 자손을 주변에 포진시킨다는 안이다. 이처럼 그는 고려전기 문종대의 제도로의 복귀를 염두에 두었으며, 나아가 중국의 周나라 관제를 최종적인 이상으로 여긴 것으로 생각된다.35) 다만 그 대상이 동궁에서 나이 어린 군주로 바뀌었을 뿐이다.

그는 이를 통해 군주의 사적 기반의 확대와 비도덕적 행위를 방지하고자 하였으며, 그와 함께 군주와 신료 간의 상호관계에 입각한 정치체제를 구축하려고 하였다.

> 임금과 신하의 義는 한몸과 같아, 머리와 팔다리가 親附하지 않아서야 되겠습니까? 지금 재상은 연회가 아니면 만나지 못하고 특별히 부르지 않으면 나아갈 수 없으니 이것이 무슨 이치입니까? 청컨대 날마다 편전에 나와 앉아서 늘 재상들과 함께 정사를 의논해야 하지만, 혹 날을 나누어 進對하게 하는 것도 가하니, 비록 일이 없더라도 이 禮를 폐해서는 안 됩니다. 그렇지 않으면 大臣과는 날로 멀어지고 宦寺와는 날로 친해져 民의 休戚과 宗社 安危에 대해 上達할 수 없을까 염려됩니다.36)

(종6품), 記室參軍 2인(정7품)으로 구성되어 있다. 따라서 이것은 고려전기의 동궁관보다는 많이 달라진 것이며, 세자의 교육이란 측면은 거의 간과된 편제이다. 특히 고려전기의 侍衛公子나 給使 등과 같이 관료 자제를 배치하는 것은 완전히 없어졌다.

35) 원래 三公인 太師·太傅·太保는 중국 周나라의 제도이다(『書傳』 권6, 周書 周官). 이것이 唐에서는 三師(太師·太傅·太保)와 三公(太尉·司徒·司空)으로 나타나며, 태자에 대해서는 따로 三師를 두었다(『唐六典』 권1·권26).

36) 『高麗史』 권110-34, 列傳23 李齊賢, "君臣義同一體 元首股肱不親附可乎 今

이제현이 중시한 것은 군주와 신료가 일정한 관계를 맺도록 하는 일이다. 그럴 때 군주의 위상은 인체의 머리로, 신료는 팔다리로 비유되었다. 그러나 군주가 이와 같은 위상을 갖기 위해서는 工夫와 함께, 신료들과 항상적인 관계를 유지해야 한다고 주장하였다.

그가 이러한 주장을 편 이유는 당시의 정치가 재상보다는 宦寺와 같은 측근세력에 의존하여 행해지고 있었기 때문임은 말할 것도 없다. 아울러 군주가 공부를 바탕으로 이전보다 적극적인 정치적 역할을 담당해야 함을 의도한 것이다. 예컨대 백문보는 측근정치로 인한 폐단을 다음과 같이 평가했다.

왕[충숙왕]이 燕京에 5년 만에 심하게 勞苦하며 놀라서 정신을 손상하였으므로, 본국에 돌아와서는 항상 깊숙한 궁전에 거처하면서 즐거워하지 아니하며, 朝臣을 접견하지 않고 정사를 보지 않았다. 이로 인하여 小人들이 함께 나와서, 祖倫・崔安道・金之鏡・申時用과 같은 자들이 정권을 專斷하여 벼슬을 팔고 刑獄을 팔아 못하는 짓이 없었으며, 臺諫의 章疏는 중간에서 저지당하고 아뢰어 들리지 못하였다.37)

이는 충숙왕이 복위한 이후의 정치상황에 대한 평가이다. 그 요점은 충숙왕이 군주로서 정치적 역할을 포기하고 측근세력에게 정치를 일임해 생긴 문제에 있었다. 그 문제란 군주가 朝臣을 접견하지 않고 대간의 상소가 저지당해 정치운영의 원칙이 깨졌다는 것이다. 아울러 일부 세력이 인사 및 형벌권을 장악하여 정치를 주도한 것도 문제시되었다.

이제현은 이를 방지하기 위해 進對라는 형식을 제시하였다. 여기에

宰相非宴會不相接 非特召不得進 此何理乎 當請日坐便殿 每與宰相論議政事 或可分日進對 雖無事不廢此禮 不然則大臣日疎 宦寺日親 生民休戚 宗社安危 恐莫得而上聞也".
37)『高麗史節要』권24, 忠肅王 15년 7월.

서 진대는 단지 재상과 군주가 만나는 禮만을 지칭하는 것은 아니다. 왜냐하면 이것이 군주의 학문수련 제시자료와 연속되고 있기 때문이다. 그러한 점에서 진대는 재상을 師로 삼아 공부하고 아울러 정사도 논의하는 기구인 書筵을 설치하자는 주장이라고 생각된다. 요컨대 그의 주장은 현재까지 정례적 제도로 정착하지 못한 세자의 교육기관인 서연38)을 군주의 공부에 그치지 않고 정치논의기구라는 차원으로 승격시키자는 내용이다.

이전에 경연은 12세기 유교문화의 발전과 함께 睿宗 11년 11월 寶文閣 설치 이후에 시작되었다.39) 經筵講義는 淸讌閣에서 주로 이루어졌으며, 교재로는 『尙書』가 많이 이용되었다. 그런데 이 제도는 완전히 정착되지 못하고 무인집권기 이후에는 사라졌다. 다만 원간섭기에 들어와 충렬왕 이래 간헐적으로 몇 차례 이루어졌던 것이다.

이제현의 의도는 이를 정치논의기구라는 차원까지 승격시켜 하나의 제도로 정착시키려는 데 있었다고 추정된다. 실제로 충목왕은 이 건의를 수용하여 서연을 설치하였다.

① 충렬왕 이후로 보문각은 다만 그 이름만 남았는데 충목왕이 즉위한 초기에 大臣이 書筵官을 청하여 四番으로 나누고 날을 바꾸어 侍讀하게 하였다.40)
② (충목왕 즉위년 6월 을묘) 서연을 두었다. 右政丞 蔡河中, 左政丞 韓宗愈, 判三司使 李齊賢 …… 德寧府注簿 洪俊 등이 날을 바꾸어 侍讀하였다.41)

---

38) 權延雄,「高麗時代의 經筵」,『慶北史學』6, 1983, 12쪽.
39) 이에 관해서는 權延雄,「高麗時代의 經筵」,『慶北史學』6, 1983, 4~12쪽 참조.
40) 『高麗史』권76-29, 志30 百官1 寶文閣, "忠烈王以後 寶文閣徒有其名 忠穆王初立 大臣請書筵官 分四番 更日侍讀".
41) 『高麗史』권37-4, 忠穆王 즉위년 6월 乙卯, "置書筵 以右政丞蔡河中·左政丞韓宗愈·判三司使李齊賢 …… 德寧府注簿洪俊 更日侍讀".

충목왕이 즉위한 이후 서연을 설치하였고, 이제현을 포함한 대신들이 이 곳에 참여했음을 알 수 있다. 여기에 참여한 것은 총 48명이며 정6품관까지 들어갔다(②).[42] 이들이 모두 시독하였는지는 알 수 없지만, 중요한 점은 당시 정6품관까지의 주요 인물이 대개 書筵官이었다는 사실이다. 이는 이제현의 구상대로 재상급의 進對를 확대시켜 중요 관료와 군주가 만날 수 있는 서연으로 정례화하려고 했다는 사실을 확인시켜 준다.

따라서 서연은 군주가 신료와 만나 학문만이 아니라 정치 현안까지 논의하는 장으로서의 역할을 담당하게 된다. 군주는 관료들의 의견과 이해관계를 반영할 통로로 이 곳을 이용하고 최종적으로는 이들을 대표하는 위상과 역할을 갖도록 하는 것이다.

이처럼 이제현이 구상한 군주수신론의 특징은 개인적 덕성이나 학문적 차원의 함양에만 그치는 것이 아니라 정치운영 능력과 결부시켰다는 점에서 고려전기와 구별된다.

그의 구상은 군주의 주자학 공부를 위해 三師를 두는 한편, 여기에 선발된 지배층 자제[衣冠子弟]를 侍學으로 두어 양자 간에 정치적 관계를 맺게 한 이후, 실제 정치운영은 서연을 통해 이루어지도록 한다는 것으로 추정된다. 이를 통해 그는 실추된 국왕의 위상을 관료들의 대표자로 올리고, 국왕을 이들의 이해관계를 조절할 수 있는 정치적 능력을 갖춘 존재로 만들고자 하였다. 이 때 서연은 자신의 개혁방안을 실현할 수 있는 장으로 구상되었을 것이다.

그러나 그의 구상은 개혁추진의 좌절과 함께 충목왕의 짧은 재위기간(4년)으로 제대로 실현되지 못하였다. 또한 충목왕을 뒤이은 忠定王은 12세에 즉위하여 3년 만에 폐위되었는데, 서연이 설치되었다는 기

---

42) 書筵官의 명단과 관직은 權延雄,「高麗時代의 經筵」,『慶北史學』6, 1983, 14쪽 <표 3>에 잘 정리되어 있다. 그는 이 명단에 있는 48명이 모두 서연에 入侍하지 않고 田淑蒙과 함께 이제현이 추천한 安軸·李毅이 참여한 것으로 보았다.

록이 보이지 않는다. 이 시기에 이제현은 정계에서 은퇴해 있었고, 그
의 세력들도 거의 정치운영에 참여하지 못하고 있었다. 당시 政丞 王
煦가 죽고 그가 충목왕대에 맡았던 整治都監이 폐지되었으며,[43] 朴忠
佐·李穀 등이 계속하여 사망했던 것이다.[44] 이로 인해 그의 개혁안은
제대로 실현될 수 없었다.

이후 이제현의 서연에 대한 구상이 실현된 것은 공민왕이 즉위하면
서부터이다. 공민왕은 즉위하면서 그를 攝政丞 權斷征東省事에 임명
해 귀국할 때까지 자신을 대행하도록 했으며, 귀국한 후에는 수상인
都僉議政丞으로 기용하였다.[45] 그리고 이듬해인 원년 8월 己未에는
서연을 열고 永川府院君 李能幹, 金海府院君 李齊賢 이하 典理判書
白文寶까지 14명을 교대로 시독하게 하였다.[46]

이 때 내린 교서에는 서연의 정치적 목적이 뚜렷하게 제시되어 있
다.

> 원로·대신과 사대부들이 교대로 入侍하여 經史와 法言을 進講하
> 며, 무릇 권세가에서 田宅과 노비를 빼앗아 여러 해 동안 송사하고 있
> 는 사건과 무고하게 오래 갇혀 있는 사건을 심의해 처리하라. 僉議와
> 監察은 나의 耳目이니 時政 得失과 민간의 利害에 대해 직언하여 꺼
> 리지 말라.[47]

---

43) 『高麗史』 권37, 世家37 忠定王 元年 7월 癸巳 ; 同年 8월 甲辰.
44) 『高麗史』 권37, 世家37 忠定王 元年 閏7월 丁丑 ; 3년 正月 辛亥.
45) 『高麗史』 권38-1·2, 世家38 恭愍王 즉위년 10월·11월 乙亥.
46) 『高麗史』 권38-11, 世家38 恭愍王 원년 8월 己未. 참석자는 權延雄, 「高麗時
   代의 經筵」, 『慶北史學』 6, 1983, <표 4>에 정리되어 있다. 여기에 따르면 府
   院君 등과 같은 종1품관이 모두 7명이고, 정2품관이 7명, 종2품관으로 密直
   副使 安牧과 정3품관인 백문보로 되어 있다. 이처럼 서연관은 대개 원로급
   관료와 백문보와 같은 신진사대부로 구성되어 있다.
47) 『高麗史』 권38-12, 世家38 恭愍王 元年 8월 己未, "敎曰 元老大臣大夫士 輪
   次入侍 進講經史法言 凡權勢所奪田宅奴婢 積年之訟 與夫冤滯之獄 其審治

서연은 앞서 충목왕대에 설치되었던 田民辨定都監의 한계를 극복
할 수 있는 정치적 대안으로 설치되었다. 그 기능은 공민왕이 府院君
들과 같은 정계 원로 및 정부고위층과의 토론을 통해 전택 및 노비 등
과 같은 첨예하게 대립되는 상호 이해관계를 조절하려는 데 있었다고
판단된다. 그리고 이러한 의도를 백문보와 같은 실무 관료들에게 실행
시켜 나가려 한 것으로 보인다. 이는 과거에 王煦가 만든 전민변정도
감이 부원세력 및 보수세력과의 충돌로 인해 목적을 달성하지 못했던
경험을 살려, 이들 간의 이해관계를 조절하면서 개혁을 추진하는 주체
로 서연을 설정했다는 정치적 의미를 지닌다.[48]

이처럼 이제현의 구상은 공민왕대에 들어와서야 실현되었다. 그리고
그의 군주수신론은 군주의 정치능력과 밀접한 연관을 지닌 것이었다.
이러한 그의 구상의 특징은 이를 四書工夫라는 학문에서 출발시켰다
는 점에서 고려전기의 다양한 수신 방법과 차이가 있었다. 또한 그의
주자학적 군주수신론의 중요성은 이후 고려말기 사대부들에게 계승
발전되어 간다는 점에도 있었다. 예컨대 정도전[49]이나 李詹[50]의 군주
론은 이와 같은 이제현의 제시를 확대 심화시킨 것이라 볼 수 있는 것
이다.

之 僉議監察 是予耳目 時政得失 民間利害 直言勿諱".
48) 이러한 성격에 관해서는 金永煦가 서연에 참여하여 공민왕에게 변정도감의
    폐지를 요청하자, 공민왕이 서연 개설이 좋은 말을 들으려고 한 것이라고 하
    면서 몸이 편치 않다는 구실로 내전에 들어갔다는 사실에서 어느 정도 유추
    할 수 있다(『高麗史』 권104-32, 列傳17 金永煦).
49) 『三峯集』 권11, 別集上 經濟文鑑 君道.
50) 李詹은 군주수신론으로 九規를 제시하였다(『高麗史』 권117, 列傳30 李詹).

2. 人事運營 改善論

1) 政房革罷와 科擧論

고려후기 사적 정치운영의 확산은 사회적 모순을 심화시키는 주요
한 요인이었다. 이 문제는 현상적으로 군주나 권문세가들이 자신의 인
맥을 국가의 공적 기구에 경쟁적으로 편입시키면서 상호 정치적 갈등
을 증폭시키고 있었다. 따라서 사대부들은 군주와 관료들의 역할에 유
의해야 했다. 당연히 그들의 경세론에는 인사운영의 차원에서 이 문제
가 포함되었다.

특히 이제현이 제기한 방안은 인사운영의 파행주체로서 政房을 설
정하고 그 혁파를 전제로 하였다. 아울러 그는 관료선발과 관련하여
과거제 개선 방안을 제시하였다. 그가 유의한 것은 선발될 관료들의
德目 함양의 문제였다. 이 문제는 새로운 유형의 관료 및 그 예비군의
양성과 관련되는데, 이는 결국 주자학적 경세의식을 갖춘 사대부로 구
체화될 것이다.

먼저 이제현은 사대부의 덕성과 관련해 당시 그들의 도덕성을 풍자
하였다.

> 근래에 어떤 達官이 鳳池蓮이란 늙은 기생을 희롱하면서 "너희들은
> 돈많은 僧은 따르면서 사대부가 부르면 왜 그렇게 늦게 오느냐?" 하니
> 그 기생이 "요즘 사대부들은 富商의 딸을 데려다가 두 살림을 꾸리거
> 나 아니면 그 婢子로 妾을 삼는데, 우리가 진실로 緇素를 가린다면 어
> 떻게 朝夕을 지내란 말이오?" 하므로 온 座中이 부끄러운 표정을 지었
> 다.51)

---

51) 『益齋亂藁』 권4, 詩 小樂府, "近者 有達官戲老妓鳳池蓮者曰 爾曹惟富沙門
是從 士大夫召之 何來之遲也 答曰 今之士大夫 取富商之女 爲二家 否則妾
其婢子 我輩苟擇緇素 何以度朝夕 座者有愧色".

그는 당시 사대부들이 경제적 여유와 출세를 위해 富商과 혼인관계를 맺어 두 명의 처를 갖거나, 또는 婢子를 첩으로 삼는 세태를 이와 같이 풍자하였다. 이 문제는 조선초기까지 이어진 혼인관계의 문란을 지적한 것으로, 이제현이 宗室傳序에서 말했듯이 인륜의 근원을 부부관계의 확립에 있다고 본 인식에서 비롯된 것이다.

그런데 부상과의 혼인을 통한 결합은 당시 뇌물이나 청탁에 의해 공공연히 仕宦이 이루어진 데서 연유된 현상이기도 하다. 예컨대 충혜왕의 嬖幸이던 梁載는 銓注를 장악하고 宦寺와 결탁해 政柄을 농락하였다. 이에 請謁이 넘치고 뇌물이 공공연히 행해져 사대부가 그 門에서 많이 나오게 되었다는 것이다.52) 심지어 그의 추천으로 色目의 富商인 崔老星이 君까지 된 경우도 있었다.53) 이처럼 경제력은 仕宦을 위한 요건이 될 수 있었고, 이로 인해 비도덕적인 사회현상이 심화되었다고 사대부들은 인식하였다.

이제현과 친밀했던 최해54)는 당시에 이러한 일을 겪었다.

　　10년 전에 임금의 총애를 받는 한 內竪에게 모함을 당하였다. 비록 내가 게으르고 겁이 많지만 가서 그를 보지 않을 수 없었다. 가보니 당시 賢士大夫들이 모두 그의 객이 되어 그 집 대문은 시장 같았다. 잠시 후 內竪가 나오자 객들이 계속 절하고 무릎을 구부리며 서로 뒤질까 하였다. 나는 士가 이와 같음은 부당하다 보아 예로써 서로 보려 했으나 내시는 거만하게 바라보다가 말에 올라 돌아보지도 않고 가버렸다.55)

---

52) 『高麗史』 권124-24, 列傳37 嬖幸2 王三錫 附 梁載, "與郎將曹莘卿 掌銓注 交結宦寺 竊弄政柄 請謁盈門 賄賂公行 士大夫多出其門".

53) 『高麗史』 권124-25, 列傳37 嬖幸2 王三錫 附 崔老星.

54) 이제현은 그에 관해 시에서 "益齋가 젊었을 때 서로 추종한 이는 다만 安當之(安軸)과 崔拙翁(崔瀣)였다네"라고 하였다(『益齋亂藁』 권4, 詩 悼安謹齋當之軸). 여기에서 세 사람의 관계가 긴밀했음을 짐작할 수 있다.

55) 『拙藁千百』 권2, 崔大監墓誌, "憶在十年時 見誣於一隷竪得行於王者 雖予

최해는 사적 정치운영 구조로 인해 국왕 측근인 內竪에게 위와 같은 일을 당하였다. 특히 그가 개탄한 것은 당시 사대부들이 신분적으로 하위인 內竪에게 이러한 굴욕을 견디면서까지 그들을 대해야 한다는 점이었다.

그래서 이제현은 책문에서 출제하기를,

그러나 조정에는 덕으로 양보하는 풍속이 없고 민간에는 태평한 기상이 없으며, 시비가 분분하고 도둑이 일어나고 있으니, 오히려 요행으로 면하는 것도 얻지 못할까 염려되는데, 하물며 그 부끄러움을 알고 감화되기를 바라겠는가? 무릇 이렇게 된 것은 무엇 때문인가?56)

라고 물었다. 그는 유자답게 이러한 현상을 비도덕성으로 인한 사회문제로 인식하였던 것이다.

이러한 현실을 타개하기 위해 이제현은 새로운 유형의 관료층을 형성시키려고 하였다. 그 방안은 과거제의 변경을 통해 이전과는 다른 성향의 관료를 선발하는 일이었다. 이에 충숙왕 7년 6월 禮部試에서 그는 과목 중에 詩賦를 없애고 策問을 포함시켰다.

李齊賢·朴孝修가 과거를 맡아 시부를 혁파하고 책문을 사용하였다.57)

과거과목의 변경은 단순해 보이지만 그 이면에는 여러 가지 변화와 의미가 내포되어 있었다. 이 변화는 대개 충렬왕대 이후 고조된 經學

之孀不得不一往見之 則時賢士大夫咸在客次 其門如市 少頃竪出 客延拜曲膝 猶恐爲後 予謂士不當如是 欲以礼相見 竪漫視之 遂上馬不顧而去".

56) 『益齋亂藁』권9下, 策問, "而廷無德讓之風 野無時雍之俗 忿諍交騰 盜賊竊發 此猶幸免之恐不可得 況望其恥且格乎 凡此之故何也".

57) 『高麗史』권73-11, 志27 選擧1 科目1 忠肅王 7년 6월, "李齊賢朴孝修典擧 革詩賦 用策問".

中心의 학풍을 반영하는 것으로 이해되었다.58) 그런데 문제는 이러한
학풍의 발생과 이것이 과거에 반영된 이유를 찾는 데에 있다. 아울러
이 점은 이제현의 의도와 결부시켜 이해해야 한다.

과거에서 책문을 중시한 것은 주자학에서 추구하는 학문적 인식과
현실을 연관시킬 수 있는 경세적 인물을 선발하고자 해서 나온 정책이
었다. 요컨대 그것은 이제까지 시부를 중심으로 관료를 선발하여 생기
는 문제를 해결하려 한 것이다.

시부의 중시는 이제현이 光王史贊에서 지적했듯이59) 미사여구나
律에 맞는 형식적 문장의 작성에만 치중하게 만들 가능성이 높다. 따
라서 그는 관료예비층들이 현실문제의 해결 방안에 무지하게 되거나
귀족적 성향에 빠지게 된다고 보았다. 그러나 현재의 국가 상황에서
이러한 유형의 관료 선발은 민생 등의 해결에 도움이 될 수 없었다. 자
신의 학문을 통치능력과 연계시키면서, 자기규제의 도덕성을 지닌 관
료가 필요했기 때문이다. 그가 『櫟翁稗說』에서 든 사례는 이를 잘 보
여준다.

文正公 柳璥은 네 번이나 文衡을 맡았다. 그가 사람을 뽑을 때는 우
선 器局과 식견을 보았으며 글을 잘하고 못하는 것은 뒤로 쳤다. 그러
므로 그가 뽑은 사람은 모두 名士가 되었으며, 재상의 지위에 오른 이
가 잇달아 있었다.
贊成 兪千遇가 일찍이 유 문정공 밑에서 同知貢擧가 되었는데, 그의
성질은 자기 마음대로 하길 좋아해 글쓰는 법에 조그만 흠이 있어도
반드시 물리치고자 하였다. 그러나 公은 그와 다투지 않았더니, 나중에
榜을 보니 모두 科場에서의 글쓰는 법만 익숙한 사람들이었다. 후에
이 때 합격한 자 중에서는 大成한 자가 거의 없었다.60)

---

58) 許興植,『高麗科擧制度史硏究』, 一潮閣, 1981, 99쪽 ; 柳浩錫,『高麗時代 科
　　擧制의 運營과 變遷에 관한 硏究』, 전북대 박사학위논문, 1993, 91쪽.
59)『益齋亂藁』권9下, 史贊.

위 내용은『고려사』柳璥傳에도 비슷하게 실려 있으며, 그의 문생으로 李尊庇, 安珦, 安戩, 李混 등이 열거되어 있다.[61] 위 내용에서 유의할 것은 柳璥의 선발방식이 문장의 형식보다는 인물됨과 학식을 우선했다는 사실이다. 이는 과거에서 시부의 형식에만 치중하는 유형의 인물을 배척하려 한 이제현의 의도와 상통한다.

또한 여기에는 중국 과거제의 변화 양상이 반영되어 있다고도 할 수 있다. 북송대의 王安石은 집권적 관료체제의 정비와 강화를 위해 앞 세대인 范仲淹의 방안을 계승하여 과거과목으로 주류였던 詩賦와 注疏를 물리치고 經義나 策論을 중시했었다.[62] 이는 국가시책의 실행자로서 관료를 육성하고, 唐나라 이래 문벌의존의 유제를 폐지하려는 의도에서 나온 것으로 알려져 있다.[63]

이러한 경향은 주자에게도 이어졌는데, 그는 덕을 중시하며 詞賦를 없애는 방향으로 과거를 개혁할 것을 주장하였다. 그의 주장은 이후에 元의 대표적 주자학자인 許衡에게 계승되었다. 그에 따라 修己治人의 道를 실현하기 위해 경학을 중심으로 과거제가 개편되었다.[64]

그리고 元의 과거는 第1場은 經義로 四書에서 출제되어 朱子章句를 쓰며, 第2場은 古賦‧詔‧誥‧表‧章 내에서 한 가지로 보고, 第3場은 策問인데 經史 또는 時務로 출제되었다. 이는 중국 내에서 주자학이 官學의 위치를 확고히 굳히는 계기가 되었으며, 시부의 중요성을

---

60)『櫟翁稗說』前集2, "有文正公璥 四掌文衡 取人先器識 而後文之工拙 所得皆知名士 位宰相者比肩 兪贊成千遇 嘗同知貢擧 性喜自用 程文有微疵 必欲擯之 公不與之較 榜出皆老於場屋者也 其後少之達官".

61)『高麗史』권105-7, 列傳18 柳璥.

62) 申採湜,『宋代官僚制研究』, 三英社, 1981, 354~364쪽.

63) 戶川芳郎 외 지음, 조성을 외 옮김,『유교사』, 이론과실천사, 1990, 243~244쪽.

64) 鄭仁在,「元代의 朱子學」,『元代 性理學』, 포은사상연구원, 1993, 105~107쪽.

상실시켰다. 따라서 원의 萬卷堂에서 주자학자들과 교류한 이제현은
원나라의 과거 경향에 유의하여[65] 이를 고려에도 적용시키려 했을 것
이다.

그는 충목왕이 즉위하자 都堂에 書를 올려 개혁안을 제출하였다. 그
런데 같은 해 8월에 과거과목이 初場에서 六經義와 四書義를, 中場에
서 古賦를, 終場에서 策問을 보는 것으로 변경되었다.[66] 이 조치에 그
가 직접 개입했는지는 알 수 없다. 그러나 당시 개혁을 주도하던 그의
정치적 위치를 고려한다면, 이제현과 주변 사대부 세력의 의견이 반영
되었을 가능성이 크다.

이 때 이루어진 과목 변경은 毅宗 8년에 정해졌던 初場의 論策, 中
場의 經義, 終章의 詩賦를 바꾼 것으로 생각된다. 바뀐 내용은 經義가
중시되고 시부가 약화되었으며, 특히 경서에서 四書를 분리시켜 주자
학을 추구하는 것이었다. 더구나 과목의 변경이 元의 과거와 유사한
형태를 띠고 있어 그 영향을 짐작할 수 있다.

원래 이제현의 의도는 성리학을 실행하도록 관료층을 유도하려 한
데 있었다고 여겨진다. 다음 책문 내용은 이와 관련하여 시사를 준다.

다행하게도 聖代를 만나 천하가 같은 문자를 쓰게 되어 집집마다 程
朱의 책이 있고 사람마다 性理의 학문을 알고 있으니, 그 교화하는 방
법이 또한 어지간하다. 그러나 가난한 선비로서 학문을 넓히고 행실을
독실히 하는 자가 과연 누구이며, 搢紳으로 덕을 이루고 나라의 재목
이 될 만한 사람은 얼마나 되는가. 선비로도 오히려 이런데 백성에게
야 어찌 허물하랴.[67]

---

65) 高惠玲,『14世紀 高麗 士大夫의 性理學 受容과 稼亭 李穀』, 이화여대 박사
   학위논문, 1992, 37쪽. 원나라 과거는 1315년(충숙왕 2)에 처음 시행되었다.
66)『高麗史』권73-11, 志27 選擧1 科目1 忠穆王 즉위년 8월, "改定初場試六經
   義四書義 中場古賦 終場策問".
67)『益齋亂藁』권9下, 策問, "幸際休明 天下同文 家有程朱之書 人知性理之學

　그는 원간섭기 이후에 성리학이 퍼지게 된 사정을 설명하고 현재 지배층의 문제를 지적하였다. 이 문제란 예비관료층 내지 관료 중에서 성리학의 가르침을 실행에 옮기는 사람이 많지 않다는 점이다. 그는 가난한 선비의 경우에 부상이나 경제력 있는 집안68)과 혼인하여 자신의 출세를 지향하는 사정과 함께, 搢紳 즉 관료층이 되어서도 사대부로서의 덕성을 지니지 못하는 현실을 개탄하였다.

　따라서 이제현은 사적 연관 관계에만 의존해 출세한 관료층을 치자로서의 염치와 통치능력을 겸비한 인물들로 대치하려고 의도하였다. 이에 그는 經明行修한 士를 선발하여 기존 관료층을 점차적으로 교체하려고 시도했던 것이다. 그러한 점에서 그는 기존 정치세력을 부정하지 않고 그 내부에서 새로운 관료층을 만들어 내고자 했다고 볼 수 있다.

　그런데 이제현이 생각한 새로운 유형의 관료를 양성하기 위해서는 학교가 필요하였다. 원래 유교에서는 자신의 이념을 실현시키기 위해 풍속과 교화의 근원이 되는 학교를 중시하였다.69) 이와 관련해 그는 만권당에서 충선왕과 문답하는 가운데 현재 장구나 익힐 뿐 經明行修한 선비가 적어지는 이유에 대해서 질문받았다. 그 때 이제현은 태조대 이래 학교 설립이 활발했으나 무인정변부터 학교제가 붕괴하기 시작하였다고 전제하였다. 이후 유자들은 산 속에서 승려처럼 지내게 되

─────────────

　　教之之道 亦庶幾矣 而韋布之博學篤行者果誰 搢紳之成德達林者能幾 爲士
　　尙爾 於民何誅".

68) 충렬왕대에 주로 활약한 鄭可臣의 경우는 승려 天琪를 따라 개경에 올라왔는데 빈궁하여 의지할 곳이 없었다. 이에 천기가 그를 富家에 장가보내려 했으나 응하는 자가 없었다고 한다(『高麗史』 권105-23, 列傳18 鄭可臣). 천기의 행동은 당시 이러한 결혼이 많았음을 시사해 준다.

69) 유교에서는 학교를 이러한 관점에서 중시하였다. 고려의 경우에도 毅宗 22년 3월 조서의 '化民成俗 必有學校'라든가 충숙왕 12년 교서의 '學校 風化之源' 같은 표현들은 이런 이념에서 나온 사례들이다(『高麗史』 권74, 志28 選擧2 科目2 學校).

고,70) 그에 따라 현재는 승려에게 주로 장구(문장)만 배우기에 이르렀
다는 설명이다. 결국 그는 다음과 같이 역설하였다.

> 지금 전하께서 진실로 학교를 넓히고 庠序를 일으키며, 六藝를 높이
> 고 五敎를 밝혀 先王의 道를 천명한다면, 누가 참 선비를 배반하고 중
> 을 따를 것이며, 실학을 버리고 장구만 익히는 자가 있겠습니까? 앞으
> 로 자질구레하게 글귀나 다듬는 무리가 경서에 밝고 덕행을 닦는 선비
> [經明行修之士]로 변하는 것을 볼 수 있을 것입니다.71)

그의 주장은 태조의 학교부흥정책을 원칙으로 학교를 건립하여 '실
학'인 성리학을 실천하는 선비들을 양성해야 한다는 것이다. 이처럼 그
는 학교 부흥을 전제로 사대부의 수양을 학문 탐구와 연계시키고자 하
였다.

그러나 그의 학교부흥론이 실제로 정책에 반영되었다는 증거는 찾
기 어렵다. 다만 충렬왕 30년 5월에 安珦이 각 品 관원들에게 비용을
거두어 國學의 贍學錢에 충당시킴으로써 학교를 부흥시키자고 건의하
였고,72) 충선왕은 국왕이 되어 養賢庫에 銀을 내리고 藝文館에게 명
령해 郡縣의 秀才를 모아 職牒을 주어 訓導에 임명한 일이 있었다.73)
이러한 경향 속에서 이제현은 충숙왕에게 傳位하고 원나라에 간 충선
왕에게 위와 같은 논리를 전개했던 것으로 보인다.

또한 그가 충숙왕 7년 6월 知貢擧로 시부 시험을 폐지한 것과 관련

---

70) 그는 神駿·悟生 같은 이들을 사례로 들었다. 이들은 衣冠을 벗어버리고 袈
裟를 입고 남은 생애를 보냈다고 한다.

71) 『櫟翁稗說』 前集1, "今殿下 誠能廣學校謹庠序 尊六藝明五敎 以闡先王之道
孰有背眞儒而從釋子 捨實學而習章句者哉 將見雕蟲篆刻之徒 盡爲經明行
修之士矣".

72) 『高麗史』 권74-31, 志28 選擧2 科目2 忠烈王 30년 5월.

73) 『高麗史節要』 권23, 忠烈王 34년 9월, "賜養賢庫 銀五十斤 令藝文館 召致郡
縣有茂才者 給牒 任以訓導".

해 다음 달에 있었던 다음과 같은 조치가 주목된다.

敎하여 말하길, 근래 上國의 應擧할 秀才를 뽑는 것으로 考藝試를 폐지하여 成均 七館의 諸生들이 모두 初場에 올라가는 것은 古制에 부합되지 않는다. 舊制에 따라 모두 考藝試에 올려 分數를 정하고 곧 바로 中場에 가도록 하라고 하였다.74)

이 조치도 이제현과의 관련은 직접 드러나지 않는다. 그러나 시부 시험이 폐지된 다음 달에 나온 정책이므로, 양자는 상호관계가 있을 것이다. 대개 학교와 과거에 대한 정책은 상호 연관성을 지니기 때문이다. 고려의 경우에도 국학에서의 東堂監試를 치른 후에 본시험 격인 禮部試에 응시할 수 있는 점이 이를 말해 준다.

위 자료의 考藝試는 동당감시를 의미한다고 생각된다. 그리고 '고제'에 기준한 개혁이란 점에서 이제현 내지 그 계열과의 관련성을 시사받을 수 있다. 개선안의 요체는 고려전기처럼 고예시를 거친 후에 초장이 아닌 중장으로 바로 응시하게 한 데 있다. 이는 국학생의 면학을 장려함75)과 동시에 학교교육을 강화하여 아무나 과거에 응시하는 것을 막으려는 의도가 있었다고 본다. 따라서 이는 과거과목 변경과 연관시켜 본다면 관료의 기본적 자격을 갖추게 하려는 데 그 초점이 있었다.

요컨대 이 정책의 목표는 학교에서 주자학과 문장의 기본소양을 익히면서 민의 통치를 담당할 자격 있는 관료예비군을 양성하고,76) 이들

---

74) 『高麗史』 권73-11, 志27 科目1 忠肅王 7년 7월, "敎曰 近以選上國應擧秀才 而廢考藝試 成均七館 諸生皆赴初場 未合古制 其今依舊 皆赴考藝試 定其 分數 直赴中場".

75) 柳浩錫, 『高麗時代 科擧制의 運營과 變遷에 관한 硏究』, 전북대 박사학위논문, 1993, 91쪽.

76) 이제현이 생각한 관료층의 선발이 어떤 사회계층을 대상으로 했는지 확인되지 않는다. 단 그가 「효능행」이란 詩의 序에서 춘추시대 秦이 강해진 이유로 穆公이 신분을 가리지 않고 賢人을 등용한 때문으로 본 것(『益齋亂藁』 권2,

을 과거시험의 경서와 책문을 통해 선발한다는 것이다. 그것은 이규보
가 주장한 私學 十二徒와 같은 학교 복구에 의한 유학부흥론과 맥
락[77])을 같이하면서도 학교인 성균관을 과거 선발과 직접 연계시키려
했다는 점에서 차이가 있었다. 아울러 이는 공민왕 즉위 이후의 학교
부흥론[78])과 李穡의 학교 및 과거 개선론[79])으로 계승된 것으로 생각된
다.

공민왕대의 성균관 중영[80])과 과거제 개편[81])은 이와 같은 논의의 결
과라고 할 수 있다. 辛旽 집권 당시에 이루어진 이 개혁은 전자에 의해
고려말기 사대부들의 본격적인 정계 진출이라는 결과를 가져왔다. 그
리고 후자의 과거제 개혁은 이제현의 제안보다 발전된 것으로, 경서
중심의 시험과목으로 귀결되었다.

이처럼 이제현이 제기한 과거제 개편론은 고려말기에 더욱 발전되
어 갔다. 다만 그가 지향한 방향의 특징은 기존의 정치운영세력과 다
른 세력을 양성하려는 데 있지 않다는 점이다. 다만 관료의 선발자격
을 강화하여 현실개혁에 필요한 관료층을 양성하고 이를 통해 사적 정
치운영의 폐해를 줄여보겠다는 의도였다.

그렇다면 이렇게 선발된 관료들에 대한 관직임명의 문제는 어떠했
을까. 이제현이 관직임명에서 중시한 점은 그 직에 합당한 인물을 임

詩)이나, 그가 지공거로 있을 때 선발된 인물들로 보건대 기존의 귀족층에만
    한정되지 않았음을 알 수 있다.
77) 김인호, 「이규보의 현실이해와 정치경제 개선론」, 『學林』 15, 1993, 39~43쪽.
78) 『高麗史』 권74-32, 志28 選擧2 學校, "恭愍王 元年二月 敎曰 學校庠序 風化
    之源 國學名存實無 十二徒東西學堂 頹圮不修 宜令葺治 養育生徒 其有能
    通一經者 錄名以聞".
79) 이색의 과거 및 학교제 개선론에 대해서는 都賢喆, 「牧隱 李穡의 政治思想
    研究」, 『韓國思想史學』 3, 1990이 참조된다.
80) 『高麗史』 권74, 志28 選擧2 科目2 學校 恭愍王 16년.
81) 과거제는 원나라 제도를 수용하여 3試(鄕試, 會試, 殿試)로 변화하였다(『高
    麗史』 권73, 志27 選擧1 科目1 恭愍王 18년).

명하고 승진시킨다는 원칙을 준수하는 것이었다. 그러나 그가 본 현실은 그렇지 않았다. 이 점에 관해 그는 「三畜箴」에서 권력에 아부해 출세하는 유형의 인물들을 비꼬았다.[82] 여기서 三畜이란 고양이·개·닭을 말한다. 일례로 「狗箴」에서 그는 "꼬리로는 아첨을 부리고 혀로는 핥고 빤다. 싸우거나 장난쳐서 울타리를 헐지 말라"[83]고 하여, 개와 같은 인물유형을 '울타리'인 국가를 무너뜨리는 존재로 비유하였다.

그는 『역옹패설』에서 그에 대한 실제 사례로 이승휴와 과거 同年인 崔守璜의 경우를 들었다. 여기에 따르면 당시 密直인 최수황이 王旨別監인 林貞杞가 보낸 白米 한 배[舟]를 받지 않자, 임정기는 이를 權貴에 뇌물로 바쳐 그를 대신해 承旨가 되었다는 것이다.[84] 이제현은 이 사례에서 최수황을 청렴한 관리의 상징[85]으로, 임정기를 그 반대의 경우로 들었다. 여기에는 권귀에 뇌물을 바쳐 출세할 수 있는 상황에 대한 비판도 들어 있다고 여겨진다.

이제현은 인사고과의 원칙에 대해 다음과 같이 제시하였다.

吏部는 문관의 선발을 맡고 兵曹는 무관의 선발을 맡는데 그 선발된 자의 出仕 年月의 순서를 매기고 그 勞逸을 구분하며, 功過를 기록하고, 그 재능의 유무를 구체적으로 문서에 기재하니, 이것을 政案이라 한다. 이 政案을 가지고 중서성에서 승진시킬 것과 강등시킬 것을 적어 올리면 문하성에서는 制勅을 받들어 시행하니, 이것이 국가의 법으

---

82) 金哲埈은 이에 관해 당시 고려 관리들을 조심스럽게 풍자한 것으로 보았다 (金哲埈, 「益齋 李齊賢의 史學에 대하여」, 『東方學志』 8, 1967/『韓國史學史 硏究』, 서울대출판부, 1990, 315쪽).

83) 『益齋亂藁』 권9下, 三畜箴 狗箴, "而尾之媚 而舌之舐 毋鬪毋戲 惟藩之毁".

84) 『櫟翁稗說』 前集2. 이 내용은 『高麗史』 권106, 崔守璜傳에도 수록되어 있다.

85) 최수황은 임정기가 자신에게 쌀을 바친 것에 대해 "내가 왕이 주시는 것도 오히려 받지 않았거늘, 하물며 백성들의 피땀에서 나온 것을 받겠느냐"(『高麗史』 권106-39, 列傳19 崔守璜)라고 하여 당시 여론의 칭찬을 받았다고 한다.

로서 대개 중국법과 같다.86)

고과의 원칙을 잘 보여주는 이 자료에서 그는 문무관의 인사운영 분립, 고과방법, 수행기관 등을 제시하였다. 또한 이 원칙이 중국과 같은 보편성을 지닌 원칙임을 부기하였다.

그는 이 원칙이 붕괴되는 시점을 무인집권기로 보았다.87) 최충헌이 권력을 장악하고 자신의 僚佐들과 함께 마음대로 政案을 작성하면서 이러한 관습이 당연시되었다고 본 것이다. 무엇보다 그는 당시 인사를 담당한 政色承宣 등이 모이는 정방의 등장을 문제삼았다. 이제현은 권신에 의한 사적 인사운영과 이를 뒷받침하는 정치기구인 정방을 인사운영의 가장 큰 문제로 보았다.

따라서 정방의 혁파는 그에게 하나의 당위였다.

德陵(충선왕) 초년에 정방을 없애고 문무백관의 銓選을 選摠部에 위임하여, 首相과 亞相이 그 일을 주관하게 하니, 거의 古制를 회복할 전망이 있었다. 그런데 전전에 익숙한 한두 심복에게 다른 벼슬을 겸직시켜 오래도록 바꾸지 아니하므로, 염치없는 우둔한 자나 승진에만 급급한 경박한 무리들이 기회를 타고 그 잘못을 답습하여 왕을 속이고 자기를 封하게 하였다. 이리하여 고제를 회복하려는 아름다운 뜻이 한갓 형식에 그칠 뿐이었으니, 이 또한 통탄할 일이다. 이 같은 일이 毅陵(충숙왕)의 말년에 이르러서는 나날이 더 심하여, 붉은 印을 찍어 봉함한 政案이 한낱 환관의 수중에서 멋대로 변경되기도 하니, 黑冊政事라는 비방이 아녀자들 입에까지 퍼졌다.88)

---

86) 『櫟翁稗說』前集1, "吏部掌文選 兵曹主武選 第其年月 分其勞佚 標其功過 論其才否 具載于書 謂之政案 中書擬陞黜以奏之 門下承制勅以行之 國家之法 盖與中原同也".

87) 이하의 서술은 『櫟翁稗說』前集1에 의존하였다.

88) 『櫟翁稗說』前集1, "德陵初罷政房 文銓武選 委之選摠部 而首亞相領之 庶幾有復古之望矣 而一二腹心之臣 熟於銓選者 使以他官兼之 久而不易 於是

충선왕은 충렬왕 24년에 즉위해 4월에 정방을 혁파하고,[89] 이후 퇴위하였다가 다시 국왕이 되면서 이를 없앴다.[90] 그 중 전자의 조치는 이제현의 부친인 李瑱 등 4학사와의 협의에 의해 이루어졌을 가능성이 높다. 그런데 당시 충선왕은 인사운영권을 원래 담당기관인 銓曹와 兵曹가 아닌 자신의 侍讀을 맡은 詞林院에 부여하였다. 그러므로 첫 번째의 정방 혁파는 고려전기의 인사원리로의 복귀가 아니었다. 이후 정방은 충렬왕이 복위하면서 다시 설치되었다.

따라서 이제현이 설명한 위 내용은 충선왕이 복위한 후의 일이다. 충선왕은 충렬왕 33년 7월에 典理司와 軍簿使에서 選擧法을 개정토록 하였는데, 이에 앞서 문무의 銓選을 각기 나누어 맡겼었다.[91] 이어서 충선왕이 복위한 후에는 문무관의 선발을 選摠部에 맡기고 수상과 아상에게 이를 통솔케 하였다. 이 때 이제현이 지적한 대로 일부 幸臣들이 인사권을 장악하게 된다.[92] 여기에서의 幸臣이란 충선왕의 侍從功臣인 權漢功과 崔誠之를 말하는 것으로 추정된다.[93]

그 결과 겉으로는 정방이 혁파되고 고제로 복귀한 것처럼 보였지만, 실제 운영은 충선왕의 소수 측근이 장악하면서 사적 인사운영 구조를 더욱 강화시키는 결과를 낳게 되었다. 충숙왕 7년 정방이 복구되면서 이러한 현상은 더욱 두드러졌고, 16년 7월 밀직 金之鏡이 銓注를 장악

頑鈍無恥 輕薄冒進之徒 乘機而効 尤罔上以封已 使復古之美意 徒爲文具而已 此又可歎也 施及毅陵之季年 日甚一日 紫泥之封 塗抹於宦寺之誰 黑冊之謗 流播於婦兒之口".

89) 『高麗史節要』 권22, 忠烈王 24년 4월, "罷政房 以翰林院 主選法 令學士崔呂 等四人 及承旨全昇 掌銓選".

90) 전후 사정에 관해서는 金昌賢, 『高麗後期 政房硏究』, 고려대 박사학위논문, 1996이 참조된다.

91) 『高麗史節要』 권23, 忠烈王 33년 7월.

92) 『高麗史』 권75-4, 志29 選擧3 銓注 忠宣王 2年 10월, "文武銓選 分委選摠部 以首亞相領之 然一二幸臣以他官兼職之久而不易".

93) 金昌賢, 『高麗後期 政房硏究』, 고려대 박사학위논문, 1996, 77쪽.

하고 임명을 마음대로 하면서 담당자들이 朱墨으로 고치어 黑冊政事라는 말까지 나오게 된다.[94] 요컨대 충선왕대의 정방 혁파는 결과적으로 권력집중에 따른 사적 인사운영을 더욱 조장하는 구조를 만들었다.

원래 원간섭기 정방은 기존 문벌귀족을 포함한 여러 정치세력들이 사적 인맥을 등용할 수 있는 통로였다. 무인집권기 이후 무인 출신과 향리층을 포함한 다양한 계층들의 중앙정계 진출이 활발해지고, 이러한 경향은 원간섭기 이후에도 계속되어 예비관료층이 크게 증가하였다. 이들은 중앙의 권문세가들과 각기 사적 관계를 통해 복잡하게 얽히면서 상호 파벌을 구성하였다.

물론 충렬왕 이후 정방의 인사운영은 국왕의 측근세력에게 가장 유리하게 이루어졌을 것이지만, 기존 문벌귀족을 위시한 정치세력들을 무시할 수도 없었을 것이다. 그에 따라 충렬왕 4년 이후 정방에는 중하위직 재상, 주로 密直이 참여하게 되었다.[95] 예컨대 權溥는 오랫동안 이 곳의 銓注를 담당했는데,[96] 그의 집안은 대표적 문벌로 성장한다.

결국 정방은 정치적으로 여러 계파가 참여하게 되어 특정 세력이 지나치게 비대해지는 것을 어느 정도 견제하게 된다. 물론 정방의 인사운영이 사적 관계에 기반하여 이루어졌음은 분명하다.

그러나 충선왕의 정방 혁파 조치는 국왕의 소수 측근에게만 인사결정권을 부여하여 인사통로를 좁히는 결과를 가져왔다. 결국 충숙왕대 이후에는 국왕 측근들이 인사운영을 장악하여, 권문세족 간의 상호견

---

94)『高麗史』권75-4, 志29 選擧3 銓注 忠肅王 7년 ; 동왕 16년 9월.

95) 金昌賢,『高麗後期 政房硏究』, 고려대 박사학위논문, 1996, 60쪽. 주목되는 점은 충렬왕 4년 이후 이 곳에 참여한 李尊庇, 安戩, 李混, 鄭可臣, 鄭瑎 중 앞의 세 사람이 柳璥의 문생이라는 사실이다(『高麗史』권105-7, 列傳18 柳璥). 유경은 政堂文學 柳公權의 손자이며, 무인집권기에 崔沆 아래에서 오랜 기간 정방을 맡아 보았다.

96) 그가 정방에 참여한 기간은 충렬왕 13년 전후부터 25년 전후까지로 추정되고 있다(金昌賢,『高麗後期 政房硏究』, 고려대 박사학위논문, 1996, 61쪽).

제적 인사운영의 원리는 파괴되어 버렸다. 흑책정사는 이로 인해 나타
난 극단적 현상이었다.

　이제현의 의도는 측근에게 집중된 이러한 인사운영의 구조를 고제
에 입각해 바꾸어 보려는 것이었다. 그의 방안은 吏曹와 兵曹가 각기
인사권을 장악하고 보다 객관적인 고과성적에 따라 운영하게 한다는
것이다. 이것은 무인집권기 이래 文武交差制의 시행 등에 의해 문·무
반의 구별 없이 이루어지던 인사운영을 각 부서가 다시 나누어 맡고,
고과성적을 기준으로 黜陟하여 보다 객관적 운영을 꾀한다는 방침이
다.

　이처럼 그는 국가의 인사운영의 관리권을 강화해 사적 관계에만 의
존하는 관행을 바꾸어 내부의 유자격자를 찾아내 임용하고자 하였다.
말하자면 정방이 문·무반의 차별 없이 사적 인맥관계에만 의존해 관
리를 임용하는 폐단을 없애려 했던 것이다.

　이에 이제현은 충목왕이 즉위하자 정방 혁파를 상서하였다.

　　정방의 명칭은 권신이 세도를 부리던 때에 만들어진 것이요, 고제가
　　아닙니다. 마땅히 정방을 혁파하여 典理·軍簿에 귀속시키고, 考功司
　　를 설치하여 功過를 표시함으로써 그 재능의 賢否를 논하게 할 것이
　　며, 매년 6월과 12월에 都目을 실시하게 하고 政案을 상고하여 이로써
　　黜陟하되 길이 恒規로 삼는다면, 請謁하는 무리를 근절시키고 요행을
　　바라는 門을 막을 수 있을 것입니다.[97]

　이 방안은 앞서 본『역옹패설』의 내용을 반영해 체계화한 것이다.[98]

---

97)『高麗史』권110-34·35, 列傳23 李齊賢, "政房之名 起于權臣之世 非古制也
　　當革政房 歸之典理軍簿 置考功司 標其功過 論其才否 每年六月十二月 受
　　都目考政案 用以黜陟 永爲恒規 則可以絶請謁之徒 杜僥倖之門".
98)『역옹패설』은 충혜왕 복위 3년에 만들어졌으며, 위 상서는 2년 뒤인 충목왕
　　즉위년(충혜왕 복위 5)에 작성되었다. 따라서 양 자료는 긴밀한 관계를 갖고
　　있다.

따라서 그 내용은 『역옹패설』에서 제시한 고려전기의 古制 원리인 정방이 지닌 인사권의 典理(吏部)와 軍簿(兵曹)로의 귀속이라는 점에서 동일해 보인다.

그러나 이제현의 방안은 단지 '고제' 원리로의 복귀에만 있지 않으며, 이 시기의 현실적 변화를 반영하였다. 그는 인사천단의 원인이 국왕측근에 있다고 보고 이를 방지할 공적 기구를 설정하였다. 이 기구가 정안을 작성할 考功司이다.[99]

그는 충선왕이 즉위하면서 없애버린 考功司를 부활시켜 하나의 독립된 기관으로 만들려 했던 것 같다. 이와 같이 독립된 기관으로 만들려 한 점이 고려전기에 尙書省에 소속된 尙書考功의 부활과는 다르다고 할 수 있다. 이제현의 생각은 인사운영을 독립된 기관으로 분리시켜 공적 체계 하에 검증토록 한다는 것이다. 다시 말해서 이 방안은 典理와 軍簿가 문무반의 인사운영을 나누어 맡지만, 실제 평가자료는 고공사에 의존하게 만들어 인사운영과 그 평가를 분리시킴으로써 사적 임용을 최대한 방지하고자 한 것이다. 그는 이것이 실현된다면 충선왕대처럼 인사운영의 집중을 방지할 수 있다고 생각하였다. 그러나 그의 정방 혁파 방안은 충목왕 즉위 후 실현되었다가, 단 한 달 만에 복구되어 실패하고 만다.

한편 그는 관료제 개편안으로 지방관 개선방안도 제기하였다. 여기에서 그가 문제삼은 것은 刺史·守令에 적임자를 배치하는 일이었다.[100] 적임자가 아닐 경우 民에게 직접 피해를 준다는 점 때문이다. 이제현은 첫째 官階가 높은 자를 낮추어 제수할 경우 교만해 법을 준수하지 않고, 둘째 나이가 많아서 벼슬을 얻은 자는 혼미하고 나태해

---

99) 고공사는 건국 초기에는 司績이었다가 성종 14년에 尙書考功으로 개칭하였다. 이것이 충렬왕 원년의 관제개혁으로 考功司가 되었으나, 24년 충선왕이 즉위하여 銓曹에 이를 합쳤다(『高麗史』 권76-13, 志80 百官1 吏曹).

100) 이 내용도 앞의 『高麗史』 李齊賢傳에 실려 있으며, 이하 서술도 이에 의거하였다.

일을 감당하지 못하며, 셋째 請謁로 한미한 데서 일어나 金魚(4품관)
를 찬 자들이 임명되고 있다고 지적하였다.

이에 대해 그는 다음과 같은 해결 방법을 주장하였다.

청컨대 고제처럼 朝士로 入參하지 못한 자는 반드시 監務·縣令을
거쳐야 하고 4품에 이른 뒤에는 으레 牧守에 임명하여 監察使·按廉
使에게 반드시 褒貶을 행하게 하고 이에 따라 상벌을 해야 합니다. 이
른바 관계가 높은 자, 나이 많은 자, 청알로 한미한 데서 일어난 자에
게는 부득이하면 차라리 京官을 제수할지언정 親民之任은 주지 말아
야 합니다.[101]

그가 주장한 요점은 수령직이란 감무·현령을 거쳐 4품이 된 후 임
명하며, 이를 포폄해 반드시 검증해야 한다는 것이다. 결국 이것은 수
령직 임명자의 활동력과 자격이 검토되어야 한다는 주장이다.[102] 그러
므로 문제가 될 수 있는 세 경우의 사람들은 京官職의 閑職 등에 제수
하고, 수령직에는 임명치 말라고 하였다.

여기서 이제현이 기준으로 삼은 것은 고려전기 문관이 初入仕한 이
후의 임용 과정이다. 전기에 출사자들은 처음 外職에 임명되어 司錄·
郡判官·縣令·縣尉·監務 등을 역임하고 중앙에 복귀한 뒤에 5~6
품직에 이르면 다시 知州事·判官, 都護府·牧의 副使로 임명되는 과
정을 거쳤다.[103] 그의 의도는 이전처럼 京外官循環制를 다시 적용하
려는 데 있었다. 그런데 이제현의 방안은 5~6품직을 4품으로 상승시

---

101) 『高麗史』 권110-35, 列傳23 李齊賢, "請如古制 朝士之未入參者 必經監務縣
　　令 至于四品例 爲牧守 而監察使按廉使 必行褒貶 爲之賞罰 所謂官高 年邁
　　者 用請謁起釐畝者 如不得已 寧授京官 勿與親民之任".
102) 林容漢, 「麗末鮮初의 守令制 改革論」, 『人文學研究』 창간호, 경희대, 1996,
　　268쪽.
103) 張東翼, 「高麗後期 守令任用 實態 - 14세기 경주, 영천, 안동, 나주선생안을
　　중심으로 - 」, 『경북대논문집』 36, 1983, 34쪽.

키려는 것으로, 충선왕 개혁 이후 군현수령 임명자의 품계가 상승하는
추세를 반영한 것이다.104)

아울러 그는 '未入參者'인 7품직 이하는 반드시 감무·현령을 거쳐
야 한다고 주장하였다. 이것은 당시 관료들이 반드시 初入仕職으로 監
務 등의 外官을 역임하지 않고 있다는 반증이기도 하다. 따라서 이를
과거과목 변경을 통한 사대부의 선발방안과 연계시켜 보면, 그의 주장
은 이들에게 대민업무에 대한 실제적인 경험을 축적하게 하고, 그에
대한 검증을 거쳐 중앙관료로 승급시키겠다는 의미이다. 결국 그의 방
안은 고려전기의 京外官循還制로의 복귀이지만, 初入仕職의 주자학
적 소양과 통치능력을 실제로 발휘하고 이를 검증하려 한 점에서 이전
의 방안들과는 달랐다.

아울러 중요한 점은 외관직 임명자를 관계가 높은 재상 등의 出牧
者, 나이가 많은 자, 請謁과 같이 사적 인맥을 통해 임명된 자들에서
'登科士類'로 교체시키려고 했다는 사실이다. 그는 주자학을 익힌 등과
사류에게 감무·현령을 반드시 거치게 하여 문자도 모르는 무자격자
수령들을 자연스럽게 교체해 나가려 했던 것이다.

이처럼 이제현의 개편 방향은 기존 정치세력 내부에서 경세의식을
갖춘 새로운 유형의 관료를 양성하고 선발하여 기존 관료를 교체시켜
나간다는 것이었다. 이는 비대해진 사적 정치운영의 폐해를 막기 위한
국가권력의 강화와 함께 이를 담당할 새로운 주체세력의 양성이라는
성격을 지녔다.

2) 薦擧論

이제현이 주로 과거제 개편을 통해 새 관료형의 사대부를 양성하려

---

104) 林容漢,『朝鮮初期의 守令制 연구』, 경희대 박사학위논문, 1998, 34쪽.

했다면, 백문보는 천거에 의한 인사운영론을 제기하여 재지세력을 중
앙정계에 포섭하려고 하였다.

앞서 나온 이제현 등의 개선방안은 사적 인맥을 기축으로 한 정치구
조 하에서 수구세력들의 반발로 인해 좌절되었다. 그런데 공민왕의 즉
위를 계기로 정계에는 이제현을 위시한 사대부들이 재진출하면서 개
혁에 대한 전망이 보이고 있었다.[105] 이제현은 攝政丞 權斷征東省事
가 되어 공민왕이 귀국할 때까지 국정을 대행하였으며, 귀국 후에는
수상인 都僉議政丞에 기용되었다.[106] 또한 공민왕은 정방을 혁파하여
인사권을 典理司와 軍簿司로 되돌렸으며,[107] 이어 즉위교서를 반포해
'一國更始'를 표방하였다.[108] 정방 혁파와 인사권의 분리조치는 이제
현의 방안이 실현된 것이라고 여겨진다.

백문보의 「論選法箚子」는 이러한 개혁적 분위기 속에서 공민왕 원
년 3월에 제출되었다.[109] 이는 한 달 전의 정방 폐지와 공민왕의 인재
추천 교서에 뒤이은 인사운영론의 제기였다. 특히 후자의 조치는 백문
보의 차자 내용과 관련해 주목된다.

教하길, 山林鄕曲에서 만약 經明行修하고 茂才苦節한 선비가 있으
면, 按廉使가 典理 및 軍簿司에 보고하여 재주에 따라 擢用토록 하

---

105) 이에 관해서는 다음 논고가 참조된다. 閔賢九, 「辛旽의 執權과 그 政治的 性
格」(上), 『歷史學報』 38, 1968 ; 閔賢九, 「益齋 李齊賢의 政治活動 - 恭愍王
代를 中心으로 -」, 『震檀學報』 51, 1981 ; 閔賢九, 「高麗 恭愍王의 反元的
改革政治에 대한 一考察 - 背景과 發端 -」, 『震檀學報』 68, 1989 ; 洪榮義,
「恭愍王 初期 改革政治와 政治勢力의 推移」(上·下), 『史學硏究』 42·43·
44合, 1990 ; 李益柱, 『高麗·元關係의 構造와 高麗後期 政治體制』, 서울대
박사학위논문, 1996.
106) 『高麗史』 권38-1·2, 世家38 恭愍王 즉위년 10월·11월 乙亥.
107) 『高麗史節要』 권26, 恭愍王 원년 2월.
108) 『高麗史』 권38-4, 世家38 恭愍王 원년 2월 丙子.
109) 『高麗史』 권75-4, 志29 選擧3 銓注 選法 恭愍王 원년 3월.

라.110)

이것은 앞서 충선왕 즉위교서에 나온 현재 世家子弟만 등용되는 상황을 문제시하고 茂才·碩德·孝廉·方正한 선비로 시골에 퇴거해 있는 사람을 소재 관사가 천거하라는 조치111)의 연장이었다.

이와 같은 遺逸薦擧制는 원래는 成宗代 이래 계속된 것으로112) 유교정치의 이념을 실현하는 하나의 방편이었다. 그런데 주목되는 점은 충선왕 즉위 후의 천거는 무인집권 이전의 毅宗代의 그것과는 성격적으로 다르다는 사실이다.

의종 22년 3월의 조서에는 근래 薦擧路가 끊겨 있음을 문제삼아 兩府 이하 관료들에게 천거를 하게 했는데, 그 대상자는 문필로 나라를 빛낼 만한 사람들이었다.113) 따라서 이 때 대상자의 선발유형은 충선왕대 천거대상인 네 가지 유형(茂才·碩德·孝廉·方正)의 인물들과는 차이가 있었다. 이러한 성격적인 변화는 우수한 인물의 선발기준이 고려전기 관료의 유형인 文才에서 才能과 行實로 바뀌었음을 뜻한다.

그리고 공민왕의 선발대상은 '經明行修'한 인물이란 점에서 이제현이 구상한 주자학적 사대부의 선발을 염두에 두고 있음을 보여준다. 이러한 점에서 위 조치는 당시 신진사대부들의 건의에 따라 이루어졌을 것이다. 그들의 의도는 재지에 있는 사대부적 유형의 인물들을 중

---

110) 『高麗史』 권75-10, 志29 選擧3 銓注 薦擧之制 恭愍王 원년 2월, "敎曰 山林 鄕曲 如有經明行修 茂才苦節之士 按廉使以聞典理軍簿 隨才擢用".

111) 『高麗史』 권75-10, 志29 選擧3 銓注 薦擧之制 忠宣王 即位敎書 ; 제2장 3절 참조.

112) 고려시대 천거제에 관해서는 다음 논고가 참고된다. 金翰奎, 「高麗時代의 薦擧制에 대하여」, 『歷史學報』 73, 1977 ; 柴貴善, 「高麗朝 遺逸之薦의 준행을 통한 薦擧制度의 一斷面」, 전북대 석사학위논문, 1988.

113) 『高麗史』 권75-10, 志29 選擧3 銓注 薦擧之制 毅宗 22년 3월, "詔曰 近世薦 擧路絶 賢不肖混淆 其文筆可以華國者 兩府宰樞 臺省侍臣 諸司 知制誥 及 留守官 各上書推薦".

앙정계에 끌어들이는 데 있음을 알 수 있다.

이 때 백문보는 공민왕의 정책에 의거해 천거에 따른 새 인사운영론을 제기하였다. 그는 정치의 요체를 得人으로 파악하고 이에 대한 방법으로 천거에 입각한 인재선발법을 제시하려 하였다. 그래서 현재 達官들로 하여금 각기 알고 있는 사람을 천거케 한다면 그 임용이 공정하게 이루어질 것이며, 遺賢이 없을 것이라고 주장하였다.[114]

그에 따른 실현 방법은 그가 모델로 삼았던 송대 사대부인 司馬光의 10科에 의한 천거를 본뜬 것이다. 백문보가 제시한 천거제 내용은 다음과 같다.

> 1과 : 行義가 純固하여 가히 師表가 될 만한 자
> 2과 : 經術이 該博하여 顧問이 될 만한 자
> 3과 : 方正하고 大體를 알아 臺諫이 될 자
> 4과 : 文章이 典麗해 著述에 대비할 자
> 5과 : 獄訟과 法令이 公正하고 得失을 다한 자
> 6과 : 廉義와 財賦를 다스리는 데 公私 모두 편리케 할 자
> 7과 : 公正하고 風力이 있어 方面을 맡길 자
> 8과 : 民을 사랑하고 절개를 닦아 守令이 될 자
> 9과 : 智勇과 才略으로 防禦하여 將帥가 될 자
> 10과 : 行動이 도에 맞아 典禮를 맡길 자[115]

이 분류는 사마광의 10과를 그대로 따른 것은 아니다.[116] 사마광은

---

114) 『淡庵逸集』 권2, 論選法箚子 ; 『高麗史』 권75-4, 志29 選擧3 銓注 選法. 이하 選法箚子에 관련한 자료는 모두 여기서 인용하였다.

115) 『淡庵逸集』 권2, 論選法箚子, "乞衣司馬光所議設十科以擧士 其一科 行義純固 可謂師表 二科 經術該博 可備顧問 三科 方正識大體 可爲臺諫 四科 文章典麗 可備著述 五科 獄訟法令 盡公得失 六科 廉義理財賦 公私俱便 七科 公正有風力 可寄方面 八科 愛民礪節 可作守令 九科 智勇才畧 防禦將帥 十科 行止合度 可爲典禮".

송나라 哲宗 元裕 1년(1086)에 達官이 10과에 입각해 천거토록 하는 상소를 올렸다.[117] 여기에 따르면 백문보와는 과목의 순서와 표현은 물론 그 내용에서도 차이가 있다. 사마광의 10과는 다음과 같다.

1科 : 行義純固(師表)   2科 : 節操方正(獻納)

3科 : 智勇過人(將帥)   4科 : 公正聰明(監司)

5科 : 經術精通(講讀)   6科 : 學問該博(顧問)

7科 : 文章典麗(著述)   8科 : 善聽獄訟(公實)

9科 : 善治財賦(公私具便)   10科 : 練習法令(能斷請讞)

양자를 비교해 보면 1과의 경우는 같다. 그러나 2과는 사마광의 6과와 비슷하며, 지방관과 관련있는 7·8과는 사마광의 4과로 통합되어 있다. 특히 백문보의 10과는 사마광에게는 없는 내용이다. 이처럼 백문보의 논리는 사마광의 상소를 기초로 했다는 점에서 중국의 개혁방안을 모델로 삼았지만, 이를 보편원리로 하였을 뿐 고려사회의 사정을 반영하고 있다.

백문보가 제시한 방안의 핵심은 우선 10과로 나누어 천거케 한 점에 있다. 이전의 천거 방식과 달리 필요한 인재를 10개 분야로 분류하였다. 이것은 이 시기 관료의 역할을 보다 세분화·체계화하려는 요구를 반영하고 있으며, 또한 집권체제 정비에 걸맞는 관료들을 선발하려는 의도에서 나온 것이라 본다. 따라서 이 방안은 향리 등에 의해 각 지역사회에 맡겨두었던 국가운영을 집권화하는 과정에서 그에 필요한 다양한 관료층의 요구라는 현실을 감안한 조치이다.

더구나 사마광의 방안과 다르게 백문보는 지방관을 7, 8과로 더 세분하여 선발하려고 의도하였다. 그가 구체적으로 무엇을 의도했는지는

---

116) 金成俊,「高麗史 選擧三 譯註(一)」,『湖西史學』5, 1977, 125쪽.

117)『宋史』권160, 志113 選擧6 保任.

정확하지 않지만, 당시 수령제 개혁방안이 계속적으로 제기되던 상황
과 관련되어 있지 않은가 한다.

다시 말해서 그는 고려적인 使臣 파견 형태인 지방관 감찰 방식으
로 인해 제7과의 公正하고 風力이 있어 方面을 맡길 만한 인물이 필
요하다고 보았던 것으로 추정된다.

천거를 통한 그의 인재등용 구상은 다음과 같았다.

> 職事官은 兩府의 여러 奉翊大夫부터 종3품 이상에 이르기까지, 侍
> 從官은 僉議부터 監察·提學까지, 지방관은 6품 이상까지 해마다 10
> 과 내에서 1과를 감당할 인물 1인을 추천케 하고, 추천후보자는 반드
> 시 1과에 해당한 사람만 국한하지 말 것이요, 其人이 아니면 추천자까
> 지 파면시킬 것입니다.118)

직사관, 시종관, 지방관의 세 부류의 관료가 직급에 따라 10과에 해
당하는 1인을 추천케 하며, 무능력자 추천에 따른 방지책으로 擧主連
坐制를 시행하자는 것이다. 그런데 이 방안은 과거제를 부정하고 천거
에만 입각한 관료등용책이라고 생각되지는 않는다. 앞서 말했듯이 천
거란 방식이 成宗 11년 정월에 시행된119) 이래 과거와 병존해 왔기 때
문이다. 따라서 이는 과거제와 다른 특성을 지닌 인재선발의 보완방법
이었다.

그러나 백문보의 방법은 이전과는 다른 점이 있었다. 그는 천거를
보다 적극적으로 활용하여 관직자를 세 부류(직사관·시종관·지방관)
로 분류하고 이를 종2품(奉翊)부터 6품관에 이르기까지 각기 다르게
추천 범위를 설정했던 것이다.

---

118) 『淡庵逸集』 권2, 論選法箚子, "職事官 自兩府諸奉翊至從三品以上 侍從官
　　自僉議監察提學 外製六品以上 每歲須於十科內擧 堪當一科者一人 有堪擧
　　者 不必拘於一科 擧非其人以致敗 與擧主俱免".
119) 『高麗史』 권75-9, 志29 選擧3 銓注 薦擧之制.

이처럼 그가 천거를 중심으로 한 인사운영을 주장한 이유는 무엇일
까. 결론부터 말하자면 사적 인사운영 구조의 폐해를 최소화하려는 데
있었다고 본다. 원간섭기 이래 권문세가들은 자신들의 사적 인맥을 구
축하는 데 몰두하여 왔다. 이러한 경향은 인사 선발부터 이들의 배치
및 고과에 이르기까지 모든 인사운영의 원칙을 파괴하는 요인이 되었
다. 심지어 과거에서의 座主門生 관계도 각기 문벌·혼인이나 권력에
따른 사적 관계를 강화시키는 역할을 하고 있었다. 따라서 과거를 통
한 인재 선발은 형식화되어 가고 있었다. 그리고 이들의 관직 등용은
사적 인맥을 통하지 않고는 불가능하였다.

그러한 점에서 이러한 운영의 중심인 정방을 혁파하는 일은 신진사
대부에게 정치개혁의 핵심적 사안이었다. 이 정방은 공민왕 원년에 혁
파되었지만, 기존의 인사운영 방식이 완전히 해소되지는 않았다.

더구나 공민왕의 侍從功臣들이 점차 그의 측근세력으로 대두하여
고위관직에 올라 인사권을 장악하게 되었다.120) 이들은 자신들의 권력
유지를 위해 사적 인사운영 구조를 존속시키려 하였다. 또한 공민왕이
즉위 이후 여러 정치세력을 포괄해 자신을 중심으로 한 정치체제를 구
축하려 한 것이 인사운영의 난맥을 부추기는 하나의 요인이 되었다.
당시 정치세력에는 국왕의 측근만이 아니라 이제현 등을 중심으로 한
사대부 및 세가를 중심으로 한 구세력까지 다양하게 분포되어 있었다.

이러한 상황 속에서 각 정치세력은 자신의 인맥 구축에 힘을 기울이
지 않을 수 없었다. 신진사대부를 중심으로 한 개혁세력에게도 자신들
의 등용은 개혁정책의 추진에 중요한 관건이 되었다. 이 점에 관해서
는 공민왕이 신돈을 등용하면서 했던 말에서 시사받을 수 있다.

---

120) 李益柱, 『高麗·元關係의 構造와 高麗後期 政治體制』, 서울대 박사학위논
　　 문, 1996, 218쪽. 이들은 공민왕 원년에 燕邸隨從功臣에 책봉되어(『高麗史』
　　 권38, 世家38 恭愍王 원년 6월 壬寅), 趙日新을 중심으로 결속하게 되었다.

처음에, 왕이 재위한 지 오래 되었는데 재상들이 많이 뜻에 맞지 않
으므로 일찍이 말하길, "世臣大族은 親黨이 뿌리처럼 이어져 있어 서
로 허물을 가려주고, 草野新進은 감정을 감추고 행동을 꾸며 名望을
탐하다가 貴顯해지면 집안이 한미한 것을 부끄럽게 여기고 大族과 혼
인하여 처음의 뜻을 다 버리며, 儒生은 유약하여 강직함이 적고 또 門
生·座主·同年이라 칭하면서 黨을 만들고 私情을 따르니 이 셋은 모
두 쓰지 못하겠다."[121]

공민왕의 논지는 世臣大族과 같은 정통보수세력은 물론 신진과 유
생 등 모두가 상호 혼인관계 등으로 얽혀 등용할 수 없다는 것이다. 이
주장은 공민왕의 정치개혁에 대한 문제의식을 보여주면서도, 당시 사
적 인맥이 정치운영에서 차지하는 비중을 드러내 준다. 또한 공민왕이
즉위 초기에 어느 한 세력을 중심으로 개혁을 추진하려 했던 것이 아
니라 이들 모두를 포괄하면서 자신이 주도하는 정치운영을 꾀하려 했
음을 보여준다.

다양한 정치세력이 공존하는 가운데 한 세력의 독점적 등용은 다른
세력의 반발을 가져와 정치상황을 갈등으로 몰고가는 결과를 초래할
수 있다. 백문보의 천거제는 이러한 상황을 염두에 둔 것이 아닌가 한
다. 그의 방안은 공민왕 이전까지 정계에서 상당 부분 배제되었던 신
진사대부를 등용시키도록 만들면서, 다른 세력과의 균형관계를 크게
훼손하지 않으려는 의도를 지녔다고 할 수 있다.

그는 이 점에 관해 다음과 같이 말하였다.

재능에 따라 임무를 맡긴다면 버릴 선비가 없을 것입니다. 그러니 현

---

121) 『高麗史』 권132-3, 列傳45 叛逆6 辛旽, "初王在位久 宰相多不稱之 嘗以爲
世臣대族 親黨根連 互爲掩蔽 草野新進 矯情飾行 以釣名 及貴顯 恥門地單
寒 連姻大族 盡棄其初 儒生 柔儒少剛 又稱門生座主同年 黨比徇情 三者皆
不足用".

직에 있는 達官들에게 각기 아는 사람을 천거케 하는 것보다 좋은 방
법이 없으니 이렇게 하면 온당하고 공평하여 민간의 어진 선비가 다
등용될 것입니다.122)

達官의 추천이 현재 모든 정치세력의 인맥을 총망라하는 결과를 가
져올 것이라고 본 것이다. 단 천거에 대한 정치적 책임은 擧主가 지도
록 하여, 무자격자에 대한 시비를 없애려 하였다. 이 방안은 모든 세력
들로 하여금 내부 인맥을 추천케 하여 사적 인맥에 입각한 현재의 정
치구조를 인정하는 것이 된다. 그럼에도 모든 세력을 참여시켜 관직의
독점을 막음으로써 정치적 균형을 이루게 한다는 의도를 지녔다.

이러한 방안이 제기된 배경에는 사대부들의 역사적 경험이 깔려 있
었다. 이 시기 사적 인사운영의 폐해가 심각했음에도 불구하고 고려의
정치운영 구조가 이에 의존하고 있는 상황이라 일거에 이를 제거할 수
없었기 때문이다. 정방 혁파 등의 조치가 계속 실패했음이 이를 반증
한다.

문제는 사적 인사운영의 폐해가 더욱 극심해지는 상황에 있었다. 백
문보의 방안은 독점적인 사적 인사운영의 방지책으로 천거제를 활용
한다는 것이었다. 따라서 그는 擧主의 대상을 직사관은 종3품, 기타는
6품관까지로 하여 이를 추천할 수 있는 품계의 界線으로 삼았다. 전체
적으로 이 기준은 參上職123)이라고 생각된다. 그 중 직사관의 경우는
종3품까지로 제한하여 실제로는 宰樞職이 기준이 된다. 그러므로 중앙
관료의 추천은 사실상 이들에 의해 장악되는 셈이다.

---

122) 『淡庵逸集』 권2, 論選法箚子, "隨器授任 則士無可棄 莫若使在位達官 各擧
所知 則克協至公 野遺賢矣".

123) 參上職은 조회에 참여할 수 있는 관직이며, 6품관은 대개 여기에 해당되는
것으로 이해되고 있다. 단 5·6품 중에서도 參外職이 존재하며, 7품관 중에
서도 참상직이 있었다(朴龍雲, 『高麗時代 官階·官職 研究』, 고려대출판부,
1997, 23쪽).

또한 국왕과 관계된 侍從官의 경우는 중앙관료의 천거로 이루어진다. 이것은 당시 기존의 정치구조에서 국왕의 친위세력인 侍從功臣들이 자기 세력을 부식시키지 못하도록 하려는 의도가 내포되어 있다. 원간섭기 이래 국왕은 자신의 친위세력들을 관료체계 속으로 흡수시켜 왔으며, 그 결과 여러 사적인 정치기구 등과 그에 따른 관직이 濫設되고 있었다. 이러한 상황에서 시종관을 중앙관료의 추천에 의거한다는 것은 국왕 자신의 사적 기반을 축소시키는 효과를 가져올 것이다.

이상과 같은 천거에 입각한 선발 방식은 고려말기 사대부인 정도전의 방안에 일정한 영향을 주었다. 정도전은 「朝鮮經國典」에서 遺逸을 천거하는 기준을 7개 정도로 분류하여 천거토록 하였다.

① 經明行修하고 道德을 겸비하여 師範이 될 만한 자
② 식견이 時務에 통하고 재주가 經國濟世에 맞아 事功을 시행할 자
③ 文辭에 익숙하고 筆札에 솜씨가 있어서 文翰의 임무를 맡을 만한 자
④ 律算에 정밀하고 吏治에 달통하여 민에 임하는 일을 할 수 있는 자
⑤ 지모와 韜略이 깊고 용기가 三軍에 으뜸이어서 장수가 될 만한 자
⑥ 활쏘기와 말타기에 익숙하고 돌멩이를 던지는 일에 솜씨가 있어 軍務를 담당할 자
⑦ 天文·地理·卜筮·醫藥 중에서 한 가지 특기를 가진 자[124]

이 분류는 특히 첫번째가 백문보의 제1과와 유사함을 알 수 있다. 이 시기 요구되는 관료상으로 첫번째가 가장 중시된 유형임을 말해주는 것이다. 그 외에도 몇 가지 부분이 백문보의 방안과 비슷한 것을 볼

---

124) 『三峯集』권13, 朝鮮經國典上 禮典 擧遺逸, "有司曰 ① 其有經明行修 道德兼備 可爲師範者 ② 識通時務 才合經濟 可施事功者 ③ 習於文辭 工於筆札 可當文翰之任者 ④ 精於律算 達於吏治 可當臨民之事者 ⑤ 謀深韜略 勇冠三軍 可爲將帥者 ⑥ 習於射御 工於捧石 可當軍務者 ⑦ 天文地理 卜筮 醫藥 或攻一藝者 備細訪問 敦遣于朝 以備擢用".

수 있다.

물론 정도전의 방안은 遺逸薦擧만이며, 백문보의 그것은 관직 서용을 목표로 한 점에서 커다란 차이점을 지니고 있다. 그럼에도 정도전의 방안은 백문보처럼 각 과를 나누어 관료선발에 대비한 점에서 당시 요구되는 관료상의 변화를 잘 보여준다고 하겠다.

둘째로 그의 방안 중에서 고려말기에 영향을 미친 것은 6품을 界線으로 한 지방관 추천과 擧主連坐制이다. 이 방안은 고려말기 수령제 개혁안으로 제기되어 조선건국 후에는 법제화되었다. 구체적으로 본다면 이것은 趙浚의 昌王 즉위년(1388) 상소에서 臺諫·六曹가 수령을 추천하는 것으로 이어졌다가[125] 이후 6품까지 확대되어 『經濟六典』에까지 수록되었다.

『경제육전』의 한 조문에 "수령은 백성을 가까이하는 職으로 民의 休戚이 달려 있으니, 選擧는 정밀하지 않으면 안 된다. 원컨대 지금부터 兩府에서 顯官 6품까지 각기 알고 있는 (사람을) 천거하되 이미 顯秩을 거쳐 名望 있는 자와 中外에 歷任하여 聲績이 있는 자로 除授에 대비하고 적당하지 않은 사람을 천거하면 죄를 擧主에 미치도록 한다"고 하였다.[126]

태조 6년의 『경제육전』에는 백문보와 마찬가지로 6품을 界線으로 하여 수령을 천거케 했으며, 또한 거주연좌제까지 도입하고 있다. 이처럼 백문보의 방안은 이후에 인사운영체제에 영향을 주었다.

한편 그는 현재 典理와 軍簿司가 같이 모여 토의해 이루어지는 문

---

125) 『高麗史節要』권33, 禑王 14년 8월.

126) 연세대 국학연구원 편, 『經濟六典輯錄』, 다은출판사, 1993, 71쪽, "經濟六典 一款 守令近民之職 民之休戚係焉 選擧不可不精 願自今兩府以至顯官六品 各擧所知 以曾經顯秩有名望者 歷任中外有聲績者 以備除授 所擧非人 罪及 擧主"(『太宗實錄』권3-31, 태종 2년 6월 庚申).

무반의 인사행정을 긍정한 가운데,

> 근대에 選法이 크게 무너져 資序와 功罪도 논의 않고 결원만 있으면
> 교체하니 관원이 쌓아 놓은 땔나무와 같아 前職者가 나라 안에 가득
> 차 奔競으로 요행을 바라는 자가 우글댑니다. 또 先王이 제정한 衙門
> 외에 따로 諸色의 冗員을 세워 都目이 數多한데 謹慢을 헤아리지 않
> 고 다투어 속여서 승진할 것을 구합니다. 마땅히 衙門을 줄여 합치고
> 不急한 임용은 없애며, 都目에 합쳐 기록하여 이름 다투는 길을 끊어
> 야 할 것입니다.[127]

라고 주장하였다. 그는 현재의 원칙 없는 인사선발과 爲人設官의 문제
를 비판하고, 그 개선을 위해 冗官 혁파와 都目에 입각한 공정한 임용
을 제시하였다.

이러한 인사운영의 문제점은 이 시기 여러 논자들에게 지적되었다.
예컨대 이제현의 경우에는 문제 발단의 주체를 權臣과 정방으로 파악
하고 엄격한 도목의 실시를 주장했다. 그러한 점에서 양자의 목표는
동일하게 공적 체계 내에서 엄격한 인사운영을 회복하는 데 있었다.

그러나 두 사람의 방안에는 차이가 있었다. 우선 이제현이 정방을
혁파해 典理 및 軍簿司로 인사권을 돌리고 考功司를 설치하자고 한
반면, 백문보는 전리 및 군부사가 같이 모여 문무반을 통합해 인사를
운영하는 것을 긍정하였다. 백문보의 방안은 현재 정방이 혁파된 상황
에서 정치세력 간의 상호 논의에 입각한 인사운영을 회복하려 했던 것
이 아닌가 한다. 또한 이제현의 경우에는 과거의 과목변경 등을 통해
신진사대부를 선발코자 했으나, 백문보는 천거를 통해 이들을 중앙정

---

127) 『淡庵逸集』 권2, 論選法箚子, "近代 選法大壞 不論資序功罪 隨代番更 官流
積新 前職蒲國 故奔競僥倖者 滔滔皆是 又先王制定衙門之外 別立諸色冗員
都目數多 不量謹慢 競求冒進 宜當減併衙門 沙汰不急之任 合錄都目 庶絶
爭名之路".

계에 끌어들이려는 했다는 차이가 있다.

아울러 백문보는 공민왕 원년에 설치된 禮儀推正都監, 推刷色[128] 등과 같은 새로운 임시기관인 色의 설치로 인한 관원 증가를 지적하고 이의 통합을 주장하였다. 이 色들은 원간섭기 이후 끊임없이 증가해 온 임시기구였다. 이들 기관의 역할은 권력자들의 사적 인맥체계를 구축하는 것에도 있었다. 따라서 그는 이를 혁파하고 모든 인맥을 인사 운영에 대한 공적 체계 내로 흡수시키려 했던 것이다.

그러나 백문보의 관료제 개편방안의 가장 중요한 특징은 당시 성장하던 재지지주를 적극적으로 중앙정계에 끌어들이려 했던 점에서 찾을 수 있다. 특히 그는 중앙 및 재지세력과의 연계를 바탕으로 이를 추진하려 했다. 다음의 방안은 斥佛疏에 들어 있는 事審官의 복귀청원에 대한 것이다.

> 또한 鄕曲이 모두 올바르게 되면 국가를 통치할 수 있습니다. 唐에 서는 鄕에 大中正을 두었고 國初에도 역시 事審官을 두었습니다. 지금 마땅히 大小州郡에 다시 事審을 두어 非違를 糾察케 하십시오.[129]

그는 향곡으로 표현되는 지방에 대한 통치를 국가통치의 열쇠로 보고 唐의 大中正과 비슷한 성격의 事審官을 복원시키자고 주장하였다. 주지하듯이 사심관[130]은 국초에 공신들의 재지세력 기반을 이용해

---

128) 『高麗史』 권77-28, 志31 百官2 諸司都監各色.

129) 『淡庵逸集』 권2, 斥佛疏, "且鄕曲皆正則國家可理 唐鄕置大中正 國初亦置 事審 今宜大小州郡 復置事審 糾察非違".

130) 사심관에 대한 논고로는 다음이 참고된다.
河炫綱, 『韓國中世史硏究』, 一潮閣, 1988 ; 旗田巍, 「高麗の事審官」, 『朝鮮 中世社會史の硏究』, 東京 : 法政大學出版局, 1972 ; 周藤吉之, 「高麗朝の京 邸・京主人とその諸問題」, 『朝鮮學報』 111, 1984 ; 李純根, 「高麗時代 事審 官의 機能과 性格」, 『高麗史의 諸問題』, 三英社, 1986 ; 洪承基, 「高麗後期 事審官制度의 運用과 鄕吏의 中央進出」, 『東亞硏究』 17, 1989 ; 朴恩卿,

그 지방의 鄕豪勢力을 통제하려 했던 것으로, 其人制와 함께 대표적
인 지방통제정책이다. 그러한 점에서 양자는 상호 관련 속에서 이해되
어야 할 것이다.

그 중 其人制[131]의 경우는 국초에 지방호족들이 입장에서 보아 受
職을 통해 중앙과 관련을 맺을 수 있는 제도였다.[132] 당시에는 호족세
력이 강대하였기 때문에 중앙권력이 일방적으로 인질적 성격만을 강
요할 수 없었기 때문이다. 따라서 이 제도의 시행 의도는 호족세력을
고려의 지배층으로 전화시키려는 데 있었다고 본다.

그리고 국초의 사심관은 재지세력의 통제만이 아니라 기인제 등을
이용해 이들과 중앙정계와의 정치적 연결을 매개하는 역할도 했을 것
이다. 원래 사심관의 역할에 대해서는 "宗主人民 甄別流品 均平賦役
表正風俗"이라고 되어 있어 이와 같은 성격을 추정할 수 있다.[133]

그런데 백문보의 구상은 고려후기에 폐지된 사심관의 복귀를 통한
비위 규찰에 있었다. 따라서 그가 주장한 사심관을 통한 비위 규찰이
란 현상적으로 재지세력의 편제와 이들의 중앙정계와의 연결이란 기
능과는 관련성이 없어 보인다. 특히 충숙왕 5년의 사심관 폐지 이
유[134]가 그들이 저지른 비리 때문이었다는 점에서 이 제의는 모순적으
로 보이기도 한다.

「高麗時代 事審官의 性格」,『仁荷史學』3, 1995/『高麗時代鄕村社會硏究』,
　一潮閣, 1996 재수록.
131) 기인제에 대해서는 다음의 논고가 참고된다. 李光麟,「其人制度의 變遷에 對
　하여」,『學林』3, 1954 ; 金成俊,「其人의 性格에 對한 考察」,『歷史學報』10
　・11, 1958 ; 韓㳓劤,「古代國家成長過程에 있어서의 對服屬民施策」,『歷史
　學報』12・13, 1960 ; 韓㳓劤,「麗代의 其人選上規制」,『歷史學報』14, 1961.
132) 河炫綱,『韓國中世史硏究』, 一潮閣, 1988, 195쪽.
133)『高麗史』권75-43. 志29 選擧3 銓注 事審官 忠肅王 5년 5월 下敎.
134)『高麗史』권75-43. 志29 選擧3 銓注 事審官 忠肅王 5년 5월 下敎. 이에 따
　르면 사심관은 현재 公田을 廣占하고 民戶를 은닉하며, 差役時 祿轉米를 자
　신이 회수하고 사적으로 刑을 집행하는 등 많은 폐해를 저지르고 있다.

백문보는 사심관을 원래 魏晉南北朝時代에 행해진 九品官人法[135]
과 연관된 大中正으로 착각하고 있었다.[136] 이는 그가 대중정이란 관
직을 『通典』[137]에서 보고 이해하여 생긴 착각이었을 것이다. 그런데
유의할 점은 그가 착각한 대중정의 기능과 사심관의 그것을 동일하게
보고 있다는 점이다. 대중정은 鄕品을 구별했다는 점에서 고려 사심관
의 기능인 流品 구별과 유사하다. 그의 착각은 대중정이란 관직이 수
행하던 재지세력의 편제 및 이들과 중앙정계와의 연결과 사심관이 국
초에 행한 기능이었다. 이러한 착각은 그가 자신의 개편방향을 지나치
게 염두에 둔 데서 생긴 것이었다. 따라서 그는 사심관의 재설치를 통
해 재지세력을 재편하고 이들을 중앙과 연결시키려 의도했던 것이라
고 생각된다. 더구나 그의 생각은 자신이 주장한 천거를 통한 방안과
도 일맥상통한다.

또한 백문보가 생각한 '비위 규찰'은 당시 지방통치와 관련해 해석되
어야 할 것이다. 고려후기 수령이나 기타 外官들이 중앙권세가들의 하
수인으로 역할[138]함으로써 파생된 지방사회의 폐해는 컸다. 이러한 폐
해는 지방사회의 행정체계와 수취구조를 변질시키고 있었으며, 재지세
력 내부의 분화와 이동을 가져왔다.[139]

---

135) 구품관인법에 대해서는 宮崎市定, 『九品官人法の研究 - 科擧前史 - 』, 京都
: 同朋舍, 1956 ; 宮天尙志, 『六朝史研究』 政治·社會篇, 東京 : 日本學術振
興會, 1956 등이 참고된다.

136) 대중정은 中正의 하나로 위진남북조시대에 州郡에 배치되었다가 隋代에 폐
지된 관직이다. 이것은 과거제가 시행되기 이전의 관리등용제인 구품중정제
또는 구품관인법과 관련이 되어 있다. 따라서 대중정이 唐에 설치되었다는
것은 백문보의 착각이다(旗田巍, 「高麗の事審官」, 『朝鮮中世社會史の研究』,
法政大, 1972, 116~117쪽).

137) 『通典』 권14, "魏氏革命 州郡縣俱置大小中正 各以本處人 任諸府公卿及臺
省郎吏 有德充才盛者爲之 區別所管人物 定爲九等 其有言行修著 則升進
之".

138) 이인재, 「고려중후기 지방제 개혁과 감무」, 『外大史學』 3, 1990.

139) 姜恩景, 『高麗後期 戶長層의 變動 硏究』, 연세대 박사학위논문, 1997 참조.

백문보가 말한 '비위'란 권세가들의 사적 기반 확보를 위해 파견되는 지방관 등으로 인한 폐해를 의미한다고 여겨진다. 그는 중앙권세가－수령－향리로 이어지는 이러한 행정체계의 문제를 국초와 마찬가지로 재지세력과 바로 연계되는 사심관을 도입하여 견제할 수 있다고 보았던 것 같다. 요컨대 백문보는 중앙에서 수령－향리로 이어지는 행정체계 외에 사심관－재지세력으로 연결되는 운영체계를 마련하는 한편, 천거제를 이용하여 재지세력을 중앙정계로 진출시키는 구조를 구상했던 것이다. 이 때 그가 부식시키려 한 재지세력은 당시의 역사적 상황으로 볼 때에 재지지주였을 것이라 판단된다.

또한 畿內 田土는 역시 祿科田으로 頒祿하지 말고 사대부의 祭田으로 균등히 나누어 주어 居京者의 급한 바를 구제토록 하십시요.[140]

그는 관료제 운영의 정상화를 위해 현재 祿科田 頒祿을 반대하고 이를 사대부의 祭田으로 나누어 주자고 주장하였다. 여기서 '居京者'의 구제라는 구절에 입각해 볼 때, 이 방안은 재지사회에 기반을 둔 계층에 유리한 것이다. 또한 그것은 균등한 분배라는 점에서 居京兩班層 전체를 염두에 둔 것인데, 상대적으로 토지소유가 없거나 적은 하급관료층에게 유리한 것이기도 하다. 그러한 점에서 이는 새롭게 관료층으로 편입되는 재지지주 출신인 신진사대부들을 염두에 둔 방안이라 추정된다.

한편 그는 관료제 정비를 위해 이들의 銓注 방법과 祿俸에 대해 논하였다. 우선 전주 방법으로 각 정치세력 간의 견제에 따른 균형 유지를 중시하였다. 그 결과 사적 관계로 인해 마음대로 직첩을 받아 내는

---

140) 『高麗史』 권78-6, 志32 食貨1 田制 經理 恭愍王 11년, "密直提學 白文寶上箚子曰 京師近地 平廣膏腴 可以耕稼者 爲牧場 而奪其利 宜移牧於山谷島嶼 以興地利 且畿內八縣田土 亦不須頒祿科 均給士大夫祭田 以濟居京者之所急".

것을 방지하고자 하였다. 그는 현재의 문제점으로 처음 품직 제수시에는 여러 관원이 서명해 협잡이 어렵지만, 고위직일수록 한 관서가 이를 맡아 쉽게 할 수 있음을 지적하였다. 이를 방지하기 위해

> 이제부터 6품 이상은 스스로 직첩을 써서 省에 내게 해 모두 署經하고, 7품 이하는 典理·軍簿司가 모두 署經하고 각 품관이 같은 품위로 이동하는 자는 謝牒만을 지급한다.141)

는 방안을 제시하였다. 이 방안의 요체는 6품 이상의 직첩은 중서문하성에 제출시켜 모두가 검증한다는 것이다. 따라서 7품 이하의 하위직은 典理 및 軍簿司가 같이 검증하게 하려 하였다. 그것은 당시 添設職이나 同正職의 남발, 또는 納粟補官制에 의한 문란 등에 대처하기 위한 방안이었다. 특히 첨설직은 공민왕 3년 政曹를 제외한 6부 판서와 摠郞의 2배수 첨설 등142)이 시작된 이래 관직수가 크게 증가되었다.143) 그 결과 품계의 승진이나 직첩을 받기 위한 경쟁이 가속화되는 한편, 가짜 사첩이 남발될 수 있었다.144) 이를 그대로 방치할 경우 정치세력 간의 상호갈등을 부추겨 관료제 운영의 혼란을 가중시킬 수 있었다. 백문보의 방안은 이를 공적 체계 내에서 검증을 통해 상호견제

---

141) 『淡庵逸集』 권2, 論時政箚子 論銓注, "今後六品以上 各自寫牒投省 具署經印 七品以下 典理軍簿具署經印 每品同品轉移者 只給謝牒".

142) 『高麗史』 권75-38, 志29 選擧3 銓注 添設職.

143) 첨설직은 왜구 및 홍건적 등의 침입으로 인해 軍功者에게 수여하기 위해 설치되었다. 이 때문에 무장세력들이 정계에 많이 진출하였다(鄭杜熙, 「高麗末 新興武人勢力의 成長과 添設職의 設置」, 『李載龒博士還曆記念 韓國史學論叢』, 한울, 1990).

144) 이에 관해서는 李崇仁이 우왕 6년에 올린 상소에서 알 수 있다. 그는 근래 관작에서 眞爵과 添爵이 혼동되는데 그 謝牒에 단지 堂後의 서명만 있어 가짜가 남발될 우려가 있다고 주장하였다(『高麗史』 권75-7, 志29 選擧3 銓注 辛禑 6년 6월).

토록 하는 데 있었다.

아울러 그는 녹봉의 정상적 지급을 통해 관료제의 운영을 안정시키려 하였다. 고려후기 이래 토지탈점의 증가는 관료들에게 지급되던 수조지 확보와 국가재정에 심각한 영향을 미치고 있었다. 그에 따라 고려정부는 경기지역의 祿科田制 시행이나 賜牌 지급 등의 방안으로 관료들에 대한 경제적 기반을 제공하려 했었다. 그러나 이 조치는 토지탈점의 경향 속에서 권력과 가까운 세력에게는 유리했지만, 대다수의 관료에게는 수조지 점유에서 탈락하는 계기가 되었다.[145]

마찬가지로 관료들에 대한 녹봉 지급은 이전의 강화정부 시절보다는 호전되었다고 하지만, 고려후기 내내 재정감소로 인해 매우 불안정한 상태였다.[146] 公田에 대한 권세가의 토지겸병은 이러한 상황을 더욱 악화시켰다. 공민왕은 즉위 후 이를 해결하기 위해 토지겸병을 금지하고 재정안정을 통해 녹봉을 증가시키려 시도했었다.[147] 그러나 이후에도 홍건적이나 왜구 침입 등에 따른 漕運 불가나 토지탈점의 심화로 녹봉 문제는 계속되었다. 이에 공민왕 11년 6월에는 감찰사가 환관 등에 소요되는 倉祿이나 각 道에 주는 賜米 등을 줄일 것을 건의했었다.[148]

백문보의 상소는 이러한 녹봉 부족의 상황 속에서 제출되었다. 그는 중국의 三代의 제도를 원칙으로 하여 다음과 같이 건의하였다.

　　三代의 제도에 大國은 사방 100리, 그 다음은 사방 70리입니다. 大國

145) 李景植,『朝鮮前期土地制度硏究』, 一潮閣, 1986, 41쪽 참조.
146) 崔貞煥,『高麗・朝鮮時代 祿俸制 硏究』, 경북대출판부, 1991, 203~212쪽 참조.
147)『高麗史』권80, 食貨3 祿俸 恭愍王 원년, "二月 下旨 重錄勸士 國初盖有成法 中世以降 井地不均 公府漸耗 官吏不足以養廉 欲望其礪節難矣 有司袪不急之官 禁兼幷之家 以實倉廩 以增祿俸".
148)『高麗史』권80-18, 志34 食貨3 祿俸 恭愍王 11년 6월.

卿의 녹봉은 288명, 大夫는 70명, 士는 36명, 下士와 庶人은 가히 9명을 먹여 살릴 수 있습니다. 지금 우리 동방은 2천리로 비록 山林이 거의 반이지만 100리의 나라에 10배입니다. (그러나) 卿大夫의 녹봉은 9명을 먹여 살리기도 부족하니 祿을 두터이 하는 방안을 마땅히 해당 관청에 명하여 5품 이상을 다시 논의해 보고토록 하십시요.[149]

그는 『맹자』를 참조하여 이 방안을 제기하였다.[150] 그가 대상으로 한 5품관 이상은 품계상 '大夫'를 경계로 했던 것으로 보인다. 그렇게 한 이유는 우선적으로 부족한 국가재정 상태를 고려했던 것으로 판단된다. 그는 현재 상태에서 일차적으로 고위직에 대한 보장이 필요하다고 보았던 것 같다.

아울러 현 재정상태에서 하위직의 남설과 그에 따른 관리의 증가로 이들에 대한 고려까지는 현실적으로 불가능하다고 생각했을지도 모른다. 어쨌든 그로서는 5품관 이상의 녹봉이 보장되어야만 이들의 염치가 이루어질 것이고 그래야만 이들의 경제적 비리를 방지할 수 있을 것이라고 생각했을 것이다.

그렇다고 해서 하위직에 대한 고려가 전혀 없지는 않았다. 그는 앞서 보았듯이 현재 경기 8현 내의 토지를 녹과전으로 반급하는 것을 반대하고 사대부의 祭田으로 균등하게 나누어 주어 居京생활을 보장해 줄 것을 주장하였다. 이는 사대부 전체, 즉 관료들에게 토지를 祭田으로 균등하게 나누어 주자는 의미가 될 것이다. 이를 5품관 이상의 녹봉과 관련시켜 본다면, 그의 구상은 기내의 수조지는 균등히 분급하되 5

---

149) 『淡庵逸集』권2, 論時政箚子 祿俸, "三代之制 大國方百里 其次方七十里 大國之卿祿 可食二百八十八人 大夫可食七十人 士可食三十六人 下士與庶人 可食九人 今吾東方 千里者二 山林雖居其半 十倍於百里之國 而卿大夫之祿 不足以食九人 重祿之術 宜令所司 五品以上 更議申聞".

150) 『孟子』권9, 萬章章句下. 다만 『맹자』의 구절과 위 내용이 똑같은 것은 아니다.

품관 이상은 그에 상응하는 녹봉을 지급하여 고위직에 대해 보장을 해 주자는 것이 된다.

결국 그의 주장은 기내 8현 수조지의 기존 토지점유 관계를 부정하고 이를 사대부로 거론되는 모든 관료층들, 특히 居京者인 재지지주층에게 동일하게 나누어 주자는 것이다. 아울러 이러한 조치로 피해를 보게 될 5품관 이상은 녹봉으로 대신 보장해 주려 하였다. 요컨대 이 방안은 이 시기 재지지주층으로 사대부인 관료가 되어 居京했던 계층에 대해 일정하게 경제적 보장을 도모하는 한편, 그로 인한 권세가나 기존 고위층의 피해를 녹봉을 통해 보상하려는 성격을 지녔다.

따라서 백문보의 방안은 당시 새롭게 등장한 재지지주층의 중앙정계로의 포섭을 모색하였다는 점에서, 이제현이 기존 정치세력 내부에서 새로운 관인형을 창출하려 한 방향보다는 발전된 것이다.

3. 租稅制 整備論

1) 井田論

고려후기에 들어와 조세운영 체계가 점차 마비되어 갔음은 앞서 살펴보았다. 그리고 이 문제가 사적 정치운영과 구조적으로 연관을 지니고 있음도 지적하였다. 이러한 조세운영 체계의 동요가 야기시키는 정치·사회적 문제를 간략히 정리하면 다음과 같다.

첫째로는 國家收取源의 근원적인 감소이다. 토지와 같은 물적 요소 이외에도 國役 담당층과 같은 인적 자원이 점차 축소되고 있었다. 그것은 국가 지배영역의 축소를 의미하며, 외적 방어를 위시한 국가기능이 해야 할 최소한의 공공적 역할마저도 이루어질 수 없게 됨을 뜻한다.

　문제는 아직 田丁制에 입각한 수조권적 토지지배의 원리가 전면 부
정되지 않는 상태에 있었다.151) 원래 수조권자인 田主의 농민지배는
군현을 매개로 한 수조지 관리를 통해 이루어졌으므로 국가의 공권력
에 의존해야 하였다. 그런데 국가기능의 마비는 이를 불가능하게 만들
어 전체 지배층의 안전을 위협하게 되었다. 물론 사적 지배를 강화시
켜 나가던 일부 집권층은 자신의 농장이나 지역 관리 등으로 국가공권
력의 행사를 배제하려 했을 것이다.

　그럼에도 이들 농장의 관리는 국가권력을 매개로 했을 때 가장 안정
적일 수 있었다. 토지탈점을 둘러싼 쟁송이 빈번한 상황에서 국가권력
의 보호가 없을 때는 토지를 확실하게 지배할 수 없기 때문이다.

　둘째로는 앞의 문제와 관련해 국가재정이 파탄 상태에 이르게 되었
다는 점이다. 국가재정의 파탄은 국가유지에 필요한 경비부족을 의미
하지만, 무엇보다 일반 관료층의 불만을 증대시키는 일이기도 하였다.

　집권적 관료체제를 유지하는 물적 기반은 토지와 녹봉이었다.152) 그
런데 국가재정의 상당 부분은 녹봉 등의 지급에 사용되었을 것이므로,
재정고갈은 관료들의 직역 수행에 대한 대가를 지불할 수 없게 됨을
의미한다. 『고려사』食貨志의 科斂條는 원간섭기에 재정고갈로 수시
로 관료들에게 징수를 하고 있음을 보여주고 있다. 관료들에 대한 토

---

151) 田丁은 職役과 결부되어 운영되었지만 기본적으로는 稅布의 수취를 근간으
　　로 성립된 것이다. 이것의 징수는 국가재정의 원천이라는 점에서만이 아니라,
　　한편으로 그 징수권을 수조권 분급의 형식으로 職役人에게 분급한 데서 중
　　요하였다(朴京安,『高麗後期 土地制度硏究』, 혜안, 1996, 37쪽). 이러한 원리
　　가 수조권 분급지의 자의적인 授受로 인해 침해받고는 있었지만, 이 시기까
　　지 근본적으로 부정된 것은 아니다.

152) 고려시대 녹봉제에 관해서는 다음의 논고가 참고된다. 李熙德,「高麗 祿俸制
　　의 硏究」,『李弘稙博士回甲紀念韓國史學論叢』, 1969 ; 浜中昇,「高麗史食貨
　　志外官祿條の批判」,『朝鮮歷史論集』上, 1979 ; 崔貞煥,『高麗・朝鮮時代
　　祿俸制 硏究』, 경북대출판부, 1991.

지지급마저도 여의치 않은 상태에서 이는 관료들의 불만을 심화시켰을 것이다.[153] 따라서 이 문제는 최종적으로 수조지 분급의 운영원리를 어떻게 할 것인가로 귀결된다.

또한 한정된 收取源에 대한 수취강화는 민들의 유망이나 노비로의 투탁을 증대시키는 요인이 되었다. 따라서 재정문제의 해결은 지배체제의 안정이란 차원에서 중요한 과제였으며, 대개 爲民論의 형태로 제기되었다. 유자들은 수취대상자인 민의 보호를 문제해결의 핵심으로 보았기 때문이다. 이상과 같은 두 가지 문제를 염두에 두고 이제현의 개선론을 살펴볼 필요가 있다.

이제현은 全羅道 按廉使로 나가는 田錄生[154]을 전송하면서 고려후기 민의 현실에 대해 이렇게 말하였다.

田郞이 우리 鷄林에 按廉使 되니
父老들 지금까지 그 德을 기리네
……
요즈음 남쪽에 흉년이 자주 들어
이따금 주린 백성 길가에 쓰러지네
유식한 수령은 백에 두셋뿐이라

---

153) 예컨대 충숙왕 16년 10월 廣興倉에서의 녹봉 지급에는 諸衛의 散員, 別將 등이 직접 창고에 와 속여서 받아가거나 강제적으로 빼앗아 가는데도 이를 규제하지 못하였다고 한다(『高麗史』 권80-17, 志34 食貨3 祿俸). 이런 면은 이 시기 하급관료층이 녹봉이 아닌 다른 경제적 기반이 없기 때문에 생긴 것으로 판단된다. 또한 충렬왕대 伍允孚는 星變을 물리칠 방법을 묻는 국왕에게 전라 및 경상도의 王旨別監과 公主食邑의 폐지를 건의하여, 그 중 후자만을 없애 수입을 左倉에 돌려 백관의 녹봉에 충당케 하였다(『高麗史』 권122-8, 列傳35 方技 伍允孚). 이 사례 역시 伍允孚가 일반 관료층의 불만을 대변하고 있는 것이 아닌가 한다.

154) 田祿生은 潭陽 출신으로 충혜왕 때에 과거에 급제하였으며, 충목왕대 整治 都監의 整治官으로 權豪를 究治한 인물이다(『高麗史』 권112, 列傳25 田祿生).

법률 농간함을 소경같이 보고 있네
農夫를 몰아다 倭賊 막게 하니
적의 칼 닿기 전에 먼저 흩어지누나
大將은 막사에 앉아 음악이나 듣고
小將은 땀흘리며 무기를 수송한다
豪奴들은 연이어 말타고 公田 것도 앗아가는데
官의 逋租 징수는 풍흉을 계산하지 않네
오호라 民生이 이 지경 되었으니
뉘라서 우리 임금 旰食을 않게 할까
益齋도 일찍이 廊廟에 있었지만
늙은 간신, 惡少輩에 모욕 당했었네
사직하고 은퇴하여 화는 겨우 면했으나
오늘날 생각하니 얼굴이 붉어진다
田郞은 옛부터 君子 되길 원했으니
어찌 늙은 나의 머뭇거림과 비교될까
부디 가서 공평하게 백성 고통 들어주고
달려와 보고하여 밝은 임금께 알게 하라.155)

이 시는 공민왕 10년(1361)에 지어진 것으로156) 당시 고려사회의 현
실을 잘 보여주고 있어 주목된다. 그러한 점에서 이 시는 이규보의 部
曲을 묘사한 시157)나 이제현과 교류가 있었던158) 尹汝衡의 「橡栗歌」

---

155) 『益齋亂藁』 권4, 詩 送田錄生司諫按全羅道, "田郞作倅吾鷄林 父老至今懷
德音 …… 南方近者頻年荒 捐瘠往往僵路傍 守令識者百二三 坐視弄法猶盲
喑 旋驅農夫防海倭 賊刀未接先奔波 大將坐幕擁笙歌 小將汗馬輸弓戈 豪奴
聯騎攘公田 官徵逋租不許年 嗚呼民生至此極 誰與吾君寬旰食 益齋也曾玷
廊廟 受侮老姦幷惡少 乞身自退僅免禍 此日尋思顔可赭 田郞夙慕君子儒 豈
比老我空嚅嚅 往哉問瘼公無私 馳奏得令明主知".

156) 『牧隱逸稿』 권6, 牧隱先生歷官略, "(恭愍王) 十年辛丑春 以司諫出爲全羅道
按廉使".

157) 『全集』 권6, 古律詩, 八月五日聞群盜漸熾.

158) 이제현은 學諭이던 尹汝衡을 위해 시를 지어 주었다(『益齋亂藁』 권3, 詩 九

를 연상케 한다. 특히 후자의 경우에는 당시 권세가들의 토지탈점과 여러 차례의 수조로 인해 도토리를 주워먹고 살아야 하는 민들의 처지를 매우 사실적으로 묘사하였다.159) 이러한 유형의 시는 이전의 형식과 修辭 위주의 四六幷麗文에서 道를 담은 古文體로의 변화 경향을 반영하고 있다. 이러한 고문의 표방이 성리학과 관계가 깊음은 주지의 사실이다.160)

이제현은 이 시를 통해 田祿生에게 지방사회의 문제를 지적하고 지방을 둘러본 후 그 사정을 국왕에게 보고하도록 권유하는 데 목적을 두었다. 실제로 田祿生은 공민왕에게 시찰 경험을 바탕으로 한 왜적 방비에 대한 보고를 올렸었다.161)

이제현이 시에서 지적한 문제는 민생과 관련해 飢民 구제, 수령 문제, 왜적 방어, 조세징수 등이었다. 그 중에서 흉년으로 인한 기민 발생은 이미 공민왕 8년부터 문제로 대두되고 있었다. 이 해에 크게 흉년이 들었기 때문이다.162) 더구나 왜적은 물론 홍건적의 침입은 이러한 상황을 악화시키고 있었다. 다음 해인 9년에도 가뭄이 계속되어 4월에는 공민왕 자신이 식사를 하루에 한 끼로 줄였으며,163) 6월에는 京城에 큰 기근이 들었다고 한다.164) 결국 이 시가 나온 공민왕 10년에는 龍州

月十五日曉起有感寄示尹汝衡學諭).
159) 『東文選』 권7, 七言古詩 橡栗歌.
160) 李源明, 『高麗時代 性理學 受容 研究』, 國學資料院, 1997, 95~106쪽 ; 李炳赫, 『高麗末 性理學 受容期의 漢詩 研究』, 太學社, 1989, 181쪽.
161) 『楚隱逸稿』 권1, 啓辭 全羅道按廉使時陳倭寇防禦之弊啓辭. 그의 건의 내용은 『고려사』에도 실려 있는데, 많은 곳에 왜적 방비 수비처를 만들고 수비군을 동원해 私欲을 채워 민들이 유망하게 되었다고 보고, 이런 수비처를 폐지하고 주로 烽火에 의지하도록 한 것이다(『高麗史』 권112-16, 列傳25 田祿生).
162) 『高麗史節要』 권27, 恭愍王 8년 12월.
163) 『高麗史節要』 권27, 恭愍王 9년 4월.
164) 『高麗史節要』 권27, 恭愍王 9년 6월.

의 기근으로 사람까지 서로 잡아먹는165) 상태로까지 악화되고 있었다.

그에 따라 공민왕 10년 5월에는 都僉議使司에서 현재 흉년이 들어 아사자가 매우 많으나 구제할 길이 없다고 하여, 良人으로 먹고 살기 어려운 자는 부자에게 먹이게 하는 대신 그들을 사역시키게 하며, 노비의 경우는 먹일 수 있는 자가 자신의 노비로 삼을 수 있도록 요청하기에 이르렀다.166) 이 방안은 공민왕에 의해 거부되지만, 국가에 의한 진휼이 한계에 이른 상황을 잘 드러내고 있다. 이의 수용은 지금까지 壓良爲賤이나 投託 등으로 양인이 권세가들의 노비로 전락하는 것을 정부가 법적으로 인정하는 결과를 낳게 되는 것이다. 또한 경제적으로는 지주전호 관계의 확대를 지원하는 셈이 되기도 한다.

그에 대한 대책은 고식적이긴 하지만 수령과 같은 지방관의 역할을 강조하는 방향으로 제기되었다. 그러나 현실에서는 이제현이 지적한 대로 문자도 모르는 수령이 대부분이었다. 공민왕 8년에는 흉년으로 인해 다음과 같은 방안이 제출되었다.

이 해에 크게 흉년이 들었는데, 경상도 賑濟使 禮部侍郞 全以道가 돌아와 아뢰길, "監務와 縣令의 직책은 近民의 職인데, 적당한 사람이 아니면 백성들이 飢寒을 면할 수 없습니다. 先王께서는 그런 줄 아셨기 때문에, 무릇 과거에 뽑힌 선비들을 모두 감무·현령의 직책에 썼던 것입니다. 지금은 모두 胥徒에서 뽑아 쓰기 때문에 온갖 방법으로 백성들을 침노하오니, 장차 농사와 양잠, 길쌈을 장려하고 교화를 닦아 밝히는 일을 어찌 하겠습니까. …… 이제부터는 오로지 과거에 뽑힌 선비들을 감무·현령으로 쓰게 하소서" 하니, 왕도 옳게 여겼으나 끝내 이 말을 쓰지는 못하였다.167)

165) 『高麗史節要』권27, 恭愍王 10년 3월.
166) 『高麗史』권39-37, 世家39 공민왕 10년 5월 甲戌, "都僉議使司啓曰 年凶餓莩甚多 無以賑活 良人不能自食者 令富人食 而役止其身 人有奴婢而不能養 令食之者 永以爲奴婢".
167) 『高麗史節要』권27, 공민왕 8년 12월, "是歲大饑 慶尙道賑濟使 禮部侍郞 全

全以道의 주장은 감무와 현령 같은 수령직에 현재의 胥徒가 아닌 '과거에 급제한 선비[登科士類]'를 임명해야 한다는 것이다. 胥徒 출신의 수령들이 백성들을 수탈하기 때문에 그 직에 맞는 사람들로 대처하기 위해서이다. 말하자면 등과사류들은 과거를 거쳤기에 성리학에 바탕한 '실학'을 익혔고, 따라서 직책을 올바로 수행할 수 있는 적합자라는 점을 염두에 두었을 것이다. 또한 등과사류의 임명은 胥徒나 武人 출신 등과 같이 복잡하고 다양한 경로로 운영되는 수령후보자의 천거와 임명 경로를 일원화시킴으로써, 이들과 권세가의 사적 관계를 줄일 수 있는 효과도 기대할 수 있었다.168)

그런데 이 방안은 앞서 충목왕이 즉위하면서 이제현이 올린 방안과도 밀접한 연관을 지녔다고 생각된다. 이제현은 '請謁起壟畝者'가 수령으로 임명된다고 비판하고 이들을 朝士로 대체하기 위해 아직 參上職에 들어서지 못한 자를 감무·현령에 임명하자고 주장했었다.169) '請謁起壟畝者'에는 전이도가 말한 '胥徒'가 포함되므로, 朝士로 대처키로 한 방안과 맥락을 같이한다고 할 수 있다. 요컨대 전이도의 방안은 이제현이 京外官循環의 원칙에 맞추어 중앙관료 출신으로 수령을 바꾸어 해결하겠다는 내용을 계승한 것이다.

그러나 전이도의 방안은 시행되지 못하였다. 공민왕도 이를 옳게 여겼지만 추진하지는 못한 것이다. 당시 이제현이 지적한 '請謁起壟畝者'나 전이도가 말한 '胥徒'와 같은 사람들이 수령이나 감무가 되었던 것은, 중앙정계의 권문세가 등이 자신의 수조지를 확대·보호하기 위해 적극적으로 이들을 장악해 私人化시켰기 때문이다. 특히 감무는 서리급의 단기직이므로 자신의 하수인으로 임명하기가 쉬웠다.170) 이러

以道 還啓曰 監務縣令 職最近民 苟非其人 欲民無飢寒 不可得也 先王知其然 凡監務縣令 皆用登科士類 今悉出胥徒 侵漁萬端 況勸課農桑 修明教化乎 …… 願自今 凡監務縣令 專用登科士類 王然之 卒不能用".

168) 林容漢, 『朝鮮初期 守令制 연구』, 경희대 박사학위논문, 1998, 37쪽.

169) 『高麗史節要』 권25, 忠惠王 復位 5년 5월. 이에 관해서는 앞 절 참조.

한 정치구조 하에서 권세가들의 반대로 인해 개선방안은 실현될 수 없었다.

그 결과 이제현의 시에서처럼 '豪奴'들이 말타고 公田租를 수탈하며, 官의 逋租 징수의 원칙이 지켜지지 않게 되었다. '豪奴'들이란 중앙권세가의 사노비들로, 이들은 권력을 이용해 국가에 들어갈 公田租까지 거둬갔던 것이다.[171] 또한 흉년으로 인해 밀린 租의 납부는 면제해 주거나 또는 손실분을 감면해 주어야 하는데도, 관은 이를 정한 액수대로 걷고 있었다. 이러한 가운데 자영농이나 소농들은 경제적으로 몰락해 갈 수밖에 없었다.

또한 원간섭기 이후 전쟁 등으로 피해를 입었던 토지가 다시 개간되었으나, 이를 추진한 주체들은 대개 부호가 내지 권세가들이었다. 이는 황무지 등에 대한 개간장려책의 일환으로 고위층에게 지급되는 賜牌의 분급 등으로 뒷받침되기도 하였다.[172] 그에 따라 일반민들의 경제적 분화는 심화되었다. 이제현은 이러한 상태를 다음과 같이 서술하였다.

국가에서 원나라를 섬기고 나서 中外가 걱정이 없고 여염이 즐비하며 행인의 왕래가 끊이지 않았다. 백성은 날로 殷富해지고 들판은 날로 개간되어, 염분이 많은 땅은 논을 만들고 황무지는 火田으로 경작하니, 그 어찌 백성이 많게 된 것이 아니랴. 그러나 名田을 받고서도 부역을 바치는 자는 100분의 2, 3이 되지 않고 豪勢家는 금과 옥으로

---

170) 李仁在, 「고려중후기 지방제 개혁과 감무」, 『外大史學』 3, 1990.

171) 昌王 즉위년 7월의 趙浚 상소문은 이런 모습을 잘 표현하고 있다. 즉 겸병하는 집에서 收租하는 무리들이 병마사 등을 사칭하면서 종자 수십 명과 같이 말타고 다니며 지방관까지 농락한다는 것이다(『高麗史』 권78, 志32 食貨1 田制 祿科田).

172) 고려정부의 개간정책은 이들 지배층·지주층을 위한 배려와 지원이란 차원에서 이루어졌으며, 賜牌의 지급 대상은 주로 諸王·扈從臣僚, 宮院, 寺社 등이었다(李景植, 『朝鮮前期土地制度研究』, 一潮閣, 1986, 18쪽).

된 그릇을 늘어놓고 商人의 아내들도 비단옷을 입고 다니니, 어찌 富하다 하지 않으랴. 그러나 衣食이 떨어지고 利息을 갚느라 헐벗고 굶주린 자가 10에 8, 9는 되었다.[173]

그는 현재 많은 토지가 개간된 상태인데도 국가에 부역을 바치는 사람이 거의 없으며, 豪勢家 및 상인층의 부유와는 대조적으로 대부분의 민들은 생존을 위협받고 있다고 보았다.

이에 그는 貢賦에 대한 개선방안을 제기하였다. 그리고 그는 이 문제를 노비문제와 연계시켜 인식하였다.

① 州郡에서 오랫동안 逋欠한 貢賦를 有司가 백방으로 迫徵하였지만, 1/10도 받아내지 못하고 원망만 살 뿐이었습니다. 바라건대 令을 내리어 至正 3년 이전의 못 받은 貢賦는 일체 면제하게 하소서.[174]
② 지난 수년간 窮民이 暴斂으로 인해 자녀를 典賣하였으니, 청컨대 諸道 存撫使·按廉使에게 榜을 내게 명해, 서울에 와 스스로 告하게 허가해 官財를 지급하여 贖還시키며, 買者 또한 自首시켜 만약 자수하지 않으면 그 값을 주지 않고 강제로 부모에게 돌려주게 할 것이며, 심한 자는 죄로 다스리소서.[175]

①에서는 현재 조세수취액이 1/10도 안 된다고 하여 앞의 경제적 분해상태를 뒷받침해 준다. 그는 지정 3년(충혜왕 복위 4) 이전의 逋欠한

---

173) 『益齋亂藁』권9下, 策問, "國家服事皇元 中外無虞 閭閻櫛比 行路如織 民日以股 野日以闢 化斥鹵以水耕 刊薈蔚以火耘 豈非庶矣乎 而受名田供賦役者 百無二三焉 豪勢之家 器列金玉 商賈之婦 衣曳羅穀 豈非富矣乎 而罄衣食 償利息者 十常八九焉".

174) 『高麗史』권110-37, 列傳23 李齊賢, "州郡遠年貢賦之逋欠者 有司百計迫徵 十分莫得其一 祇是斂怨而已 望下令 至正三年以前 逋欠貢賦 一切蠲免".

175) 『高麗史』권110-37, 列傳23 李齊賢, "前此數年 窮民有因暴斂 典賣男女 請 令諸道存撫按廉使出榜 許其來京自告 因以官財量給贖還 其買者亦令自首 若不自首 不與其直 勒還父母 甚者治罪".

貢賦를 면제시키자고 주장하였다. 이것은 충혜왕대 雜貢에 이르기까지 과다한 공부를 수취했기 때문에 생긴 방안이었다. 충혜왕은 복위후에 지방에 퇴거한 品官層에게까지 職稅를 거두었는데, 경상도의 한 散員同正은 가난 때문에 이를 내기 어렵자 자살을 하기도 했다.176)

또한 이 때에는 민들에게도 가혹하게 부세를 징수하였다. 일례로 충혜왕의 嬖幸인 閔渙은 惡少를 諸道에 파견해 가혹하게 거두었는데, 山海稅와 무당 및 匠人들에게도 貢布를 부가해 백성들이 그 고통을 견디지 못했다177)고 한다. 심지어 충혜왕대의 가혹한 수취는 국왕이 원나라에 의해 강제로 폐위되는 명분으로 제시될 정도였다.

따라서 충목왕의 즉위와 때를 맞추어 올린 이제현의 방안은 전왕인 충혜왕 당시에 부과된 가혹한 공부에 대한 조치라고 할 수 있다. 이 방안은 유교적 仁政이란 차원에서 시행된 것으로 고려전기부터 취해 온 방안 중 하나이다.178) 따라서 특별한 조치는 아니지만, 공부의 면제대상이 특정 지역에 한정되지 않고 전체 주현을 범위로 했다는 점을 고려할 필요가 있다.179) 이는 앞서 충선왕대에 있었던 여러 州府郡縣의 稅와 常徭, 雜貢 중 지난해에 받지 못한 것을 면제하라는 조치180)를 계승하여 租稅收取源 보호에 필요한 정부의 조치를 촉구한 것이다.

---

176) 『高麗史節要』 권25, 충혜왕 後4년 3월. 職稅는 嬖人 甯夫金이 왕명으로 강릉도의 인삼을 수취하다가 이를 많이 구하지 못하자 마음대로 거두어들인 데서 시작되었다.

177) 『高麗史節要』 권25, 충혜왕 後4년 9월, "以僉議評理康允忠 …… 時閔渙 分遣惡少諸道 馳驛誅求 或收山海稅 或徵巫匠業中貢布 民不堪苦".

178) 『高麗史』 권80, 食貨3 賑恤 恩免之制가 여기에 해당하는 내용이다.

179) 대개 전체 주현보다는 특별한 사유가 있는 일정 지역을 대상으로 하는 경우가 많다. 예컨대 충선왕은 開城이 태조의 고향이라 하여 3大貢 이외 常徭와 雜貢을 면제해 주기도 하였다(『高麗史』 권80-28, 志34 食貨3 賑恤 恩免之制 忠烈王 24년 정월).

180) 『高麗史』 권80-28, 志34 食貨3 賑恤 恩免之制 忠烈王 24년 正月, "一 諸州府郡縣 稅及常徭雜貢 往年未收者 幷今年徭貢 亦令全除".

그래서 이 방안은 ②와 관계가 깊었다. 이제현은 ②에서 지난 수년 간의 가혹한 징수로 인해 자녀를 典賣해 타인의 노비로 만드는 경우가 많다고 보았기 때문이다. 말하자면 앞서 보았듯이 빈부의 격차가 커져 있는 상태에서 소농이 경제적인 궁핍에 대처하는 방법은 토지와 재산 을 파는 것 이외에 자녀를 타인의 노비로 만들거나, 최종적으로는 자 신도 노비가 되는 길뿐이었다.

그렇게 된 직접적 원인을 이제현은 정부의 暴斂으로 보았다. 특히 이 시기 정부는 이들의 재생산기반을 위한 賑恤정책을 거의 포기한 상 태였으므로, 이 문제는 커지고 있었다. 예컨대 이제현의 문생인 李 穀181)은 이러한 상황에 대해 다음과 같이 논하였다.

지금에 또 사람시장[人肆]이 생겼다. 작년부터 장마와 가뭄에 백성이 먹을 것이 없어서, 강한 자는 도둑이 되고 약한 자는 모두 流離하였다. 입에 풀칠할 길이 없어 부모는 자식을 팔고, 남편은 아내를 팔고, 주인 은 종을 팔아 저자에 늘어 놓았는데 그 값어치가 賤하니, 일찍이 개·돼지만도 못한데 有司는 본 체 만 체한다. 오호라! 앞의 두 시장은 그 情이 가증스러우니 엄히 懲治해야 할 것이요, 뒤의 한 시장은 그 정이 불쌍하니 또한 빨리 없애버려야 할 것이다. 이 세 시장을 없애지 않으 면 내가 알기론 그 不美하고 이치에 어긋남이 장차 이에 그치지 않을 것이다.182)

---

181) 이곡은 충숙왕 7년(1320) 과거의 문생으로 이 때의 同年은 尹澤·安輔 등이 었다(『淡庵逸集』附錄下 行狀). 이에 관해서는 李淑京,「李齊賢勢力의 形成 과 그 役割」,『韓國史硏究』64, 1989, 48쪽 참조. 또한 그는 이제현과 같이 白 頤正 문하에서 성리학을 동문수학한 사이이기도 하다.

182) 『稼亭集』권7, 說 市肆說, "于今見人肆焉 自去年水旱民無食 强者爲盜賊 弱 者皆流離 無所於餬口 父母鬻兒 夫鬻其婦 主鬻其奴 列於市肆其估 曾犬豕 不如 然而有司不之問 嗚呼前二肆 其情可憎不可不痛懲之也 後一肆 其情可 矜 亦不可不早去之也 苟三肆之不罷 予知其不美不理者 將不止於此也".

이 내용은 이곡이 살펴본 賣春과 刑政을 돈으로 조절하는 시장 외에 인간시장에 대한 비판이다. 이것들이 없어지지 않을 경우 체제운영이 심각하게 위협받을 것이라는 위기의식이 반영되어 있다. 이곡은 이제현과 같이 당시의 상황을 심각하게 인식하였으며 이를 해결할 정부의 역할에 주목하고 있음을 알 수 있다. 다만 이곡은 해결의 구체적인 방안을 제시하지는 않았다.

반면 이제현은 국가재정으로 이들을 贖還할 것을 제안하였다. 이 방안은 국가권력의 적극적인 개입에 의한 良人확보책이다. 그러므로 앞서 본 공민왕 10년 5월 都僉議使司의 아사자 구제방안인 부자에게 使役하게 하는[183] 방안, 즉 대지주 등에 진휼을 맡기려는 것과는 차원이 다른 것이기도 하다. 문제는 여기에 필요한 재정의 확보 방안을 제시하지 않았다는 점이다. 당시 국가재정의 상태로는 이를 실현하기 어려웠기 때문일 것이다.

그러나 그가 이 방안과 함께 제시한 京畿田地 등의 토지탈점에 대한 개혁론을 염두에 둔다면, 이를 원상복귀시킨 다음에 거둬들일 조세를 여기에 이용하려고 하지 않았을까 생각된다. 결국 그의 방안은 대토지소유자나 농장주처럼 노비 확보를 위해 양인을 占匿해 가는 계층의 이해관계를 국가가 일정 정도 보장하는 성격을 지닌 것이었다. 그러한 점에서 이들의 불법행위를 징치하는 성격을 지닌 전민변정도감의 설치와는 성격을 달리한다.

또한 국가의 입장에서는 신고된 인물에 대한 보상을 통해 이들을 양인으로 직접 확보하면서, 토지탈점이나 노비추쇄의 과정을 통해 공권력을 강화시키는 효과를 거두게 된다. 그럼에도 이 방안은 실현되지 못하였다. 대개 고려정부가 도감과 같은 방식의 법적 해결을 택하였기 때문이다.

한편 그의 조세운영 체계의 개선방안은 무엇보다 토지문제와 결부

---

183)『高麗史』권39-37, 世家39 恭愍王 10년 5월 甲戌.

되어 제기되고 있다는 특징이 있다. 그는 책문에서『맹자』를 인용하여
이 문제의 원칙을 제시하였다.

　　仁政은 반드시 經界로부터 시작되는 것으로 경계가 공정하지 않으
　면 井地가 고르지 못하고 穀祿이 평등하지 못하며, 經界가 공정하면
　토지를 분배하고 祿을 정하는 것은 앉아서도 제정할 수 있다고 하였
　다. 이처럼 經界·井田·什一의 稅法은 천하 국가를 경영하는 데 의
　당 먼저 힘써야 할 것이다.[184]

　이제현은 먼저 夏의 貢稅와 殷 및 周의 助·徹稅가 모두 1/10세임
을 인용하여[185] 三代의 조세제를 원칙으로 제시하였다. 그리고 仁政은
土地經界에서 시작되는 것으로 논의를 출발하여 유명한 정전법과 연
결시켜 이를 국가경영의 요체라고 보았다.
　주지하듯이『맹자』의 井田法은 토지개혁의 기본이념으로 중국 송대
이래 자주 거론되어 온 것이다. 程頤와 張載의 정전론 등은 그 대표적
사례라고 할 수 있다.[186] 그것은 지주제의 발전으로 인해 몰락하는 소
농층이 증가하고 토지소유의 불균이 심화되던 사회적 배경 속에서 출
현하였다.
　고려시대에 처음 정전법을 제시한 논자는 이제현이 처음이라고 여
겨진다. 특히 그의 인식은 토지의 經界와 井田 및 什一稅의 조세수취
를 연결된 하나의 체계로 보고 있다는 점에서 주목된다.
　그가 이를 제시할 수 있었던 배경으로 성리학의 영향을 배제할 수

184)『益齋亂藁』권9下, 策問, "孟子曰 …… 仁政必自經界始 經界不正 井地不均
　　穀祿不平 經界旣正 分田制祿 可坐而定也 然則經界井田什一者 爲天下國家
　　所宜先務也".
185)『孟子』권5, 滕文公 上, "夏后氏 五十而貢 殷人 七十而助 周人 百畝而徹 其
　　實 皆什一也 徹者 徹也 助者 藉也".
186) 金容燮,「朱子의 土地論과 朝鮮後期 儒者」,『增補版 朝鮮後期農業史硏究』
　　2, 1990, 399쪽.

없다. 그는 이전에 중시하지 않던 『맹자』에 주목하고 여기에서 나온 원리를 현실문제와 결합시켜 해결책을 제시하려 했던 것이다. 또한 성리학에서 지향하는 이상사회인 '三代'를 지향하면서 이를 원칙으로 했다는 사실도 주목된다. 이는 이규보나 기타 이전의 유자들과는 다른 면모라고 할 수 있다.[187]

둘째로는 앞서 말한 송의 성리학자들이 제시한 정전론 등을 읽어 보았을 가능성이 높다는 점이다. 그가 『맹자』에 직접 주목하여 위와 같은 방안을 구상했을 수도 있지만, 이제현은 송대 사대부들의 저작 등을 통해서도 영향을 받았을 가능성이 있다. 예컨대 그가 정전론의 제시자인 張載의 '民은 나의 同胞'라는 말을 인용하여 시를 짓고 있는 것으로 보아,[188] 그의 저작을 직접 접했을 가능성이 크기 때문이다.[189] 이제현은 송대 사대부들의 저작을 통해 성리학만이 아니라 토지개혁론 등을 받아들여 이를 고려의 현실에 맞게 적용하려 했던 것이 아닌가 한다.

---

187) 『四書集注』는 程朱學이 들어온 이후 이제현의 장인인 權溥에 의해 간행되었다(『高麗史』 권107-15, 列傳20 權溥). 그러나 이전 유자들이 『맹자』를 보지 않았던 것은 아니다. 그런데 이들에게는 『맹자』의 이해보다는 孟軻의 道統上의 계승 관계 정도에 대한 인식만이 엿보이고 있다. 이규보의 경우에는 "맹자는 공자에 미치지 못하고, 荀子·揚子는 맹자에 미치지 못합니다. 그러나 공자 다음에는 공자와 같은 사람이 없이 홀로 맹자가 본받아 거의 공자에 달했고, 맹자 다음에는 맹자와 같은 사람이 없이 순자·양자가 가까웠습니다"(『全集』 권26, 書 答全履之論文書)라고 하여, 그나마 주자학자들의 도통론과는 커다란 차이를 보이고 있다. 이제현의 경우에도 순자를 부정적으로 평가하였다(『櫟翁稗說』 後集 권1).

188) 『益齋亂藁』 권10, 長短句 衢罇臺, "民吾同胞 橫渠之辭 獨樂何樂 衢罇在妓".

189) 그는 성리학의 開祖로 알려진 周惇頤(1017~1073)의 「愛蓮說」을 이해하고 있어(『櫟翁稗說』 권9下, 君子池), 당시 북송 성리학자들의 저술에 대해 일정한 수준의 공부가 있었을 것으로 판단된다. 「애련설」은 문장으로도 유명하지만 성리학과 불교교리와의 관련성을 살피는 데 중요한 작품이다(候外廬 外 지음, 박완식 옮김, 『송명이학사』 1, 이론과실천사, 1993, 97~102쪽).

한편 책문에서 이제현은 위와 같은 井田·什一의 세법이 商鞅의 阡陌法으로 무너졌다고 하였다. 그럼에도 秦나라는 부강해져 통일을 이룩하였으니 천맥법의 이익이 크다고 보면서 漢代 이후 井田에 대해서 말하지 않은 까닭을 물었다.[190]

그의 정전법 붕괴에 관한 사실 인식은 아마도 『通典』의 그것을 따른 것이 아닌가 한다. 이 책에서는 앞서 나온 『맹자』의 정전론에 대한 구절을 제시한 후에 秦 孝公이 상앙을 임명하여 천맥법을 시행, 부국강병을 이루었다고 하였다.[191]

그럼에도 그는 책문의 질문에서 부국강병을 이룬 秦의 천맥법을 비판적인 시각으로 바라보고 있음을 알 수 있다. 이는 성리학자들에게서 보이는 공통적 시각일 것이다. 예컨대 고려말기에 私田改革論者인 趙浚의 경우에도,

> 무릇 仁政은 반드시 經界로부터 시작합니다. …… 文王, 武王, 周公이 井田制로써 백성을 잘 살게 하였기 때문에 周나라는 천하를 800여 년 동안이나 다스렸고, 漢나라는 田稅를 가볍게 하여 천하를 400여 년 동안 다스렸으며, 唐나라는 民田을 고르게 하여 천하를 거의 300년 동안 다스렸습니다. (그런데) 秦나라는 정전제를 무너뜨려 천하를 얻은 지 二世 만에 망했습니다.[192]

라고 하여, 『맹자』의 井田과 秦나라에 대해 이제현과 비슷한 인식을

---

190) 『益齋亂藁』 권9下, 策問.

191) 『通典』 권1, 食貨1, "秦孝公任商鞅 鞅以三晉地狹人貧 秦地廣人寡 故草不盡墾 地利不盡出 於是 誘三晉之人 利其田宅 復三代無知兵事 而務本於內 而使秦人應敵於外 故廢井田 制阡陌 任其所耕 不限多少 數年之閒 國富兵强 天下無敵".

192) 『高麗史』 권78-21, 志32 食貨1 田制 恭讓王 3년 7월, "夫仁政 必自經界 …… 文武周公 井田而養民 故周有天下八百餘年 漢簿田稅 而有天下四百餘年 唐均民田 而有天下 幾三百年 秦毀井田 得天下二世而亡".

보여주고 있다. 그의 경우에도 정전제가 이상사회인 三代의 제도라는 인식이 작용한 결과일 것이다. 이 점에 관해 이곡은 이제현의 문생으로서 보다 분명하게 답해 주고 있다. 그는 鄕試策에서 財用의 盈虛와 戶口增減을 국가통치의 근본이라 전제하고 천맥법에 대해 다음과 같이 논하였다.

> 상앙이 秦나라에 쓰이게 되면서 井田의 법을 폐하고, 阡陌을 열어서 先王의 제도가 땅을 쓸 듯이 없어졌으니, 비록 한때 부국강병의 이익을 얻었다지만, 실로 백성을 해치고 나라를 좀먹는 원천을 열어 놓았습니다. 그 흐름의 폐단은 백성 수입의 절반을 세금으로 받아들이고, 關市·山澤의 이익을 추구해서 그칠 줄 모르기에 이르렀습니다.[193]

이곡의 생각은 천맥법이 부국강병의 이익을 가져오는 것 같지만 백성에 대한 지나친 세금 추징으로 이루어지는 것이기에 망하게 된다는 논리이다. 이 점에서 그의 논리는 유교적 위민론이며, 三代의 '先王之制'를 지향한다는 점에서 이제현과 비슷한 입장을 지녔다. 이처럼 이 시기 사대부들에게는 '先王之制'나 '古制'로서 중국 三代의 제도를 개혁모델로 삼는 경향이 확산되고 있었다. 정전제도 역시 그러한 인식의 결과였던 것이다.

그런데 이제현은 고려초기인 景宗代가 이 제도를 실현할 수 있는 적기였다고 생각하였다. 이는 그의 史贊에서 잘 드러나고 있다.

> ① 삼한의 땅은 사방에서 舟車가 모여드는 곳이 아니라 물산의 풍요함과 貨殖의 이익이 없으므로 백성의 생활은 다만 토지의 생산력에 의지할 뿐인데, 압록강 이남 지방은 거의 모두 산이므로 비옥하여 매년

---

193) 『稼亭集』 권13, 程文 鄕試策, "及商鞅之用 秦廢井田開阡陌 而先王之制 掃地無遺 雖致一時 富國强兵之利 實開萬世殃民蠹國之源 其流之弊 至於稅人半 籠關市山澤之利 而後止矣".

갈아먹을 수 있는 전지가 많지 않다. 그러므로 경계를 바로잡는 일을
만약 등한히 한다면, 그 해로움은 중국에 비하여 훨씬 더할 것이다.
　② 태조가 신라의 衰亂과 泰封의 사치·포악한 뒤를 이어 일어났을
때는 모든 일을 처음으로 시작하였으므로 口分法만을 만들었다. 4대를
지나 景王이 전시과를 마련하였으니, 비록 소략한 점은 있으나 옛날의
世祿과 같은 뜻이었다. 9분의 1을 助로 하고 10분의 1을 賦로 하는 것
과 君子·小人의 우대 여부에 대해서는 논할 겨를이 없었던 것이다.
후세에 여러 번 그것을 정리하려 했으나 마침내 구차스럽게 되고 말았
다.194)

　그는 앞서 말했던 井田의 원리를 『맹자』를 통해 제시하면서 위와
같이 말하였다. 그런데 이제현은 ①에서와 같이 삼한의 땅인 한반도의
지형적 조건으로 인해, 토지생산력에 모든 것을 의존해야 하는 처지를
강조하였다. 그래서 그는 토지경계가 중국보다 중요하다고 인식하였
다. 요컨대 중국과 같은 상업적 이익이 없고 토지생산성이 떨어지는
고려에서는 토지경계 확정을 위한 정확한 量田이 필요하다는 의미이
다.
　'경계'란 토지의 田品을 측정하여 결수를 정해 주고, 토지의 소유권
자 내지 수조권자를 확정하는 量田 작업을 의미한다고 생각되기 때문
이다.195) 이를 뒷받침해 주는 것이 蔡洪哲의 경우이다. 그는 충숙왕 원

---

194) 『益齋亂藁』 권9下, 史贊 景王, "① 三韓之地 非四方舟車之會 無物産之饒
　　貨殖之利 民生所仰 只在地力 鴨祿以南 大抵 皆山 肥膏不易之田 絶無而僅
　　有也 經界之正若慢 其利害比之中國相萬也 ② 太祖繼新羅衰亂泰封奢暴之
　　後 萬事草創 而爲口分之法 歷四世景王作田柴之科 雖有疏略 亦古者世祿之
　　意也 至於九一而助什一而賦 及所以優君子小人者 則不可論也 後世屢欲理
　　之 終於苟而已矣".

195) 尹漢宅은 ①의 앞부분을 田品과 관련된 것으로 파악하여 위의 '鴨祿以南 大
　　抵 皆山 肥膏不易之田'의 마지막 부분을 肥沃度와 不易이란 이용방식의 두
　　가지로 보았다(尹漢宅, 『高麗前期 私田 硏究』, 고려대 민족문화연구소, 1995,
　　197쪽).

년에 知密直事로 五道巡訪計定使가 되어 이 일을 담당했었다.[196]

　　延祐 甲寅年(1314, 충숙 1)에 토지경계를 바로잡도록 하였는데, 公이 그 임무를 전담하여 이에 사방 土壤의 성질을 살피며 古制를 참작하여 정한 개간지에 조세를 거두기를 그 때에 알맞도록 힘쓰니, 公私가 이로써 편하였다.[197]

이 때 만들어진 것이 후일 이색이 공민왕 원년에 올린 시무책에 등장하는 甲寅柱案이다.[198] 이는 量案으로 추정되고 있다.[199] 그러므로 토지경계를 바로잡는 작업은 양전 사업이 된다. 그리고 이 사업은 조세수취에 대비한 기초적 성격을 띠고 있었다. 따라서 토지경계에 기초한 개혁 방향은 자연히 정부의 양전 사업의 수행과 이를 통한 방안 마련으로 설정될 가능성이 높은 것이었다.

한편 이제현은 ②에서 고려의 토지제도를 설명하면서 경종대에 제정된 전시과를 '世祿'이라고 보았다. 말하자면 그는 이 때의 일에 관해 『맹자』의 "경계가 바르게 되면 分田制祿은 앉아서도 정할 수 있을 것"이라는 구절의 구체적인 적용이 이루어진 것이라 인식한 것이다.

그가 문제시한 것은 이 당시 조세수취 문제인 '助'나 '賦'에 대한 것과 관료들의 君子와 小人의 구분에 따른 우대에 대한 논의가 없었다

---

196)『高麗史』권78-51, 志32 食貨1 忠肅王 元年 2월, "以知密直事蔡洪哲 爲五道巡訪計定使 內府令韓仲熙爲副使 民部議郎崔得枰爲判官 量田制賦 凡便民事宜 將式目都監所啓條劃 酌定損益 其諸道提察使及守令有罪者 無論輕重 直行科斷".

197) 金龍善 編,「蔡洪哲 墓誌銘」,『高麗墓誌銘集成』, 한림대, 1993, "延祐甲寅 使正經界 公專其任 迺相四方三壤之宜 酌其古制 徵其定墾 務適於時 公私以便".

198) 甲寅柱案에 관해서는 朴京安,『高麗後期 土地制度硏究』, 혜안, 1996을 참조.

199) 李景植,「高麗時期의 作丁制와 祖業田」,『李元淳停年紀念 歷史學論叢』, 1991 ; 朴京安,『高麗後期 土地制度硏究』, 혜안, 1996, 171쪽.

는 점이다. 그래서 그는 당시 신하들 중에 맹자의 말로 법제를 강구하도록 권유한 사람이 없었던 것을 한탄하였다.

이상과 같은 그의 논의는『맹자』의 정전제에 대한 이해가 민들에 대한 토지분급보다는 관료들에 대한 그것에 초점이 가 있음을 보여준다.[200] 그리고 이 사실은 고려말기 정도전의 고려토지제도에 대한 이해와는 매우 다른 것이다. 정도전은「朝鮮經國典」에서 과거의 토지제는 관에서 토지를 소유하고 민에게 이를 나누어 주는 것이라 보았다. 그런데 토지겸병이 지주제 발전을 불러와 일반 농민의 몰락을 촉진하게 되었다고 비난하였다.[201]

따라서 정도전의 견해는 이제현이 관료에 대한 토지분급을 중심으로 이해하고 있는 것에 비해 민을 분급대상으로 보았다는 점에서 상호 차이가 있다. 이 점은 이제현의 관심이 관료체제의 운영에 보다 중심이 있음을 보여주는 것이라 할 수 있다. 그래서 이제현은 군자와 소인의 분급 차이를 언급한 것이 아닌가 한다.

그리고 그는 책문에서 이와 관련해 조세수취에 대해 언급하였다. 그는 고려의 수취제는 '고제'와 부합된다고 보고 이른바 '內外足半之丁' 등과 같은 토지명칭과 조세의 등급(9等級 및 5種) 및 量田(負, 結)을 제시하고 이것이 經界・井田・什一의 법과 같은 것인지를 물었다. 아울러 이것이 4백여 년 동안 시행되면서 폐단을 일으키고 있다고 보고 이에 대한 개혁 여부도 질문하였다.

또한 그는 현재의 문제로 功臣祿券賜牌田, 佛寺判定施納田, 行省理問所・巡軍・忽赤・內乘・鷹坊受賜田과 權豪의 겸병과 姦猾의 匿挾한 토지가 국가재정과 민에 끼치는 해독을 들었다. 그러므로 이 논

---

200) 이제현이 토지 분급보다는 체제유지적 입장에서 주자의 '井田平世難行說'과 비슷한 입장에 서 있다는 점은 지적되었다(朴京安,『高麗後期 土地制度研究』, 혜안, 1996, 267쪽).

201) 鄭道傳,『三峯集』권13, 朝鮮經國典上 經理.

의를 앞서 『맹자』의 정전론과 대비시켜 보면 이제현은 현실문제의 원인을 '경계'의 不正으로 보고 있으며, 이는 예전의 토지지목이 賜牌田 등으로 변한 것에서 찾고 있는 듯하다.

그러므로 그는 '고제'에 입각한 '경계'의 복귀를 해결 방향으로 삼고 있었다. 그 방향은 자신이 제시한 '內外足半之丁'을 위시한 '轉祿之位'에 따른 각 토지의 명칭과 현재의 토지를 부합시키는 토지경계의 재확정, 즉 양전 사업의 추진이었다. 그러한 토지들이 현재 겸병의 대상이 되고 있었기 때문이다.

결국 그가 추구한 '고제'로의 복귀는 토지 및 수취제도에서 '三代'의 제도를 모델로 지향하였지만, 이를 그대로 현실에 적용하자는 입장은 아니었다. 그것은 현재의 변화된 현실을 반영하여 地力에 따른 양전 사업을 추진하고, 이를 기반으로 전시과 실시 당시에 규정된 국가의 토지지목으로 재조정하자는 것이었다. 중요한 것은 여기서 수취의 원칙으로 1/10세 추구와 군자·소인의 우대 여부를 강조했듯이 각 직역에 따른 수조지 분급을 지향했다는 점이다. 이와 관련해 그는 충목왕 즉위년에 다음과 같은 개선방안을 제출하였다.[202]

첫째로는 국왕이 3食邑을 설립한 이후 백관의 봉록을 제대로 줄 수 없게 되었음을 문제시하고, 이를 혁파하여 廣興倉에 환속시켜 봉록에 충당케 하자는 것이다. 이 안은 당시 충선왕이 鷄林·福州·京山府를 식읍으로 만든 것[203]을 비판하고, 이 곳의 수입을 국가재정으로 환원하자는 주장이다.

둘째로는 京畿 田地 중에서 祖業田·口分田을 제외하고 모두 절급해 祿科田을 만들었는데, 근래 권세가들이 모두 탈점한 상태이니 이를 개혁하자는 것이다. 이것은 책문에서 제기한 功臣祿券의 賜牌田 등으

202) 『高麗史』 권110, 列傳28 李齊賢.
203) 『高麗史節要』 권23, 충선왕 3년 8월, "王遣郎將仇懽于慶尙道 王嘗以鷄林福州京山府 爲食邑 故使懽督其賦稅".

로 인한 국가재정 문제와 상통한다.

결국 이 방안은 충목왕 원년 8월 도평의사사를 거쳐 다시 국왕에게 올린 상소의 토대가 되었다.[204] 그 내용은 先王이 제정한 바에 따라 京畿八縣田을 更行經理하여 녹과전을 완전히 회복시킴과 동시에 국가수조지를 확보하라는 것이다. 그리고 그 방법은 토지를 지목에 따라 분류하여 甲寅柱案과 원종 12년 이상의 공문을 살펴 절급하고, 이를 제외한 賜給田은 모두 회수하여 職田으로 분급하고 남은 토지를 국가에서 조세를 받아 국용으로 충당한다는 내용이다.

따라서 그의 방안의 목표는 우선적으로 국가재정의 해결에 있지만, 그 실질적인 추구는 관료들의 녹봉과 토지분급의 회복에 있었다. 이러한 점에서 앞서 말한 『맹자』의 정전법은 관료들의 수조지 분급과 조세체계의 확립이란 차원에서 해석되는 것이다. 그리고 이는 그의 개혁안의 바탕이 되었다고 볼 수 있다.

이와 관련해 생각해 볼 점은 이제현이 책문에서 토지와 함께 整理都監의 문제를 병기한 점이다. 그는 정리도감이 '교활한 무리'들에게 방해를 받아 좌절된 현실에 대해 비판하였다. 그의 비판은 토지 및 조세체계의 해결이 결국에는 정치체제의 개혁과 밀접하게 연관된다는 인식의 소산이었다. 요컨대 이제현은 국가가 주체가 되어 토지 및 노비문제를 해결하는 방향을 염두에 두었으며, 이 방안은 무인집권기 이래 계속되어 왔던 개선론을 확충한 것이라 하겠다.

따라서 그의 방안은 현실에서 권세가들의 불법적인 토지탈점과 노비소유를 억제하고, 이를 국가기구에 의해 법적으로 해결하려 한 것이었다. 정부가 주체가 되어 법적인 해결을 추구한 점에서 그의 방안은 한계를 지니고 있지만, 이 문제를 새로운 토지분급이라는 차원에서 처

---

204) 『高麗史』 권78-19, 志32 食貨1 田制 祿科田. 이것이 이제현의 상서를 토대로 했다는 사실은 朴京安, 『高麗後期 土地制度研究』, 혜안, 1996, 217쪽에 지적되었다. 이하 서술도 이에 의거하였다.

음 접근했다는 점에서 의미가 있었다. 아울러 관료제 운영방안과 결부시켜 볼 때, 그의 입장에서는 이를 실현할 수 있는 국가기능의 강화와 담당 관료층의 확보가 중요한 과제로 부각될 수밖에 없었다. 이러한 면에서 그의 사대부 선발과 이들의 관계 진출은 조세운영 체계의 개선과 상호 관련성을 맺고 있었다고 할 수 있다.

2) 勸農論

勸農은 단지 농업생산의 발전을 위한 기술적 지원만이 아닌 다양한 범주를 내포하고 있다. 심지어 이 문제는 생산관계의 안정을 위시하여 租税源의 확보에까지 연관된다.[205] 백문보는 이와 같은 권농을 통해 지역사회의 재지지주층의 성장을 꾀한 논자였다.

그는 지주전호 관계의 안정과 이에 따른 농업생산의 발전을 국가가 지원하는 방향에 대해 고민하였다. 우선 그의 水車 사용에 대한 논의부터 살펴볼 필요가 있다. 그는 중국 강남에서 水災 및 旱災에 대비해 수차를 이용하는 것에 주목하였다. 반면에 고려의 水田에서는 溝澮를 이용할 뿐 수차 이용법을 몰라 낮은 땅의 물이용이 어렵다고 하였다. 이에 그는 다음과 같은 주장을 하였다.

그러니 界首官에게 命해 수차를 만들어 工人에게 모양을 본뜨게 하면 민간에 전할 수 있습니다. 이것이 가뭄에 대비하고 황무지를 개간하는 데 있어 제일의 방책입니다. 또 민이 下種하고 揷秧하는 것을 겸해 힘쓰면 역시 가뭄에 대비하고 穀種을 잃지 않을 것입니다.[206]

---

205) 金容燮, 「朝鮮初期의 勸農政策」, 『東方學志』 42, 1984.
206) 『淡庵逸集』 권2, 論時政箚子 論農桑, "宜命界首官造水車 使效工取樣 可傳於民間 此備旱墾荒第一策 又民得兼務於下種揷秧 則亦可以備旱 不失穀種".

이와 같은 그의 수차 및 삽앙법의 도입 주장이 江南農法이라는 선진기술의 최초 수용이라는 점은 잘 알려져 있다.[207] 특히 그는 수전 경작에서 수차와 삽앙법을 통해 旱災의 대비를 강조하였다. 이를 통해 황무지 개간과 종자 유실의 방지를 꾀할 수 있다고 보았기 때문이다.

이러한 농업기술은 모든 농업담당 주체와 관련된 것이지만, 수차 제작과 개간 능력을 갖춘 계층에게 유리할 것임이 분명하다. 당시 경제적 능력이 있는 계층은 지주층이었다. 특히 중앙권세가들의 농장과 경쟁 상태에 있던 재지지주층의 입장에서는 선진농업기술의 도입이 더 시급한 실정이었을 것이다. 따라서 그의 권농론은 재지지주층에게 가장 유리한 것이었다고 여겨진다.

그러나 중요한 것은 초기 수차 제작과 보급을 담당한 주체로 界首官을 설정한 사실이다. 이는 선진농업기술의 보급을 국가가 주체가 되어 지원하라는 의미가 된다. 고려후기 지방관들에 의한 농업생산의 독려는 이미 보편적인 흐름을 형성하고 있었다. 그것은 권농이란 차원에서 이루어졌다. 예컨대 元의 과거에 급제해 이곡과도 교류가 깊었던 安軸은 자신의 고향인 順興에 수령으로 파견나온 蔡祥의 직접적인 권농 독려를 特記했었다.[208] 그 결과 수령 등의 권농은 고려말기에 하나의 국가정책으로 꾸준히 추진되면서, 그 내용에서도 개간 외에 수리시설 축조, 種子穀의 지원이나 農法 보급 등으로 확대되고 있었다.

백문보의 상소는 이러한 경향 속에서 하나의 방향을 제시하고 있었다. 그는 계수관이 농법 개량과 水利를 직접 관할하고 개간을 지원해 지주제 발전에 기여하라고 주장하였다. 아울러 이를 위해 농경철인 春夏 때에 輕刑者는 방면하고 重刑者도 감량하는 한편, 停務토록 건의

---

207) 李泰鎭,「16세기 川防(洑)灌漑의 발달」,『韓國社會史硏究 - 農業技術 발달과 社會變動 - 』, 지식산업사, 1986 ; 李暎珍,「고려후기 恭愍王代 白文寶의 현실인식」,『于松趙東杰先生停年紀念論叢 韓國史學史硏究』, 1997, 213쪽.
208)『謹齋集』권2, 記 順興鳳栖棲重營記.

하였다.209) 이러한 그의 주장은 국가가 주도적으로 지주제 발전을 적극 지원해야 한다는 시대적 경향을 반영하고 있다.

동시에 그는 재지지주와 자영농과의 관계도 안정시키려 하였다. 이점은 貧民 借貸에 대한 방안에서 드러난다.

> 빈민들은 한 해 동안 몇 畝의 토지를 경작하는데 조세가 (수확의) 거의 반이므로 그 해를 넘기지 못하여 먹을 것이 모자랍니다. 이듬해 농사철이면 富戶의 곡식을 꾸어다 종자와 식량을 준비합니다. (그런데) 지금 관리들은 민의 근심을 돌보지 않아 富民이 마음대로 꾸어주고 갑절이자를 받는 것을 금하지 않습니다. 이후로는 富民을 勸勉하여 그 빌려주는 것을 넉넉히 하되 子母停息의 예에 따르게 하며, 빌린 자가 갚을 기일을 지연하고 거짓으로 빌려준 자를 고소하는 자도 마땅히 죄를 주십시요.210)

백문보는 여기서 두 가지를 주장하였다. 첫째는 현재 빈민들이 토지 경작량은 적은 데 비해 조세는 많아 항상적으로 부호의 곡식을 꾸어야 한다는 것을 전제로 한 子母停息法, 즉 이자를 원금 이상으로 걷지 못하게 하는 것이다.

여기서 빈민은 자기 經理를 지닌 자영농일 것이며, 꾸어주는 주체인 富民은 '豪强兩班, 富人, 富戶' 등으로 불리며 고려중기 이래 토지탈점, 고리대, 상업이나 토지개간 등을 통해 부를 축적한 존재로 추정된다.211) 그러면서 이들 중 상당수는 재지지주였을 것이다.

---

209) 『淡庵逸集』 권2, 論時政箚子 論恤刑.

210) 『淡庵逸集』 권2, 論時政箚子 論借貸, "貧民歲耕數畝 租稅居半 故不能卒歲 而乏食 至明年東作之時 稱貸富戶之粟 以備種食 今官吏不恤民患 以禁富民 縱貸倍息 自後勸勉富民 優其假貸 依例子母停息 貸者延引歲月 而妄訴債主者 當科其罪".

211) 洪榮義, 「高麗後期 富戶層의 存在形態」, 『擇窩許善道先生停年紀年 韓國史學論叢』, 1992 ; 安秉佑, 「高麗後期 農業生産力 發達과 農場」, 『14세기 고려

그러나 빈민들은 조세로 인해 부호에게 종자와 식량을 의존하게 되고, 이를 갚지 못하게 되면 결국에는 토지를 처분하고 전호가 될 운명에 처한 사람들이다. 특히 이 시기에는 자연재해나 과다한 조세수탈, 또는 토지탈점 등으로 전호 내지 권세가의 사적 예속민, 심지어 노비로 전락하는 경우가 많았다.

子母停息法은 이를 방지하기 위해 문종 원년에 만든 것이나,[212] 원간섭기 이후에 이 법이 지켜지지 않아 몇 차례 정부의 금지조치가 있었다. 공민왕대에도 5년 6월 부호가 이자에 다시 이자를 받아 빈민들이 자식을 典賣하는 것이 문제화되자, 국왕이 관리를 통해 이를 금지시키기도 하였다.[213] 백문보의 箚子는 이러한 현실이 계속되고 있음을 입증하는 것이며, 문종대에 정해진 자모정식법의 원칙을 재확인하는 셈이다.

그런데 그의 생각은 이전의 조치와는 다른 측면이 있었다. 이 점이 그의 두번째 주장인데, 그는 부호들의 借貸를 장려하고 빌린 자인 빈민이 시일을 끌거나 거짓 고소하는 것을 방지하라고 하였다. 그의 借貸 장려는 사실상 국가가 이 시기에 포기한 義倉의 기능인 救恤[214]을 개인인 재지지주층에게 넘겨야 한다는 의미가 될 것이다. 다시 말해서 지주층인 부호들이 지역사회에서 자영농과의 관계 안정을 개별적으로 담당해야 한다는 논리이다.

이 논리는 지주전호 관계의 발전과는 일견 모순되어 보이지만, 당시 부세 담당계층인 자영농이 몰락해 가는 상황을 고려한다면 관료의 입장에서 제기할 만한 것이다. 자영농의 몰락은 곧 부세 담당층의 감소이며, 그럴 경우 각 주현에 부과된 세가 재지지주층에게 전가될 것이

의 정치와 사회』, 민음사, 1994.
212) 『高麗史』 권79-31, 志33 食貨2 借貸 文宗 원년.
213) 『高麗史』 권79-33, 志33 食貨2 借貸.
214) 朴鍾進, 「高麗前期 義倉制度의 構造와 性格」, 『高麗史의 諸問題』, 三英社, 1986.

기 때문이다. 따라서 재지지주층의 입장에서는 빈민이라도 담세할 능
력이 있는 자영농이라면 이들의 재생산기반을 도울 필요가 있었다.

특히 백문보는 借貸한 빈민들이 상환을 끌거나 거짓 고소하는 경우
에 이를 처벌하라고 주장하고 있어, 재지지주층의 이해를 대변하고 있
다. 이는 빈민들이 상환능력이 있는데도 시간을 끌거나, 또는 공민왕
원년에 借貸로 인해 자식을 채권자에게 줄 경우에도 3년 후에는 돌려
주도록 한 조치[215]에 대응하기 위한 것이다.

이처럼 백문보는 재지지주들의 이해를 대변하면서 이들의 생산활동
을 국가가 지원하는 정책을 펼 것을 주장하였다. 그는 이들의 입장에
서 문제를 생각하고 이를 반영시키려 하였다. 그와 같은 입장은 조세
운영론에서도 관철되고 있는 것으로 보인다.

우선 그가 주목한 것은 경상도 지역의 조세 문제였다.

> 國田의 제도는 漢의 限田을 본받아 1/10세를 취할 뿐입니다. 경상도
> 의 田은 稅가 他道와 비록 같아도 漕輓 비용이 역시 稅의 두 배나 됩
> 니다. 고로 田夫의 먹는 바도 18에 1이니 원래 정한 足丁은 7結, 半丁
> 은 3結을 더해 지급하여 稅價를 감당하게 하십시요.[216]

그의 논점은 경상도 지역의 조세운반 비용이 다른 道보다 배나 되기
때문에 그에 대한 대가로 토지 지급 결수를 늘려 해결하라는 것이다.
경상도 지역의 조세운반은 지역적 특성상 漕運에 의지했으므로, 거리
가 멀어 중간의 손실비용이 다른 지역보다 높았다. 이것이 지역민에게
그대로 부과되고 있었다. 이러한 그의 생각은 홍건적의 침입으로 국왕

---

215) 『高麗史』 권79-32, 志33 食貨2 借貸 恭愍王 원년 2월, "貧民鬻子女 如過三
年 不放者 監察使 按廉使 痛加理罪".

216) 『淡庵逸集』 권2, 論時政箚子, "國田之制 取法於漢之限田十分稅一耳 慶尙
之田 則稅與他道雖一 而漕輓之費 亦倍其稅 故田夫之所食十八其一 元定足
丁則七結 半丁則三結加給 以克稅價".

을 따라 경상도인 安東으로 갔을 때의 경험에서 나왔는지도 모른다.

따라서 그는 조세의 지역적 공평성을 유지하는 차원에서 조세징수의 단위를 더하는 방안을 생각하였다. 그가 정한 足丁 7결과 半丁 3결은 원래 족정에 대한 量田 단위인 17결을 기준으로 각기 더하도록 한 것으로 생각된다. 그에 따라 경상도 지역의 '田夫'인 일반 농민들의 조세 부담액이 줄어드는 효과를 얻게 될 것이다.

그런데 담세계층은 토지소유자인 재지지주와 자영농 등으로 구성될 것인데, 이 조치가 시행될 경우에는 그 중 토지소유가 많은 전자에게 유리하게 된다. 반면 토지소유가 얼마 되지 않은 자영농은 대개 半丁에 해당할 것이고, 그에 따라 지급액은 비율적으로 足丁에 비해 불리할 것이다. 이처럼 그의 방안은 경상도 지역의 재지지주층의 이해에 보다 충실한 것이었다. 하지만 그가 전체 지역사회의 균형유지에 중심을 두었다는 점에서 이전의 논자들과는 차이가 있다 할 것이다.

한편 그는 조세체계를 농업생산의 발전과 결부시켜 두 가지 방안을 내놓고 있었다. 첫째로는 상업의 유통을 통한 잉여의 일부를 국가가 흡수하자는 것이며, 다른 하나는 조세와 관련해 직접적 언급은 없지만 경기지역의 경작률을 높이는 방안이다.

우선 전자부터 살펴보면 다음과 같다.

우리 나라의 農은 畝를 밟아 稅를 내고 工은 公室에 勞苦하는데 商은 力役이 없으며 또한 稅錢이 없습니다. 청컨대 지금부터 紗羅, 비단, 布는 모두 官印을 사용하고 輕重과 長短에 따라 하나같이 세를 거두고 몰래 매매한 자는 違制로 같이 連坐하십시요.[217]

이것은 상업의 유통에 따른 세를 걷어 국가재정을 충실히 하자는 논

---

217) 『淡庵逸集』 권2, 論時政箚子 論商賈, "我國農則履畝而稅 工則勞於公室 商則旣無力役 又無稅錢 請自今其紗羅錦布 皆用官印 隨其輕重長短 逐一收稅 潛行賣買者 並坐違制".

리이다.218) 고려후기 상업유통은 사원이나 권세가 등에 의한 사적 교
역의 발달로 여러 문제를 낳고 있었다. 특히 이들에 의한 '抑賣買'는
田主的 입장에서 이루어지는 강제 교역행위였다.219) 그들은 자신의 노
비나 상인을 대외무역이나 국가에 대한 代納 등에 이용하여 많은 이익
을 올리고 있었다.

백문보의 방안은 국가가 이러한 유통과정에 개입하여 화폐 대신 이
용되는 布 및 귀족층의 수요품인 紗羅와 비단[錦]의 유통을 장악해야
한다는 것이다. 이 방안은 상인층에 대한 과세를 통해 국가재정을 충
실히 한다는 목적이 중요하지만, 그 외에 어느 정도 강제적 교역의 방
지와 사치 금지라는 부수적인 효과도 기대한 것이었다.

왜냐하면 강제교역은 물건에 대한 올바른 값을 치르지 않기 때문이
다. 그런데 물품대가로 치러지는 布 등에 대한 官印은 국가가 정한 가
치기준이 되므로, 이를 기준으로 거래가 이루어질 수 있었다. 또한 紗
羅 등에 대한 수요는 과세로 인해 어느 정도 억제될 소지가 있었다. 이
는 당시 상업으로 치부한 사람들이 신분에 걸맞지 않게 비단옷을 입고
다니는 것220)에 대한 조치가 될 것이다.

한편 布는 그가 제기한 소금정책과 연계해 보아야 한다. 백문보는
충선왕 때 제정한 權鹽制의 문제로 鹽戶의 유망 때문에 생산량이 부
족해져 布 징수의 대가로 소금이 지급되지 못하고 있음을 지적하였
다.221) 그에 따라 소금생산량에 입각해 布를 거두도록 건의하였다. 布

218) 李瑛珍, 「고려후기 恭愍王代 白文寶의 현실인식」, 『于松趙東杰先生停年紀
念論叢 韓國史學史硏究』, 1997, 218쪽. 이 자료는 고려말기 공양왕 3년 3월
의 中郞將 房士良의 上書(『高麗史』 권79, 食貨2 市估)로 실려 있어 혼동을
주고 있다. 어느 쪽의 잘못인지는 알 수 없으나 혼동하게 된 것에는 나름대로
의 이유가 있을 것이므로 이를 다루어 보도록 한다.
219) 李景植, 「16世紀 場市의 成立과 그 基盤」, 『韓國史硏究』 57, 1987 ; 蔡雄錫,
「高麗後期 流通經濟의 조건과 양상」, 『金容燮敎授停年紀念韓國史學論叢
(2) 韓國 古代·中世의 支配體制와 農民』, 지식산업사, 1997.
220) 『益齋亂藁』 권9下, 策問.

를 내는 일반민은 権鹽制로 인해 피해를 보는 대표적 계층이었다. 이
들의 대부분은 지방의 재지지주층과 자영농일 것이다. 그의 주장은 소
금생산량에 따라 布의 수량을 정해 거둬들임으로써 이들에게 돌아가
는 피해를 방지하자는 것이다.

결국 그의 논리는 국가가 주체가 되어 유통에 따르는 폐해를 방지하
고 이를 통해 얻어지는 잉여의 일부를 흡수하자는 것이 된다. 그리고
이 방안은 당시 유통을 통해 최대의 이익을 보던 계층인 상인층 및 이
들과 결탁한 권세가 등 私田主들의 이익을 억제하는 것이 된다. 따라
서 이들에 의해 피해를 받는 재지지주와 자영농에게 유리한 방향이었
다.

그와 같은 전망은 경기지역의 토지이용률 제고라는 건의를 통해 최
종적으로 확인된다.

> 京師 근처의 땅은 넓고 비옥하고 경작할 수 있는데 목장으로 만들어
> 그 이익을 빼앗기므로 마땅히 山谷・島嶼로 목장을 옮겨 地利를 높일
> 것이며, 또한 畿內 田土는 역시 녹과전으로 頒祿하지 말고 사대부의
> 祭田으로 균등히 나누어 주어 居京者의 급한 바를 구제토록 하십시
> 요.222)

주장의 요체는 경기지역 토지 중 목장은 산곡・도서로 옮겨 地利,
즉 토지이용률을 높이자는 것이다. 문제는 경기지역의 목장이 어떤 성
격을 지녔는가이다. 이 목장들은 말할 것도 없이 왕실이나 권세가 등

---

221) 『淡庵逸集』 권2, 論時政箚子 論鹽法, "忠宣王時所定鹽戶 因散亡 元額日減
朔鹽不足 然民間朔布 則一依前例收納 故鹽沒布在 吏緣爲姦 民雖納布 而
未受一升之稅 今後以鹽多寡 準布之數均給 以此爲式".

222) 『高麗史』 권78-6, 志32 食貨1 田制 經理 恭愍王 11년, "密直提學 白文寶上
箚子曰 京師近地 平廣膏腴 可以耕稼者 爲牧場 而奪其利 宜移牧於山谷島
嶼 以興地利 且畿內八縣田土 亦不須頒祿科 均給士大夫祭田 以濟居京者之
所急".

이 개인 사유지화한 곳이다. 이렇게 사유지화한 목장은 토지매입만이 아니라 권력을 매개로 한 탈점으로 이루어진 경우가 많았다. 예컨대 승려의 경우지만 보우는 廣州 迷元莊에서 친척들을 모아 이를 縣으로 승격시켜 관리하면서 田園을 廣占하고 들에 가득 말을 풀어놓고 內乘 이라고 하였다. 이에 말들이 타인의 곡식을 해쳐도 사람들이 쫓아내지 못했다고 한다.[223]

여기서 그가 광점한 田園은 일종의 목장이 되었을 것이다. 이처럼 목장은 권세가나 왕실 등과 같은 중앙세가들의 탈점 수단이었으며 대개가 無稅地였을 것이다. 그들이 이를 목장으로 운영하는 이유가 여기에 있었다고 생각된다.

백문보의 상소는 목장을 산곡 등으로 옮기고, 이 곳의 토지를 경작하자는 주장이다. 따라서 이것은 권세가의 이해관계에 배치되는 주장이다. 그는 경작지로 만든 토지에서 세를 거두어 재정을 충실하게 하거나 또는 이를 사대부의 祭田으로 균등히 나누어 줄 것을 구상했던 것 같다. 결국 그의 생각은 중앙권세가의 이해를 양보시켜 사대부의 중앙정계 진출을 지원하려 했던 것이다.

이처럼 백문보는 권농을 중심으로 재지지주층의 성장을 지원하면서, 관료층 내부의 균등한 토지분급을 주장하였다. 그의 구상은 토지의 量田을 기반으로 하여 職役에 입각한 수조지 분급을 꾀한 이제현의 방안과는 차이가 있었다. 이제현의 그것은 신분에 따른 차별적 분급을 전제로 하였기 때문이다. 단 이제현의 구상은 중국 고대의 井田을 바탕으로 했다는 점에서 이후 유자들에게 토지분급이란 원론적 차원에서 영향을 미칠 수 있었다. 결국 이는 '고제'라는 이름 하에 고려전기 운영원리의 지향이라는 고려후기 개혁론의 명제가 되었던 것이다. 이러한 점에서 백문보가 말한 중국 三代의 祿俸制 제기도 주자학적 사유인 보편성을 지향하면서 그 안에 고려적인 특수성을 결합시키려는 노력

223) 『高麗史』 권38-9, 世家38 恭愍王 원년 5월 己丑.

의 일환으로 보인다.

　요컨대 고려후기에 등장한 경세론의 특징은 현실문제의 인식을 주자학적 사유에 바탕했다는 데 있었다. 이 시기 사대부들은 이를 바탕으로 당시의 현실적 변화를 수용하려 하였다. 따라서 이들은 중국 고대 및 고려전기의 제도를 보편적 원리로 상정하고, 현실적 특수성을 고려하면서 새로운 국가운영 원리를 마련해 가려 했던 것이다.

제5장 결론

이상과 같이 본고에서는 고려후기 사대부의 존재와 그들의 경세론이 형성되는 과정, 내용 및 그 방향에 대하여 고찰하여 보았다. 여기서는 무인집권기 이후 국가운영의 문제를 제기한 이규보와 이제현, 백문보를 중심으로 하였다. 그 중에서 이규보는 고려 전기에서 후기로 이행하는 과정에서 생긴 국가운영의 과제를 처음 제기한 논자였다. 이러한 문제제기는 이후 이제현과 백문보에 의해 한 차원 높게 발전되었다.

고려전기 收租地分給의 원리가 변질되자 이에 기초한 관료 및 조세 운영체제가 왜곡되지 않을 수 없었다. 개인이나 각 官司에 분급된 수조지가 家産化되는 가운데, 경제적 기반의 확보를 위한 노력은 중앙정계의 정치적 갈등으로 이어졌던 것이다. 요컨대 그 근저에는 수조지에 대한 개별적이고 사적인 권리행사에 입각한 前期的 지배체제의 동요라는 요인이 작용하고 있었다. 이것은 이 운영을 조절하고 통제할 국가권력이 기능적으로 마비되어 감을 의미한다.

이러한 변화는 지방사회 내부에서 농민층의 유리와 항쟁, 조세체계의 마비로 나타났으며, 중앙정계에서는 사적 기반의 확충에 따른 인사운영의 변질을 가져왔다. 그 중에서 지방사회 내부의 변화는 주로 이규보의 인식에서 엿볼 수 있었다.

그가 주목한 것은 主·屬縣體制의 모순으로 인한 部曲이나 屬縣 등의 조폐 현상이었다. 이들 지역은 주현의 하부지역으로 조세수취에서 상대적으로 불리한 입장에 놓여 있었다. 따라서 이 지역들은 자연재해 등의 발생에 따른 농민유망의 가능성이 그만큼 높았으며, 수취부담의 불균형으로 인해 재생산기반도 취약하였다. 이러한 모순의 심화는 원 간섭기에 들어와 주현의 조폐로까지 진전되었다.

그는 이를 해결할 주체로 지방관을 설정하였다. 그러나 지방관들은 무능력하거나 이 시기 중앙권세가들의 私人的 존재로 전락하고 있었다. 무인집권기 이후 중앙집권층은 자신의 收租地 관리를 위해 사적 인맥 속에서 지방관을 선발하여 임명하려고 했으며, 재지세력이나 향리들과 연계하려고 하였다.

한편 무인집권 이후 중앙정계의 관인층 숫자가 대폭적으로 증가하였다. 그 원인은 중앙정계의 정치변동에 있었다. 이 때 집권층은 사적 인맥의 확장을 위한 관직획득 경쟁을 심화시켰다. 인사운영의 장악은 자신의 기반 유지에 핵심적인 요소였으며, 종전의 귀족세력 간의 상호 견제와 균형에 입각한 운영관례는 무시되었다. 이로 인해 발생하는 문제는 비정상적 방법에 의한 임용 증가와 임명자들의 사적 이익추구의 극대화였다. 따라서 관료체제의 개편은 중요한 과제로 부각되어 갔다.

그런데 이 시기 인사운영의 변질은 부정적 요인에도 불구하고 중요한 변화요소를 내포하고 있었다. 특히 崔瑀는 政房을 설치하고 이전의 인사운영 방식을 변질시켰다. '能文能吏'에 기준한 인사고과 방법으로 전환한 것이다.

그것은 이전 문벌귀족의 가문 및 문장 능력을 중심으로 관리를 선발하던 방법에서 새로운 관료형 선발 방법으로 이행해 가는 과도기적 형태였다. 여기서 행한 '能文能吏'의 평가는 개인의 학문과 행정 능력을 결합시키려는 사대부들의 修身論으로 발전될 소지를 마련해 주는 것이었다.

한편 사적 정치운영은 원간섭기에 들어와 오히려 확산되었다. 이를 조절하고 제어할 국왕까지도 자신의 사적 기반에 입각한 통치형태를 지향하게 되었다. 국왕의 정치적 위상의 하락과 지지기반의 취약성으로 인해 다른 정치세력을 통합할 수 있는 권위와 능력이 부족했기 때문이다. 이는 고려후기 君主修身論을 불러일으킨 하나의 요인이 되었다.

충렬왕의 경우에는 자신의 인맥을 공적 체계 속에 넣기 위한 측근기구로 忽赤나 鷹坊 등을 설립하였다. 그는 이 곳에 시종신료와 권세가의 자제들을 포진시켜 사적 유대에 입각한 정치형태를 확고히 하였다. 이와 같은 형태의 인사운영에 대한 반성은 국왕의 즉위 때마다 정방혁파 논의로 제기되기도 하였다. 그러나 충선왕의 경우처럼 詞林院을 통한 인사장악이 오히려 인사운영 통로를 더욱 좁혀 국왕의 자의성을 높이는 결과를 가져오기도 하였다. 따라서 이 문제는 충목왕대 이제현의 개혁안에서 중요한 과제로 재등장하게 되었다.

국왕이나 권력에 접근해 있던 이들 측근세력을 포함해 모든 정치세력은 자신의 경제적 기반 확대에 몰두하였다. 이것은 賜牌나 기타 토지탈점 등을 통한 농장의 확대로 나타났으며, 그 분포는 전국적으로 이루어졌다. 농장주들은 대개 권력과의 밀착 관계를 기반으로 하여 조세를 포탈하였다. 그 결과 수취체계는 마비되어 갔으며, 국가재정 또한 고갈되어 갔다. 말하자면 사적 정치운영의 확산과 수취체계의 문란은 상호구조적으로 얽혀 있는 문제였다.

이러한 요소는 민들에 대한 지배체제를 약화시켜, 결국에는 지배층 모두의 共滅로 이어질 수 있다는 위기의식을 심화시켰다. 민본론은 이러한 가운데 민의 재생산기반을 국가가 보장하려는 이념으로 등장한 것이다.

이에 대한 고려정부의 개선방안은 무인집권기에 들어와 明宗 18년 教書와 崔忠獻의 封事十條로 집약된다. 이들의 방향은 각기 권농과 관료체제 운영의 개선으로 볼 수 있다. 유의할 점은 여기서 제기된 방

향과 원칙이 고려말기 이전까지 개혁방안의 기본방향으로 자리잡는다
는 점이다. 그것은 고려전기 운영체제의 회복이라는 목표로 집약될 수
있다.

원간섭기에 들어와 사대부가 주체로 참여한 개혁은 충선왕 즉위교
서에 바탕한 것이었다. 이는 이른바 四學士가 주도적으로 참여하여 입
안하고 추진한 것이다. 교서의 목표는 충렬왕대 사적 정치운영 형태의
해소와 함께 공적 원칙에 입각한 국가운영의 회복이었다. 정치적으로
는 이전의 世家子弟만이 아닌 재지세력층을 중앙정계에 끌어들이려
한 것이 주목된다.

당시 주체가 된 4학사는 경세의식을 지닌 고려후기 사대부적인 모
습을 지녔다는 점에서 주목할 만하다. 이들은 자신의 학식을 국가운영
에 반영시키려 했던 경세적 관료였던 것이다. 다만 자신들의 관료적
역할과 규범에 대한 인식이 부족했다는 점에서 한계가 있었다.

이후 이제현이 중심이 되어 개혁을 추진한 충목왕대는 사대부가 하
나의 정치세력으로 성장하는 시기이다. 이제현은 과거과목의 변경으로
새로운 유형의 관료를 선발하려 하였다. 그는 '실학'인 주자학을 익힌
자로서 자신의 修身과 국가운영을 연결시킬 수 있는 능력을 지닌 인물
을 관료로 선발하려고 의도하였다. 그러나 이러한 시도는 실패로 돌아
갔다. 동시에 정방의 혁파도 시도되었으나 수구세력의 반발로 무산되
었다. 결국 사대부가 역사무대의 전면에 등장하는 것은 보다 후대를
기다려야 했다.

고려전기 관료와 이들 간의 차이점은 관료 직분에 대한 윤리와 책임
감을 강하게 갖는 경세의식에서 찾을 수 있다. 그 특징은 도덕적 수양
을 위한 학문 탐구를 출사와 연계시켜 국가운영의 주체로서의 역할을
올바로 수행하겠다는 직분론에 있었다. 고려후기에는 사대부들 사이에
이러한 경세의식이 점차 보편화되어 가고 있었다.

그 결과 '能文能吏'의 개념은 '能文'이 經書를 바탕으로 한 학문 탐

구, '能吏'가 국가운영 내지 통치능력이란 차원으로 변화되고 있었다. 이는 주자학의 '修身 齊家 治國 平天下'를 연속으로 파악하는 사유에 입각한 것이다.

한편 경세의식은 사회적으로 군주와 신료와의 관계를 규정짓는 '忠'의 확충과 사회윤리의 재확립에 대한 요구로 이어졌다. 이 시기에 충이 강조된 것은 무인집권기 이후 군주의 위상이 하락된 것과 관련되어 있다. 특히 원간섭기 이후 왕위계승 문제를 둘러싼 부자간의 분쟁은 유교적 규범의 확립 필요성을 제기하는 배경이 되었다. 왕위계승쟁탈전은 왕실 내부의 사적 기반의 확대 노력을 심화시켰으며, 따라서 이들간의 정치적 갈등은 고려지배층 내부의 분열과 함께 지배체제를 위협하는 중대한 요소가 되었기 때문이다.

아울러 관료의 직분 수행에 필요한 덕목들이 규범으로 강조되었다. 규범의 확립은 문란한 인사운영이나 타인의 토지침탈에 대한 윤리적 차원의 대책이었다. 이러한 대처 방법은 개인의 윤리의식 함양으로 문제 해결을 꾀하려 한 점에서 커다란 한계를 지닌 것이었다. 그럼에도 직분에 대한 규범 확립 노력은 고려말기에 제도적 차원으로까지 규정될 바탕을 만들어 관료의 選拔·考課 등의 기준으로 제시되기에 이른다.

한편 사대부들은 성리학적 사유를 갖추어 감에 따라 명분에 입각한 정통론을 확립시켜 나갔다. 고려후기에 이 논리가 적용된 것은 역사인식과 불교비판론이었다. 원래 송대 성리학의 발전은 역사서술에서의 정통론 발현과 관련이 깊으며, 고려의 경우에도 예외는 아니었다. 특히 정통론에 입각한 역사인식은 春秋筆法의 논리를 재해석하는 방향에서 이루어졌다. 고려후기 춘추론의 발현은 이승휴의 『제왕운기』에서 제기되어 이제현에 이르러 분명해졌다.

이승휴의 관심은 당시 새롭게 재편된 국제질서 하에서의 고려왕조의 위치와 이전 왕조들의 정통계승 관계에 있었으며, 당면한 국내 현실문제와 그 해결방안으로서 고려왕조사 자체에 대한 고찰에 있었다.

또한 이제현은 이전과 달리 왕비나 종실에 대한 열전을 편찬하여 왕실혼인의 중요성을 강조하고 국왕을 정점으로 한 위계질서의 확립을 꾀하였다. 이것이 그의 춘추론의 목적이었다. 이러한 그의 저술 태도와 방식은 이후『고려사』편찬에 영향을 주었다.

이제현의 역사인식에서 주목되는 점은 신료의 직분이나 역할에 대한 규범을 찾아내려고 했다는 사실이다. 예컨대 金就礪에 대한 行軍記는 국가를 위기적 상황에서 구해낸 인물을 부각시켜 '忠義'의 官僚像을 제시하려는 데 그 의도가 있었다.

또한 군주의 역할과 위상에 대한 규범도 마찬가지로 역사인식을 통해 제시하려 하였다. 광종의 과거제 시행에 대한 비판은 그러한 사례이며, 이를 현재의 과거제 문제점과 연계시키려 하였다. 이처럼 그의 역사인식은 당대의 현실문제를 해결할 방법을 과거의 사례를 통해 제시하려는 목적 하에 형성된 것이었다.

그리고 불교비판론은 이단에 대한 배척논리였다. 그런데 이것은 논자들에 따라 달랐다. 논자들마다 불교의 사회적 기능을 이해하는 방식에 차이가 있었기 때문이다. 이규보는 고려전기적인 불교의 사회적 기능을 인정한 논자이다. 그래서 그는 불교의 사회안정과 몽고의 침입에 대한 호국적 기능을 인정하였다. 이러한 경우에는 대개 儒·佛의 궁극적 추구가 동일하다는 儒佛同道論的 입장에 있게 된다. 고려말기까지 여러 유자들이 불교배척에 소극적이었던 이유는 이러한 인식과 태도에 기인한다. 이는 이제현의 경우도 동일하였다. 그러나 이들은 모두 불교 승려들의 사익 추구에 따른 사회적 폐해와 미신적 행위에 대해서는 비판적이었다.

崔瀣는 이와 달리 불교를 이단으로 규정한 첫 논자로서, 유교윤리에 입각한 사회관계의 재확립을 강조하였다. 백문보는 이를 발전시켜 불교의 사회적 기능을 부정하고 유교문명을 중심으로 한 사회건설을 주장하였다. 그는『주역』에 대한 이해를 바탕으로 불교를 비판하였다. 이러한 척불론과 역사인식은 사실상 국가운영체제에 대한 인식에 바탕한 것으로 경세론과 연결되는 것이기도 하다.

경세론은 학문을 바탕으로 한 현실인식 위에서 국가운영체제의 변화에 대한 정책론으로 나온 것이다. 이 시기 경세론은 주로 군주의 역할과 위상 확립, 관료체계와 대민 수취체계의 정비에 대한 것을 중심으로 하였다.

원간섭기 군주들의 왕위계승쟁탈전과 약화된 위상을 확립시켜 집권력을 회복하고자 한 군주의 위상 확립 노력은, 당시 군주들의 사적 기반의 확대로 인한 해결방안으로 인식되었다. 이는 주자학적 군주수신론으로 체계화되었다. 군주수신론은 지배층의 이해관계를 공정하게 배분하며, 국가운영의 주체로서 군주의 역할을 고양시키려는 논리였다.

이에 이제현이 이상으로 삼은 군주는 중국 三代의 禹·湯·文王 등이었다. 그는 이들이 사욕이 없는 聖人的 존재로서 위민통치에 노력하였다는 점을 높이 평가하였다. 아울러 그는 고려시대의 이상적 군주로 태조와 문종을 들기도 하였다. 그의 君主修身論은 군주를 도덕적 완성자로 만들기 위한 학문탐구와 수양을 촉구하는 정치론으로서, 수신론의 방법으로 四書 중심의 학문탐구와 侍學의 주변 배치 등을 제시하였다.

이는 고려전기 東宮官制를 모델로 하여 현실에 맞게 재조정한 것이다. 이것은 이후에 書筵으로 발현되는데, 정치논의기구로까지 승격하였다는 점에서 이전의 서연과는 차이가 있었다. 즉 書筵이 군주와 신료 간의 학문토론만이 아니라 정치 현안까지 폭넓게 논의되는 장으로까지 발전된 것이다. 이 바탕에는 학문과 정치능력을 연속선상에 놓고 파악하려는 주자학적 논리가 있었다. 결국 서연은 공민왕 즉위 후에 원로 및 정부고위층 간의 토의장소가 되어 일정하게 전민변정도감의 한계를 극복할 수 있는 정치기구로 기능하게 된다.

한편 사적 정치운영의 문제에 대해 이제현과 백문보는 각기 다른 방안을 제기하였다. 먼저 이제현은 정방 혁파와 과거제 개편을 통해 새로운 유형의 관료를 선발하려 하였다. 그는 과거과목을 詩賦에서 策問 중심으로 변화시켰다. 책문 중시는 학문적 탐구와 현실문제에 대한 방안을 일치시키려는 의도에서 나온 것인데, 송대 재상인 范仲淹의 방안과 원나라 과거과목을 참조한 것이다.

그는 이렇게 선발된 관료들의 고과를 고려전기의 인사운영 원칙에 따라 吏·兵部에서 처리해야 한다고 생각하였다. 그는 이 원칙이 붕괴되는 시점을 무인집권기라고 보고, 이후에 사적 인사운영을 담당한 기구로 정방을 지목하였다. 따라서 정방 혁파는 그에게 古制의 회복으로 인식되었다.

이에 이제현은 충목왕에게 정방 혁파를 건의해 인사권을 吏·兵部로 환원시키려 하였다. 그의 방안이 다른 논자와 다른 점은 인사고과를 담당할 考功司를 설치하자는 주장에 있었다. 공적 체계 속에서의 인사운영을 독립된 기관에서 담보하려 했던 것이다. 이러한 그의 정방 혁파방안은 실행에 옮겨졌으나 보수세력의 반발로 얼마 안 되어 복구됨으로써 좌절되었다.

아울러 그는 지방관의 品秩을 높이고 京外官循環制의 재실시를 주장하였다. 특히 주자학을 익힌 유자를 우선적으로 外官에 배치하여 기존의 관료들을 교체하려고 의도하였다.

한편 이제현과 달리 백문보는 관료체계의 개선방안으로 薦擧制 중심의 인사운영론을 제기하였다. 그의 방안은 현직 達官들로 하여금 10과에 기준하여 관료를 천거케 하는 인사등용론이었다. 이러한 그의 구상은 송대 사대부인 사마광의 10과에 따른 천거법을 모델로 하고 고려의 현실에 맞게 고친 것이다.

10과에 의한 천거방안은 이전과 달리 10개 분야로 관료의 역할을 세분화·체계화한 것으로 집권체제 정비에 걸맞는 관료들을 선발하기 위한 것이었다. 특히 백문보의 방안은 지방관을 사마광보다 세분화시키고 지방관 감찰방식까지 염두에 두었다. 또한 擧主連坐制를 통해 사적 인맥에 입각한 천거를 인정하면서도 그 폐해를 방지하려고 하였다. 아울러 그는 국왕의 친위 내지 측근세력의 발호를 방지하기 위해 侍從官을 중앙관료들이 천거하도록 제안하였다. 이와 같은 그의 구상은 공민왕대에는 실현되지 못했지만, 정도전의 遺逸薦擧 방안과 조선건국 이후에 나온 『經濟六典』으로 계승되었다.

이와 함께 백문보는 冗官 혁파와 都目에 입각한 공정한 인사임용을 제시하였다. 이 방안은 이제현의 인사임용에 대한 공적 체계의 수립이란 목표와 동일하지만, 차이가 없었던 것은 아니다. 백문보가 典理(吏部)와 軍簿司(兵部)가 같이 모여 문무반의 인사운영을 통합해 운영하는 것을 긍정했던 데 비하여, 이제현은 양자를 분리시키고자 하였던 것이다.

또한 백문보는 당시 성장하고 있던 재지지주층을 적극적으로 중앙정계에 포섭하려고 했다. 이제현이 중앙의 대지주나 세가층을 포함하여 주자학을 익힌 새로운 유형의 관료를 선발하려고 했던 반면, 백문보는 천거를 통해 새롭게 성장하고 있던 사회계층을 중앙정계에 포섭하려 한 것이다. 백문보의 의도는 事審官의 복귀 청원에서 잘 드러난다. 이는 사심관의 국초 당시의 임무를 복원하여 재지층과 중앙관계를 연계시키는 매개로 만드는 한편, 현재의 중앙권세가－수령－향리로 이어지는 행정체계에 사심관－재지세력으로 연계되는 계통을 재설정하여 상호 견제토록 하려는 의도에서 나온 것이었다.

그리고 백문보는 관료제 정비를 위한 銓注法과 녹봉의 개선을 제의하였다. 전자는 品職 제수시 고위직일수록 쉽게 署經되는 문제점을 해결하기 위해 검증을 통해 이를 방지하고자 제기한 것이다. 후자인 녹봉 문제는 현재 관료들에 대한 수조지 분급이 제대로 이루어지지 않는 상태에서 나온 것으로 중국 三代의 제도를 원칙으로 제시한 것이다.

그는 5품관 이상의 녹봉을 재조정하여 이들의 염치를 보장하려 하였지
만 실행되지는 못하였다.

결국 이제현과 백문보의 관료체제 개선방안은 국가운영체계의 공적
기능을 회복시키려는 방향을 지향하고 있었다. 전자가 기존 계층의 이
해를 보존하는 가운데 새로운 유형의 관료를 양성하려 했던 데 비하
여, 후자의 논리는 새로운 계층의 인물을 정계에 끌어들여 집권체제에
적합한 관료로 만들고자 의도하였다. 그러한 점에서 백문보의 방안은
이제현보다 역사발전의 추이를 보다 적극적으로 반영하고 있었다.

그들의 방안은 제기 당시에는 실현되지 못하거나 좌절되었지만, 그
이념은 辛旽 집권시대의 개혁조치로 발전되거나 이후 고려말기 사대
부들에게 계승되었다.

한편 이 시기 조세체계의 개선방안은 두 가지로 제기되었다. 토지분
급에 대한 이제현의 井田論과, 농업생산력의 발전과 생산관계의 안정
을 위한 백문보의 勸農論이 그것이다. 원간섭기 이후 민들의 경제적
분해가 심각한 지경에 이르렀다고 인식한 이제현은, 현재 일반민들이
자녀를 팔고 사는 것에 대해 국가재정으로 贖還할 것을 주장하였다.
이 방안은 공민왕대 아사자 구제책인 부자들에 의한 이들의 使役 방안
과는 대조적인 것으로서, 국가의 적극적 진휼을 촉구하는 것이었다. 요
컨대 그의 입장은 부자로 지칭되는 대지주층의 일방적 발전을 국가가
조절하여 자영농의 확보에 힘써야 한다는 것이다.

그러나 국가재정에 의한 해결방안은 노비를 보유한 계층의 이해관
계를 일정 정도 보전시키려는 의도가 내포되어 있었다. 이에 그의 구
상은 전민변정도감의 설치에 따른 법적 해결과는 다른 성격을 지닌 것
이었다.

한편 그의 조세체계 개선방안의 가장 큰 특징은 맹자의 井田制를
근거로 토지문제와 결부시켰다는 점이다. 이는 중국 삼대의 제도를 이
상으로 삼은 것과도 관련이 깊으며, 또한 송대 사대부의 토지론에서도

영향을 받은 것이다.

이제현의 이러한 방안은 고려시대에 처음으로 나온 정전제 주장으로, 量田 시행을 기본축으로 토지분급 문제를 해결한다는 발상이었다. 그의 구상은 이후 趙浚 등이 제기한 토지개혁론의 논거로 흡수되어 갔다는 점에서 의미가 있다. 단 이제현의 토지분급은 관료를 중심으로 하고 있어 정도전이 추구한 대상인 民과는 차이가 있었다.

한편 정전론을 중심으로 한 이제현과는 달리, 백문보는 이 시기 발전하던 지주제에 대한 논의를 제기하였다. 그는 조세체계에서도 이를 권농론과 연계시켜 이해하였다. 권농론이 농업기술의 발전만이 아닌 조세원의 확보에 대한 논의까지 포함하고 있기 때문이다. 따라서 백문보는 이를 위한 국가의 기능에 주목하였다.

그래서 그는 지주제 발전을 위해 국가가 농업생산의 발전을 지원하도록 촉구하였다. 그는 고려에서 처음으로 水車 사용과 水田農業의 도입을 주장한 논자였다. 이 방안은 개간에 참여한 재지지주층에게 유리한 방안이었다. 여기에 그는 농업생산을 독려하기 위해 농경철의 輕刑者 방면까지 주장하였다.

아울러 그는 재지지주와 자영농과의 관계를 안정시켜야 한다고 보았다. 이 점은 그가 주장한 빈민에 대한 借貸에서 살필 수 있다. 이 주장은 빈민들이 약간의 토지를 경작하면서 부호들에게 곡식을 대여받는 상황을 배경으로 제기되었다. 백문보는 부호들의 지나친 이자 취득을 방지하려고는 했지만, 다른 논자들과는 달리 빌린 사람이 갚을 기일을 지연하거나 빌려준 자를 거짓으로 고소할 경우 처벌할 것을 주장하였다. 이는 부호인 재지지주층의 이해관계를 일정하게 보장하면서도 자영농에 대한 지나친 수탈을 방지하려고 한 것이다.

그리고 그는 경상도 지역의 조세운반 비용을 고려해 다른 道보다 액수를 감면해 주는 방안을 제시하였다. 특히 그가 조세징수의 단위를 넓게 잡은 것은 토지소유가 많은 재지지주들에게 유리한 방안이었다.

그 외에 그는 상업유통의 잉여를 가능한 한 국가가 흡수하는 방안을 제시하여 상대적으로 농업을 중시하는 입장을 취했다.

한편 그는 개경 근처의 토지가 주로 권세가들의 목장으로 이용되는 것을 비판하고 여기에 토지경작을 시행하되, 그 토지를 녹과전으로 주지 말고 사대부의 祭田으로 분급할 것을 주장하였다. 이것은 특히 '居京者'라는 단서를 달고 있어 재지지주층에서 천거 등에 입각하여 중앙 관료층에 들어올 사람들을 염두에 둔 방안임을 알 수 있다. 이처럼 백문보의 방안은 당시 발전하던 지주제에 편승하여 재지지주층을 국가가 적극 지원하게 하면서 관료로 편입시키려는 것이었다. 그의 불교비판론과 결부시켜 볼 때, 이는 새로운 사회계층을 유교논리로 무장시켜 유교 문명사회로 전환시키려는 구상이었다.

이제현과 백문보의 이러한 경세론은 이 시기 사대부들을 대표하는 것으로서, 고려후기 국가운영의 방향과 결부되어 새롭게 직면한 사회현실을 반영한 것이기도 하다. 결국 이들은 주자학적 사유에 입각하여 '古制'인 중국 고대와 고려전기의 제도를 보편원리로 삼아 당대 현실에 적합한 개혁론을 찾으려 했던 것이다. 따라서 그들의 경세론은 고려말기 사대부가 추구한 새로운 국가운영 원리의 원형이라고 위치지을 수 있겠다. 특히 이는 정도전과 이색에 의해 제기된 국가운영론의 대립적 구상, 즉 이 시기의 국가체제 속에 사회계층을 편입시키는 방법의 차이가 이미 내포되어 있었다.

참고문헌

1. 史料

『高麗史』　　　　　『高麗史節要』　　　『朝鮮王朝實錄』

『東文選』　　　　　『新增東國輿地勝覽』　『稼亭集』

『謹齋集』　　　　　『淡庵逸集』　　　　『東國李相國集』

『動安居士集』　　　『帝王韻紀』　　　　『益齋集』

『櫟翁稗說』　　　　『拙藁千百』　　　　『牧隱文藁』

『三峯集』　　　　　『霽亭集』　　　　　『雪谷集』

『高麗墓誌銘集成』　『元代麗史資料集成』　『通典』

『宋史』　　　　　　『元史』　　　　　　『四書集註』

『管子』　　　　　　『春秋左氏傳』　　　『資治通鑑』

『唐宋八子百選』　　『王臨川集』　　　　『唐六典』

2. 編・著書

1) 국내서

姜晋哲,『高麗土地制度史研究』, 고려대출판부, 1980.

高柄翊,『東亞交涉史의 研究』, 서울대출판부, 1970.

金塘澤,『高麗武人政權研究』, 새문사, 1987.

金塘澤,『元干涉下의 高麗政治史』, 一潮閣, 1998.

金慶洙・秦星圭 編,『李承休研究論叢』, 三陟郡, 1980.

金光哲,『高麗後期世族層研究』, 동아대출판부, 1980.

金庠基,『高麗時代史』, 서울대출판부, 1981.
金英美,『新羅佛敎思想史硏究』, 民族社, 1993.
金容燮,『增補版 朝鮮後期農業史硏究』2, 一潮閣, 1990.
金哲埈,『韓國史學史硏究』, 서울대출판부, 1990.
金忠烈,『高麗儒學史』, 고려대출판부, 1984.
金泰永,『朝鮮前期土地制度史硏究』, 知識産業社, 1983.
牧隱硏究會,『牧隱 李穡의 生涯와 思想』, 一潮閣, 1997.
閔斗基,『中國의 歷史認識』, 창작과비평사, 1985.
朴京安,『高麗後期 土地制度硏究』, 혜안, 1996.
朴龍雲,『高麗時代 臺諫制度硏究』, 一志社, 1981.
朴龍雲,『高麗時代史』上·下, 一志社, 1986.
朴龍雲,『高麗時代 蔭敍制와 科擧制硏究』, 一志社, 1990.
朴恩卿,『高麗時代鄕村社會硏究』, 一潮閣, 1996.
邊東明,『高麗後期性理學受容硏究』, 一潮閣, 1995.
邊太燮,『高麗政治制度史硏究』, 一潮閣, 1971.
邊太燮 編,『高麗史의 諸問題』, 三英社, 1986.
申千湜,『高麗後期 性理學의 受容과 敎育思想』, 명지대출판부, 1998.
尹瑢均,『尹文學士遺稿』, 조선인쇄주식회사, 1933.
李景植,『朝鮮前期土地制度硏究』, 一潮閣, 1986.
李基白 외,『崔承老 上書文硏究』, 一潮閣, 1993.
李範稷,『韓國中世禮思想硏究』, 一潮閣, 1991.
李丙燾,『韓國儒學史』, 아세아문화사, 1980.
李丙燾,『高麗時代의 硏究』, 아세아문화사, 1986.
李炳赫,『高麗末 性理學 受容期의 漢詩 硏究』, 태학사, 1989.
李相佰,『李朝建國의 硏究』, 을유문화사, 1949.
李成茂,『朝鮮初期 兩班硏究』, 一潮閣, 1980.
李佑成,『韓國中世社會硏究』, 一潮閣, 1989.
李佑成·姜萬吉 編,『韓國의 歷史認識』上·下, 창작과비평사, 1976.
李源明,『高麗時代 性理學 受容 硏究』, 國學資料院, 1997.
李載昌,『高麗寺院 經濟의 硏究』, 아세아문화사, 1975.
李泰鎭,『韓國社會史硏究』, 지식산업사, 1988.

李泰鎭,『朝鮮儒敎社會史論』, 지식산업사, 1989.
李熙德,『高麗儒敎政治思想의 硏究』, 一潮閣, 1984.
李熙德·金忠烈 외,『崔冲硏究論叢』, 1984.
張東翼,『高麗後期外交史 硏究』, 一潮閣, 1994.
池斗煥,『朝鮮前期 儀禮硏究』, 서울대출판부, 1994.
蔡尙植,『高麗後期佛敎史硏究』, 一潮閣, 1991.
崔根德 外,『元代 性理學』, 포은사상연구원, 1993.
河炫綱,『韓國中世史硏究』, 一潮閣, 1988.
河炫綱,『韓國中世史論』, 新丘文化社, 1989.
한국역사연구회,『14세기 고려의 정치와 사회』, 민음사, 1994.
韓㳓劤,『儒敎政治와 佛敎』, 一潮閣, 1993.
韓永愚,『鄭道傳思想의 硏究』, 서울대출판부, 1983.
황병성,『고려무인정권기연구』, 신서원, 1998.
許興植,『高麗科擧制度史硏究』, 一潮閣, 1981.
許興植,『高麗佛敎史硏究』, 一潮閣, 1986.
玄相允,『朝鮮儒學史』, 민중서관, 1949.
洪承基 編,『高麗武人政權硏究』, 서강대출판부, 1995.

  2) 외국 및 번역서
候外廬 主編, 양재혁 옮김,『중국철학사』상·중, 일월서각, 1989.
候外廬 外 지음, 옮긴이 박완식,『송명이학사』1·2, 이론과실천사, 1996.
高橋進,『朱熹と王陽明』, 東京 : 國書刊行會, 1977.
張立文,『朱熹思想硏究』上·下, 谷風出版社, 1986.
島田虔次 지음, 김석근·이근우 옮김,『주자학과 양명학』, 까치, 1986.
守本順一郎 지음, 김수길 옮김,『동양정치사상사연구』, 동녘, 1985.
戶川芳郎 외 지음, 조성을·이동철 옮김,『유교사』, 이론과실천사, 1990.

  3. 論文

姜恩景,『高麗後期 戶長層의 變動 硏究』, 연세대 박사학위논문, 1997.

高惠玲, 『14세기 高麗 士大夫의 朱子學 受容과 稼亭 李穀』, 이화여대 박
　　　사학위논문, 1992.

高惠玲, 「崔瀣의 생애와 사상」, 『李基白先生古稀紀念韓國史論叢』, 一潮
　　　閣, 1995.

權延雄, 「高麗時代의 經筵制」, 『慶北史學』 6, 1983.

金光哲, 「高麗 忠肅王 12년의 改革案과 그 性格」, 『고고역사학지』 5・6,
　　　1990.

金光哲, 「충렬왕대 측근세력의 분화와 그 정치적 귀결」, 『고고역사학지』
　　　9, 1993.

金鎔坤, 「高麗 忠肅王 6年 安珦의 文廟從祀」, 『李元淳教授華甲紀念歷史
　　　學論叢』, 1986.

金鎔坤, 「高麗時期 儒教官人層의 思想動向」, 『國史館論叢』 6, 1989.

金容燮, 「高麗時期의 量田制」, 『東方學志』 16, 1975

金容燮, 「朱子의 土地論과 朝鮮後期 儒者」, 『朝鮮後期農業史研究』 2, 一
　　　潮閣, 1990.

金潤坤, 「新興士大夫의 擡頭」, 『韓國史』 8, 1974.

金仁昊, 「이규보의 현실이해와 정치경제 개선론」, 『學林』 15, 1993.

김인호, 「무인집권기 문신관료의 정치이념과 정책」, 『역사와 현실』 17,
　　　1995.

金仁昊, 「유교정치이념의 발전과 성리학」, 『한국역사입문』 2, 풀빛, 1995.

金仁昊, 「李承休의 歷史認識과 現實批判論의 方向」, 『韓國思想史學』 8,
　　　1997.

김인호, 「여말선초 군주수신론과 『대학연의』」, 『역사와 현실』 29, 1998.

金宗鎭, 「崔瀣의 士大夫意識과 詩世界」, 『民族文化研究』 16, 1982.

金宗鎭, 「李穀의 對元認識」, 『泰東古典研究』 창간호, 1984.

金宗鎭, 「關東瓦注 素材 漢詩의 研究」, 『泰東古典研究』 10, 1993.

金駿錫, 「金富軾의 儒教思想 - 三國史記 論撰의 檢討 -」, 『한남대학교 논
　　　집』 14, 1984.

金駿錫, 『朝鮮後期 國家再造論의 擡頭와 그 展開』, 연세대 박사학위논문,
　　　1990.

金駿錫, 「朝鮮後期의 黨爭과 王權論의 추이」, 『朝鮮後期 黨爭의 綜合的

檢討』, 한국정신문화연구원, 1992.

金駿錫, 「儒敎思想論」, 『韓國史 認識과 歷史理論』, 지식산업사, 1997.

金昌賢, 『高麗後期 政房硏究』, 고려대 박사학위논문, 1996.

金泰永, 「高麗後期 士類層의 現實認識」, 『창작과 비평』 44, 1977.

金泰永, 「朝鮮前期 封建的 社會思想試論」, 『經濟史學』 2, 1978.

金晧東, 『高麗武臣政權時代 文人知識層의 硏究』, 영남대 박사학위논문, 1992.

金勳埴, 「여말선초의 민본사상과 명분론」, 『애산학보』 4, 1986.

金勳埴, 「高麗後期 「孝行錄」 普及」, 『韓國史硏究』 73, 1991.

盧明鎬, 「東明王篇과 李奎報의 多元的 天下觀」, 『震檀學報』 83, 1997.

都賢喆, 「牧隱 李穡의 政治思想硏究」, 『韓國思想史學』 3, 1990.

都賢喆, 「高麗後期 朱子學 受容과 朱子書 普及」, 『東方學志』 77·78·79, 1993.

都賢喆, 「高麗末期 儒者의 學問論」, 『國史館論叢』 45, 1993.

都賢喆, 「14세기 전반 유교지식인의 현실인식」, 『14세기 고려의 정치와 사회』 민음사, 1994.

都賢喆, 「고려시대 유교의 전개와 성격」, 『한국사』 6, 한길사, 1994.

都賢喆, 「高麗末期 士大夫의 理想君主論」, 『東方學志』 88, 1995.

都賢喆, 「고려말기 사대부의 불교인식과 대응」, 『역사와 현실』 20, 1996.

都賢喆, 『麗末鮮初 新·舊法派 士大夫의 政治 改革思想 硏究』, 연세대 박사학위논문, 1996.

馬宗樂, 「韓國 中世의 儒學과 政治權力」, 『한국중세사연구』 창간호, 1994.

馬宗樂, 「李奎報의 儒學思想 - 武臣政權期의 儒學의 일 면모-」, 『한국중세사연구』 5, 1998.

文喆永, 「麗末 新興士大夫들의 新儒學 受容과 그 特徵」, 『韓國文化』 3, 1982.

文喆永, 「高麗中期 思想界의 動向과 新儒學」, 『國史館論叢』 37, 1992.

閔賢九, 「辛旽의 執權과 그 政治的 性格」, 『歷史學報』 38, 40, 1968.

閔賢九, 「整治都監의 設置 經緯」, 『國民大論文集』 11, 1977.

閔賢九, 「整治都監의 性格」, 『東方學志』 23·24, 1980.

閔賢九, 「恭愍王의 卽位 背景」, 『韓沽劤博士停年紀念史學論叢』, 1981.

閔賢九, 「益齋 李齊賢의 政治活動」, 『震檀學報』 51, 1981.

閔賢九, 「高麗 恭愍王의 反元的 改革政治에 대한 一考察」, 『震檀學報』 68, 1989.

朴宗基, 「李奎報의 생애와 著述 傾向」, 『韓國學論叢』 19, 국민대, 1996.

朴宗基, 「東國李相國集에 나타난 高麗時代相과 李奎報」, 『震檀學報』 83, 1997.

朴鍾進, 「忠宣王代의 財政改革策과 그 性格」, 『韓國史論』 9, 1983.

朴 珠, 「牧隱 李穡과 그의 政治思想에 관한 研究」, 『曉星女大 論文集』 25, 1982.

박진훈, 「高麗末 改革派士大夫의 奴婢辨正策 - 趙浚·鄭道傳系의 方案을 중심으로 - 」, 『學林』 19, 연세대, 1998.

朴菖熙, 「李奎報의 東明王篇 詩」, 『歷史敎育』 11·12, 1969.

朴菖熙, 「武臣政權時代의 文人」, 『한국사』 7, 국사편찬위원회, 1973.

안병우, 「고려후기 농장의 발달과 사전개혁」, 『한국사』 6, 한길사, 1994.

柳浩錫, 『高麗時代 科擧制의 運營과 變遷에 관한 研究』, 전북대 박사학위논문, 1993.

尹南漢, 「儒學의 性格」, 『한국사』 6 국사편찬위원회, 1975.

尹薰杓, 『麗末鮮初 軍制改革의 推移』, 연세대 박사학위논문, 1996.

李楠福, 「高麗後期 朱子學 수용 전개와 安珦의 위치」, 『釜山史學』 18, 1988.

李範學, 「宋代 朱子學의 成立과 發展」, 『講座中國史』 3, 1989.

李範學, 「南宋 後期 理學의 普及과 官學化의 背景」, 『韓國學論叢』 16, 1994.

李佑成, 「李朝 士大夫의 基本性格」, 『민족문화 연구의 방향』, 1979/『韓國의 歷史像』, 창작과비평사, 1982.

이익주, 「고려후기 정치세력의 변동과 정치세력의 추이」, 『한국사』 5, 한길사, 1992.

李益柱, 『高麗·元關係의 構造와 高麗後期 政治體制』, 서울대 박사학위논문, 1996.

李仁在, 『新羅統一期 土地制度 研究』, 연세대 박사학위논문, 1995.

李廷柱, 『麗末鮮初 儒學者의 佛敎觀 - 鄭道傳과 權近을 中心으로 - 』, 고

려대 박사학위논문, 1997.

李熙德, 「高麗時代 儒敎의 役割」, 『韓國史論』 18, 1988.

林容漢, 『朝鮮初期의 守令制 연구』, 경희대 박사학위논문, 1998.

張東翼, 「麗・元 文人의 交遊」, 『國史館論叢』 31, 1992.

鄭求福, 「李齊賢의 歷史認識」, 『震檀學報』 51, 1981.

鄭玉子, 「麗末 朱子性理學의 導入에 대한 試考 - 李齊賢을 中心으로 - 」, 『震檀學報』 51, 1981.

趙明濟, 「高麗後期 戒環解 楞嚴經의 盛行과 思想史的 意義 - 麗末 性理學의 수용기반과 관련하여 - 」, 『부대사학』 12, 1988.

朱雄英, 『麗末鮮初의 社會構造와 儒敎의 社會的 機能』, 경북대 박사학위논문, 1993.

周采赫, 「元萬卷堂의 設置와 高麗儒者」, 『손보기박사정년기념논총』, 지식산업사, 1988.

蔡尙植, 「高麗後期 佛敎史의 展開樣相과 그 傾向」, 『歷史敎育』 35, 1984.

蔡雄錫, 『高麗時期 '本貫制'의 施行과 地方支配秩序』, 서울대 박사학위논문, 1995.

탁봉심, 「東明王篇에 나타난 李奎報의 歷史意識」, 『한국사연구』 44, 1984.

河炫綱, 「高麗時代의 歷史繼承意識」, 『이화사학연구』 8, 1976/『한국의 역사인식』 상, 창작과비평사, 1976.

河炫綱, 「李承休의 史學思想 硏究」, 『東方學志』 69, 1990.

韓基汶, 『高麗時代 寺院의 運營基盤과 願堂의 存在樣相』, 경북대 박사학위논문, 1994.

찾아보기

김인호(金仁昊)

1964년 서울 출생
연세대학교 문과대학 사학과 졸업
연세대학교 대학원 사학과 졸업(문학석사)
연세대학교 대학원 사학과 졸업(문학박사)
연세대·명지대 강사 역임, 현 일본 히로시마 대학 객원연구원
논저 :『經濟六典研究』(공저)
　　　「李承休의 歷史認識과 現實批判論의 方向」,
　　　「여말선초 군주수신론과 『대학연의』」 등 다수

高麗後期 士大夫의 經世論 研究

金 仁 昊 著

초판 1쇄 인쇄·1999년 3월 26일
초판 1쇄 발행·1999년 3월 31일

발행처·도서출판 혜안
발행인·오일주
등록번호·제22-471호
등록일자·1993년 7월 30일
121-210 서울 마포구 서교동 326-26
전화·02) 3141-3711, 3712
팩시밀리·02) 3141-3710

값 12,000원

ISBN 89-85905-74-0 03910